Veränderungen gestalten –
Organisationsentwicklung und -beratung
in Weiterbildungseinrichtungen

Studienreihe Bildungs- und Wissenschaftsmanagement

Herausgegeben von
Anke Hanft

Band 10

Die Studienreihe ist hervorgegangen aus dem berufsbegleitenden internetgestützten Masterstudiengang Bildungsmanagement (MBA) an der Carl-von-Ossietzky-Universität Oldenburg.
www.mba.uni-oldenburg.de

Klaus Meisel
Timm C. Feld

Veränderungen gestalten – Organisationsentwicklung und -beratung in Weiterbildungseinrichtungen

Waxmann 2009
Münster / New York
München / Berlin

Bibliografische Informationen der Deutschen Nationalbibliothek
Die Deutsche Nationalbibliothek verzeichnet diese Publikation in der Deutschen Nationalbibliografie; detaillierte bibliografische Daten sind im Internet über http://dnb.d-nb.de abrufbar.

ISSN 1861-3284
ISBN 978-3-8309-2245-2

Postfach 8603, 48046 Münster

www.waxmann.com
info@waxmann.com

Umschlaggestaltung: Plessmann Design, Ascheberg
Satz: Stoddart Satz- und Layoutservice, Münster
Druck: Hubert & Co., Göttingen
Gedruckt auf alterungsbeständigem Papier,
säurefrei gemäß ISO 9706

Inhalt

Abbildungsverzeichnis

Vorwort

Zu den Themen Organisationsentwicklung und Organisationsberatung liegt eine Vielzahl von Veröffentlichungen vor, so dass die Frage berechtigt erscheint, warum es einer weiteren Publikation bedarf. Was diese Veröffentlichung von anderen unterscheidet ist zum einen ihre didaktische Aufbereitung als Studienbuch, zum anderen ihr Bezug auf Weiterbildungsorganisationen.

Meisel & Feld zeigen die Veränderungsanforderungen auf, mit denen diese Organisationen konfrontiert sind, um dann auf Grundlage theoretischer Klärungen auf sie zugeschnittene Interventionsformen zu entwickeln. Aus der Vielzahl der vorliegenden Ansätze und Konzepte wählen sie diejenigen aus, die zu Weiterbildungsorganisationen passen. So konzentrieren sie sich beispielsweise auf den systemischen Ansatz der Organisationsentwicklung, der den netzwerkförmig strukturierten Bildungsorganisationen eher gerecht wird als klassische verhaltenswissenschaftlich ausgerichtete Konzepte.

Deutlich arbeiten sie zudem den doppelten Bezug zur Thematik heraus, dem Weiterbildungseinrichtungen unterliegen: Als Bildungsanbieter begeben sie sich zunehmend selbst auf das Feld der Organisationsentwicklung und Beratung, als Bildungsorganisation fragen sie dagegen Beratung und Organisationsentwicklung für ihre Bedarfe nach. Überaus kenntnisreich geben die Autoren einen fundierten Einblick in das Feld, wägen theoretische Konzepte auf ihre praktische Relevanz ab und konzentrieren sich auf das, was aus ihrer Sicht erforderlich ist, um Veränderungen der eigenen Organisation professionell zu begleiten, aber auch den Gegenstand selbst in die Angebotsstruktur der Einrichtung zu integrieren. Vielfältige Hinweise auf weiterführende Literatur geben dem interessierten Leser Anregungen zum Weiterlernen.

In seinem Bezug zu Organisationstheorien knüpft dieser Studientext an den Band 3 der Studienreihe an. Laske, Meister-Scheytt & Küpers befassen sich in ihrem Band mit dem Thema Organisation und Führung, indem sie die besondere Problematik der Führung von Expertenorganisationen herausarbeiten. Auch bei Meisel & Feld wird an vielen Stellen die besondere Herausforderung erkennbar, vor der Beratung und Organisationsentwicklung in Weiterbildungseinrichtungen steht, sind doch die zu Beratenden selbst oftmals Experten auf diesem Gebiet. Insbesondere in dem von ihnen ausführlich beschriebenen Fallbeispiel wird deutlich, dass steuernde Interventionen und Veränderungen in Bildungsorganisationen einer besonderen Dynamik unterliegen, die nicht zuletzt im Expertenwissen der Beteiligten begründet ist. Der verschiedentlich eingebrachte Verweis auf Macht und Einflussmöglichkeiten lässt erkennen, dass zentral gesteuerte Veränderungen in den häufig sehr selbstständig agierenden Organisationseinheiten von Weiterbildungseinrichtungen auf besondere Probleme stoßen. Welchen Beitrag externe Begleitung oder Beratung unter diesen besonderen Bedingungen leisten kann, ist die überaus interessante Frage, die im Mittelpunkt dieses Bandes steht.

Ich freue mich, dass dieses gegenwärtig für Weiterbildungseinrichtungen so wichtige Thema von Autoren bearbeitet wird, die das Feld sowohl aus einer theoretischen Perspektive, als auch aus der der externen Beratung und der Führung als

Leiter einer großen Bildungseinrichtung kennen. Der Text lässt erkennen, dass er vor dem Hintergrund großer Erfahrungen geschrieben wurde, die in einem relativ kurzen Studientext leider nicht alle eingebracht werden können. Ich freue mich daher besonders, dass Studierende des Oldenburger Studiengangs Bildungsmanagement von diesen Erfahrungen im einschlägigen Modul vertieft profitieren können.

Mit dieser Veröffentlichung wird ein weiterer Band der Studienreihe Bildungs- und Wissenschaftsmanagement vorgelegt, die aus den Studienmaterialien des berufsbegleitenden Masterstudiengangs „Bildungsmanagement" (MBA) an der Universität Oldenburg hervorgegangen ist. Der berufsbegleitende internetgestützte Studiengang richtet sich an leitende Beschäftigte in Hochschulen, Weiterbildungs- und Wissenschaftsorganisationen (www.mba.uni-oldenburg.de).

Anke Hanft

Einleitung

Liebe Leserinnen, liebe Leser,

„Organisationsentwicklung und Organisationsberatung“ lautet der Titel des vorliegenden Bands. Diejenigen, die in Weiterbildungseinrichtungen arbeiten, werden wahrscheinlich eine Vorahnung von dem haben, was inhaltlich thematisiert wird. Die erhebliche Dynamik im Feld der Weiterbildung[1], die in den letzten Jahren sich gravierend verändernden Bedingungen und relevanten Umwelten der Weiterbildung, führten auch in den Weiterbildungseinrichtungen zu der Erkenntnis (wie sie auch in anderen Branchen – zum Teil auch leidvoll – erfahren wurde): Es muss Abschied genommen werden von dem Mythos, mit der Entwicklung der Organisation abgeschlossen zu haben. Was einmal jahrzehntelang durch eine relative Stabilität gekennzeichnet war, unterliegt heute einer erheblichen Veränderungsdynamik: Die Organisationen (Einrichtungen) der Weiterbildung wandeln sich. Alle Bildungssektoren (die Einrichtungen der vorschulischen Erziehung, die Schule, die Einrichtungen der außerschulisch-politischen Bildung, die Berufsausbildungsstätten, die Hochschulen) stehen unter Veränderungsdruck. Da die Weiterbildung im Vergleich zu den anderen Bildungssektoren am wenigsten staatlich geregelt und geordnet ist, ist sie von dem Veränderungsdruck auch in besonderem Ausmaß betroffen.

In Unterschied zu den anderen Bildungssektoren existieren in der Weiterbildung keine „Bildungsmonopole“. Was in den 1960er- und 1970er-Jahren einmal gefordert wurde, nämlich die Weiterbildung in Deutschland zur vierten Säule des Bildungssystems auszubauen, wurde nicht realisiert. Einzig die bundesweit flächendeckend tätigen Volkshochschulen erfüllen mit mehr oder weniger großer Unterstützung der Bundesländer und der kommunalen Gebietskörperschaften eine „Grundversorgung an Weiterbildung“. Ansonsten hat sich in der Weiterbildung eine Struktur entwickelt, die viele Ähnlichkeiten mit dem öffentlichen Rundfunk- und Fernsehsystem aufweist. So hat sich neben den öffentlich geförderten Einrichtungen ein differenzierter Markt an privaten, an gemeinnützigen und an weltanschaulich gebundenen Anbietern entwickelt. Den zunehmenden Marktbedingungen müssen sich dann auch die öffentlich geförderten Einrichtungen stellen. Bei zunehmender Konkurrenz konnten bis vor wenigen Jahren im Grunde genommen alle Trägerbereiche steigende Akzeptanz vermelden. Der EDV-Angebotsbereich boomte genauso wie die Angebote im Bereich der Fremdsprachen oder in der Gesundheitsbildung. Insbesondere die berufliche Weiterbildung, sowohl als integrierter Teil der betrieblichen Personalentwicklung als auch die von der Solidargemeinschaft der Versicherten finanzierte berufliche Aus- und Fortbildung der Arbeitsverwaltung, expandierte bis vor kurzer Zeit erheblich.

Die in den letzten Jahren u.a. aufgrund von Kürzungen in der öffentlichen Förderung zu verzeichnende Stagnierung (oder nur geringe Steigerung) der Weiter-

1 Die Begriffe „Weiterbildung“ und „Erwachsenenbildung“ werden im Folgenden synonym verwendet.

bildungsquote in Deutschland kann als Hinweis dafür begriffen werden, dass die Kennzeichnung des Weiterbildungssystems als „Weiterbildungsmarkt“ im Grunde genommen nur eingeschränkt zutrifft. Es gibt einen in der Regel kommunal verantworteten und staatlich geförderten Bereich der allgemeinen Weiterbildung. Auch sogenannte „freie Träger“ (wie die kirchlichen Einrichtungen oder Einrichtungen der politischen Weiterbildung) erhalten als staatlich anerkannte Einrichtungen Zuschüsse, die es noch erlauben, bei der Preisgestaltung die Frage der Zugänglichkeit zu berücksichtigen. Im Bereich der durch die Arbeitsverwaltung geförderten beruflichen Weiterbildung mussten die Einrichtungen in der Vergangenheit weniger um die Gunst der Teilnehmenden, sondern eher um den Zuspruch der Arbeitsverwaltung miteinander konkurrieren. Auch die betriebliche Weiterbildung findet kaum unter realen Marktbedingungen – also einem Tauschverhältnis zwischen Angebot und Nachfrage – statt. Die Kernbelegschaften kommen eher in den Genuss der Weiterbildung. Obere Hierarchieebenen werden eher gefördert als untere, Männer werden wesentlich häufiger gefördert als Frauen. Hier geschieht die Beteiligung weniger unter Marktprinzipien, der Zugang ist eher durch Selektions- und Gratifikationskriterien geregelt. Gleichwohl: auch unter den Bedingungen des in sich „gespaltenen Weiterbildungsmarktes“ (Friebel 1993) gibt es immer größere Segmente, in denen – begleitet von weiterbildungspolitischen Deregulierungsstrategien – die Organisationen miteinander konkurrieren. Die öffentlichen Einrichtungen erhalten weniger Zuschüsse, die Arbeitsverwaltung experimentiert(e) mit nachfragegestützter Weiterbildungsförderung (Bildungsgutscheine), die betriebliche Weiterbildung öffnete sich aus Kostengründen vielerorts für externe Teilnehmende, und außerbetriebliche Weiterbildungseinrichtungen versuchen aus Wirtschaftlichkeitsgründen stärker das intensiv umworbene Segment der Weiterbildung für Betriebe zu besetzen.

Die veränderten ordnungspolitischen Bedingungen für Weiterbildungsorganisationen lassen sich gut am Beispiel des Qualitätsnachweises von Weiterbildungseinrichtungen illustrieren. Früher war es für die Einrichtungen wichtig, dass sie die staatliche Anerkennung in ihrem Programm dokumentieren konnten. Heute lesen wir auf vielen Programmen, dass es sich um eine „Microsoft-anerkannte Weiterbildungseinrichtung“ handelt. Einrichtungen, die zukünftig noch an der stark reduzierten Finanzierung der beruflichen Weiterbildung im Auftrag der Bundesagentur für Arbeit partizipieren wollen, müssen sich extern zertifizieren lassen. Daran wird deutlich: An der Schnittstelle zwischen Markt und Staat vollziehen sich erhebliche Verschiebungen, die nicht ohne Konsequenzen für die strategische Ausrichtung, das Leitbild und das Programmprofil der Einrichtungen sein können.

Die Anforderungen an die Weiterbildungseinrichtungen stellen sich teilweise paradox dar. So sollen sich beispielsweise öffentliche Einrichtungen besonders um die Bildungsfernen kümmern, gleichzeitig aber eine wesentlich höhere Eigenfinanzierung erreichen. Weil es nur noch sehr eingeschränkt Bestandsgarantien für Weiterbildungsorganisationen gibt, haben die Weiterbildungsmanager/innen eine wesentlich höhere Verantwortung als früher. Konnte man früher davon ausgehen, dass eventuell auftretende Defizite von der öffentlichen Hand gedeckt werden, dann sind heute Arbeitsplätze, wenn nicht gar die Existenz von Einrichtungen gefährdet. Dass sich Weiterbildungseinrichtungen nachfrageorientiert verhalten müssen, ist im Prinzip nichts Neues. Auch wenn man vom Paradigmenwechsel von der „Angebotsorientierung zur Nachfrageorientierung“ spricht, beinhaltet eine erwachsenenpädagogisch professionelle Planung von Angebot natürlich immer auch eine Nachfrageorientierung. Aber Bildungsangebote zielen nicht nur auf Befriedigung einer vorhandenen Nachfrage, sondern erfüllen auch gesellschaftliche Funktionen. Bildungsbedürfnisse wollen also auch erschlossen werden. Unter verschärften Bedingungen der Minderung des öffentlichen Zuschusses werden heute aber weiterbildungspolitische Aufgaben (z.B. die Versorgung mit Weiterbildung ausgegrenzter Bevölkerungsschichten) in die Weiterbildungseinrichtungen hineindelegiert. Hier müssen dann teilweise Überschüsse aus Angebotsbereichen erwirtschaftet werden, die notwendig sind, um eine Grundversorgung an Weiterbildung für alle anbieten zu können. Damit ist indirekt auf das zentrale Spannungsfeld hingewiesen, in dem sich die Weiterbildungseinrichtungen entwickeln: Das Management muss sich mindestens an zwei Referenzsystemen orientieren, die tendenziell anderen immanenten Handlungslogiken folgen und nicht immer zueinanderpassen. Die Einrichtungen verkaufen keine Konsumgüter, sie produzieren keine üblichen Produkte. Es sind Einrichtungen, die den Zugang zur Bildung ermöglichen. Sie entsprechen nicht nur ökonomisch begründeten Qualifikationsanforderungen, sondern auch individuellen Orientierungsbedürfnissen und gesellschaftlichen Belangen.

Während sich die professionellen Anstrengungen in den letzten Jahrzehnten eher auf die pädagogische und didaktische Ebene konzentrierten, rückt heute die organisationale Seite der Arbeit in den Mittelpunkt. Schäffter spricht in diesem Zusammenhang von der „organisationalen Wende“ in der Weiterbildung (Schäffter 2003, S. 59). Sich mit Fragen der organisatorischen Gestaltung der Weiterbildungsarbeit zu beschäftigen, galt früher fast schon als anti-aufklärerisch. Heute müssen die Einrichtungen identitätsfördernde Leitbilder formulieren, ihr spezifisches Profil in der Öffentlichkeit kommunizieren, die Schlüsselprozesse rational gestalten, ein Controllingsystem entwickeln und anwenden, sich kundenorientiert verhalten und ihr Angebot kommunizieren. Die Organisationen befinden sich unübersehbar in einem erheblichen Entwicklungsprozess. Natürlich haben sich Organisationen schon immer entwickelt – irgendwie. Um sich auf die heute relativ schnell verändernden Umwelten entsprechend einstellen zu können, die Abläufe und Strukturen aufgabenangemessen und die Organisation als Ganzes flexibel und „lernfähig“ ausgestalten zu können, betreiben viele Einrichtungen nun bewusst intendierte und systematische Organisationsentwicklungsprozesse. Diese basieren auf einer systematischen Selbstevaluation und gehen von einer Beteiligung aller Mitarbeitenden bei Problemdefinition und -veränderung aus. Solche Prozesse werden zur Systementlastung häufig extern beraten und moderiert.

Die Themen Organisationsentwicklung und Organisationsberatung stellen sich für Weiterbildner stets in einer doppelten Perspektive. Zum einen benötigen professionelle Weiterbildungsmanager sowohl ein entsprechendes theoretisches Kontextwissen als auch zugehörige Feldkompetenzen, um die Weiterentwicklung der eigenen Einrichtung verantwortungsvoll betreiben zu können. Zum anderen öffnet sich im Bereich der Organisationsentwicklung und -beratung auch ein potenzielles Beschäftigungsfeld für professionelle Weiterbildner. Hierfür reichen die in diesem Buch vermittelten Wissensbestände allerdings nicht aus. Darauf sei an dieser Stelle bereits ausdrücklich hingewiesen.

Nach der Lektüre dieses Buches werden Sie:

- eine Einsicht in die Notwendigkeit von systematischer Entwicklung der Weiterbildungsorganisationen aufgrund sich verändernder Umwelten erlangen,
- den Ansatz der Organisationsentwicklung in seinen theoretischen Ableitungen kennen und verstehen, sowie dessen praxiswirksamen Potenziale und Grenzen einschätzen können,
- eine begleitende Organisationsberatung als professionell angemessene Supportstruktur konzeptionell und praktisch beurteilen können.

Das vorliegende Buch baut sich arbeitsschrittig in vier Kapiteln auf:

Im *ersten Kapitel* werden die zentralen Veränderungen im Umfeld der Weiterbildung aus unterschiedlichen Perspektiven als Herausforderungen an die Organisationsentwicklung in der Weiterbildung beschrieben.

Im *zweiten Kapitel* wird sowohl theoretisches als auch praktisch relevantes Kontextwissen aufbereitet. Dabei geht es zum einen um den Organisationsbegriff und einen Überblick über die bedeutendsten Organisationstheorien. Zum anderen geht es um praxisrelevante Fragen wie die geeignete Rechtsform oder die innere Struktur einer Weiterbildungseinrichtung.

Das *dritte Kapitel* konzentriert sich auf das Thema der Organisationsentwicklung. Der Begriff wird theoretisch und historisch eingeordnet, der konzeptionelle Ansatz erläutert. Organisationsentwicklung wird in den Zusammenhang der lernenden Organisation gestellt.

Im *vierten Kapitel* geht es dann abschließend um die Organisationsberatung. Dieses Teilthema wird ebenfalls in den disziplinären Kontext eingebettet. Beratungsprinzipien werden erläutert. Das Konzept der pädagogischen Organisationsberatung wird beschrieben. Anhand eines dokumentierten und wissenschaftlich ausgewerteten praktischen Falls von Organisationsberatungen können Reichweite, Potenziale und Schwierigkeiten reflektiert werden (an dieser Stelle ein Dank an Karin Dollhausen, die der Verwendung des Falls zustimmte). Zudem werden im vierten Kapitel Kompetenzanforderungen an Organisationsberater definiert.

Zuletzt sei noch angemerkt, dass folgend – aus Gründen der Lesbarkeit – zumeist die männliche Wortform verwendet wird; diese soll aber geschlechtsneutral verstanden werden.

Klaus Meisel / Timm C. Feld
München und Marburg, im Juli 2009

1 Veränderungsanforderungen an Weiterbildungsorganisationen

Viele Weiterbildungsorganisationen sind derzeit einem erheblichen Veränderungsdruck ausgesetzt. Die finanziellen Bedingungen verändern sich, Gesetze werden geändert, die Anforderungen seitens der Weiterbildungsinteressierten differenzieren sich aus, die mediale Entwicklung beeinflusst Lernorganisationsformen, neue lerntheoretische Einsichten führen zur Gestaltung neuer Lernarrangements, unter ausgeprägteren Konkurrenzbedingungen stellen sich Kooperationsanforderungen neu und Einrichtungen lassen ihre Qualitätsbemühungen extern zertifizieren.

Weiterbildung unterlag schon immer Veränderungen, da sie sich u.a. stark an den sich verändernden Lerninteressen in der Gesellschaft orientiert. Obwohl dieser ständige Wandel als eine Konstitutionsbedingung der Weiterbildung bezeichnet werden kann (vgl. Schäffter 2004), führt dennoch die Summe der Veränderungsanforderungen gegenwärtig dazu, dass viele Einrichtungen ihre strategische Ausrichtung überdenken und systematische Organisationsentwicklung betreiben (müssen).

Das folgende Kapitel wird einen ersten Einblick in die relevanten Umwelten der Weiterbildungsorganisationen geben und den Veränderungsdruck konkretisieren.

1.1 Steigender Veränderungsdruck

„Nichts ist mehr sicher – sicher ist nur, dass nichts mehr sicher ist". Wer hätte vor 25 Jahren an die Auflösung der Deutschen Demokratischen Republik gedacht? Wer hätte daran gedacht, dass im Jahr 2004 Polen zur Europäischen Union gehört? Wer hätte daran gedacht, dass ehemals staatliche Monopole wie Bahn, Post, Energieversorgung weitgehend privatisiert werden sollen und gleichzeitig Banken verstaatlicht werden? Sicherlich – es gab in jedem Fachgebiet einzelne Experten, die grundlegende Veränderungen in den Gesellschaften nach dem Zusammenbruch der realsozialistischen Systeme und dem Ende des Kalten Krieges prophezeiten. Von der Veränderungsdynamik und deren praktischer Wirksamkeit auf die Gesellschaft und die Individuen wurden aber die meisten Menschen überrascht. Im Kontext der Veränderungsdynamik hat sich auch das ökonomische, rechtliche und soziale Umfeld der Bildungseinrichtungen grundlegend verändert; sie übt auf die Bildungsorganisationen einen hohen Veränderungsdruck aus. Dabei handelt es sich nicht durchgängig um klare, eindeutige Wegemarken. Vielmehr sind die Einrichtungen des Öfteren auch mit ungleichzeitigen, paradoxen Anforderungen konfrontiert. Die öffentliche Weiterbildung transportiert gesellschaftliche Modernisierung nicht nur als Lernthema; sie wird selbst zum Gegenstand der Modernisierung (vgl. Kade 1997). Einerseits soll die Weiterbildung die gesellschaftliche Modernisierung durch Kompetenzvermittlung selbst vorantreiben, andererseits soll sie sich speziell um bildungsferne und -benachteiligte Gruppen kümmern und die soziale Reintegration marginalisierter Gruppen fördern. Gleichzeitig sollen die Einrichtungen immer kostendeckender arbeiten. Die Weiterbildung soll gesellschaftlicher Desintegration entgegenwirken, aber zugleich unterschiedlichen Lernmilieus mit adäquaten Lernarrangements gerecht werden. Die Einrichtungen müssen sich unter ausgeprägteren Marktbedingungen als moderne Dienstleistungsbetriebe profilieren und mit anderen Einrichtungen um die Gunst individueller wie institutioneller Kunden konkurrieren. Gleichzeitig sollen sie in überinstitutionellen Verbundsystemen kooperieren, um gemeinsame Bildungsdienstleistungen anzubieten und für die Lernenden Übergänge zu ermöglichen. Weiterbildung soll kritisch sein und aufklärerisch wirken. Unter den Marktbedingungen muss sie aber auch ein professionelles Weiterbildungsmarketing erbringen. Weiterbildung soll kontinuierlich ihre Qualität steigern, dabei aber für den Staat ständig die Kosten reduzieren (vgl. Zech 1997).

Will eine Weiterbildungseinrichtung sich zukunftsfähig fortentwickeln, dann hat sie die ökonomischen und gesellschaftlichen Veränderungen im Hinblick auf die Auswirkungen auf die eigene Organisation und deren Angebot zu beobachten und zu analysieren. Grob gesehen lassen sich derzeit folgende nicht vollständige, dennoch zentrale Einflussfaktoren markieren:

- Weiterbildung: zwischen Markt und öffentlicher Verantwortung
- Finanzierung: Anforderungen an die Wirtschaftlichkeit
- Demografische Entwicklung: die Adressaten werden älter
- Kooperation: Vernetzung in der regionalen Bildungslandschaft
- Entgrenzung der Weiterbildung: Lebenslanges Lernen
- Enttraditionalisierung der Weiterbildung: neue Lehr- und Lernkulturen
- Medialisierung und institutionelle Veränderung
- Sich ausdifferenzierende Anforderungen an Weiterbildungseinrichtungen
- Qualitätsentwicklung und Bildungsmonitoring

1.2 Weiterbildung: zwischen Markt und öffentlicher Verantwortung

Noch vor zwei Jahrzehnten hat der Deutsche Städtetag dargelegt, dass die Volkshochschule in einem Gesamtsystem der Erwachsenenbildung, das durch Koordinierung und Kooperation zwischen den verschiedenen Trägern zu entwickeln ist, das geistige, pädagogische und organisatorische Zentrum der Weiterbildung bleiben muss. Er bekräftigte seine Auffassung, „dass die Volkshochschulen nach ihrem öffentlichen Charakter, nach ihrer Verbreitung im Bundesgebiet, nach dem Umfang ihres Bildungsangebots und nach ihrem personellen Ausbau Ausgangspunkt und Grundlage für ein zu entwickelndes öffentliches Weiterbildungssystem darstellen“ (Deutscher Städtetag 1986, S. 55ff.). Die öffentliche Weiterbildung wurde gleichwohl – entgegen zahlreicher weiterbildungspolitischer programmatischer Forderungen – nie zur „vierten Säule des Weiterbildungssystems“ ausgebaut. Eher entstand ein Ordnungsmodell der „Staatssubsidiarität“ (Reutter 1996, S. 158), in dem sich ein plurales Nebeneinander unterschiedlicher Anbieter in öffentlicher, freier oder privater Trägerschaft, das oft mit der Metapher „Weiterbildungslandschaft“ beschrieben wird, entwickelte. Allein in manchen Großstädten wie Hamburg, Berlin, Leipzig, Frankfurt am Main und München existieren zwischen 300 und 600 solcher Anbieter (vgl. Nuissl/Pehl 2004, S. 24).

Mittlerweile sprechen die zuständigen politischen Entscheidungsträger nur noch von einer *„öffentlichen Mitverantwortung“* (vgl. KMK 1996). In vielen Regionen – speziell auch in den neuen Bundesländern – haben sich komplexe Marktstrukturen der unterschiedlichsten öffentlichen und privaten Träger in der allgemeinen und beruflichen Bildung entwickelt. Diese Entwicklung kann als „duales System der Weiterbildungsmärkte“ gekennzeichnet werden (Rohlmann 1997, S. 65), in dem – analog im Bereich des öffentlich-rechtlichen Rundfunks – öffentliche Einrichtungen nur noch für Aufgaben der Grundversorgung zuständig sind und darüber hinaus ein expandierender Markt der privaten Einrichtungen besteht. Gleichwohl sieht der Deutsche Städtetag die Volkshochschule auch weiterhin als kommunales Weiterbildungszentrum (vgl. Deutscher Städtetag 1996). Die Benutzung des Plurals der Weiterbildungsmärkte signalisiert, dass sich dieser Markt nach den Kriterien von Zugänglichkeit und Finanzierung und nach den Kriterien von Bildungszielen und -inhalten weiter ausdifferenziert.

Vergleicht man die allgemeine und politische Weiterbildung einerseits und die berufliche Weiterbildung andererseits, so ergeben sich im Hinblick auf Teilnahmefälle und Weiterbildungsvolumen sehr unterschiedliche Bedeutungsgrade der einzelnen Trägergruppen. Bzgl. der allgemeinen Weiterbildung ist die Trägergruppe der Volkshochschulen, bei der beruflichen Weiterbildung die Trägergruppe der Arbeitgeber/Betriebe am relevantesten:

	Anteilswerte an den Teilnahmefällen in %				
Träger der allgemeinen Weiterbildung [1]	1991	1994	1997	2000	2003
Volkshochschulen	24	28	29	27	26
Private Institute	12	9	11	11	13
Verbände (nicht Berufsverbände)	9	8	10	9	9
Arbeitgeber/Betriebe	7	7	7	9	8
Kirchliche Stellen	8	8	6	5	5
Nicht-kirchliche Wohlfahrtsverbände	5	5	6	4	5
(Fach-) Hochschule	4 [2]	5	5	6	3
Akademie[2]	3	3	3	3	3
Berufsverband[2]	2	2	2	3	3
Partei, parteinahe Stiftung	2 [2]	2 [2]	1 [3]	2 [2]	2 [3]
Gewerkschaft	2 [2]	2 [2]	1 [3]	2 [2]	2 [2]
Sonstige vorgegebene Träger[3] (z.B. Arbeitgeberverband, Fernlehrinstitut, Kammer, Berufsgenossenschaft, Urania)	5	5	7	5	5
Sonstige nicht vorgegebene Träger	14	15	9	8	12
Keine Angabe	1	0	3	7	3
Summe [4]	100	100	100	100	100

1) Geordnet nach den Anteilen an den Teilnahmefällen 2003
2) Basis: 40 - 99 Fälle
3) Basis: weniger als 40 Fälle pro Einzelträger
4) Die Anteilswerte ergeben addiert 100%. Eine Abweichung davon ist bei der Darstellung ganzer Prozentzahlen auf Rundungseffekte zurückzuführen.

TNS Infratest Sozialforschung 2005

Abbildung 1:
Anbieter von allgemeiner und politischer Weiterbildung (vgl. BMBF 2006, S. 287)

Träger	1991	1994	1997	2000	2003
	Anteilswerte in % Teilnahmefälle				
Arbeitgeber/Betriebe	44	53	48	53	51
Private Institute	12	10	11	9	9
Kammer	4 [2)]	6	10	9	8
Berufsverband	7	5	6	5	5
Akademie, wissenschaftl. Gesellschaft	5 [2)]	5	4 [2)]	3 [2)]	4 [2)]
(Fach-) Hochschule [2)]	5	2	3	3	2
Volkshochschule [2)]	3	3	4	2	2
Arbeitgeberverband	2 [2)]	1 [3)]	2 [2)]	2 [2)]	2 [2)]
Berufsgenossenschaft	1 [3)]	2 [2)]	2 [2)]	1 [2)]	2 [2)]
Gewerkschaft	3 [2)]	1 [3)]	2 [2)]	1 [3)]	1 [3)]
Fachschule	2 [2)]	2 [3)]	1 [3)]	1 [3)]	1 [3)]
Sonstige vorgegebene Träger (Kirchliche Stelle, nicht-kirchlicher Wohlfahrtsverband, Fernlehrinstitut)	4	3	3	2	5
Sonstige nicht vorgegebene Träger	6	7	3	3 [2)]	5
Keine Angabe	1	0	2	6	4
Summe	100	100	101	100	101

1) Geordnet nach den Anteilen an den Teilnahmefällen 2003
2) Basis: 40 - 99 Fälle
3) Basis: Weniger als 40 Fälle

TNS Infratest Sozialforschung 2005

Abbildung 2:
Anbieter von beruflicher Weiterbildung (BMBF 2006, S. 297)

1.3 Entgrenzung der Weiterbildung: Lebenslanges Lernen

Lebenslanges Lernen wird sowohl in der Erziehungswissenschaft als auch in der Weiterbildungspolitik national wie international spätestens seit der „Entschulung der Gesellschaft" von Ivan Illich (1970) immer wieder diskutiert und gefordert. In der internationalen Diskussion lassen sich dabei unterschiedliche Akzente feststellen. Während EU-Instanzen und UNESCO in der Vergangenheit damit pointiert demokratiestützende und humane Ziele realisieren wollten, wird in den OECD-Stellungnahmen die Bedeutung des Lebenslangen Lernens für das wirtschaftliche Wachstum betont, die soziale Dimension aber nicht ignoriert.

Dementsprechend verweisen die am erziehungswissenschaftlichen Diskurs beteiligten Akteure auf unterschiedlich akzentuierte Bedeutungsinhalte. Vertreter der beruflichen Bildung betonen die neue Chance für das Lebenslange Lernen unter beruflicher und betrieblicher Perspektive (vgl. Achtenhagen/Lempert 2000, S. 20), während die allgemeinen Weiterbildner stärker die Möglichkeiten zum *Lernen im Lebenslauf* sehen (vgl. z.B. Kade/Seitter 2007).

In einem EU-Memorandum zum Lebenslangen Lernen (Kommission der Europäischen Gemeinschaften 2000) wird die Ambivalenz deutlich: „Lernen erhält eine neue Bedeutung für die Gesellschaft als Ganze, für die Bildungsinstitutionen und für die Individuen. Die veränderte Konnotation verweist freilich auf einen inneren

	Generelle Organisationsziele	Zielvorstellungen, die in den Dokumenten mit der Umsetzung des lebenslangen Lernens verbunden werden
Fundamentals des Europarates	• Demokratie • Menschenrechte	• Demokratie • Chancengleichheit • „Ganzheitlichkeit“
Weißbuch der EU	• Wandel von einer rein ökonomischen zu einer politischen, ökonomischen und kulturellen Organisation • globale Wettbewerbsfähigkeit Europas	• europäische Identität • Beschäftigungsfähigkeit
Faure-Report der UNESCO	• internationale Kooperation in den Bereichen Erziehung und Kultur • Friedenssicherung • Humanität	• Demokratie • Fortschritt • „Ganzheitlichkeit“ • Humanismus
Delors-Report der UNESCO		• Demokratie • Fortschritt • „Ganzheitlichkeit“ • Humanismus
Recurrent Education der OECD	• wirtschaftliches Wachstum, hohe Beschäftigungsraten und finanzielle Stabilität in den Mitgliedsländern • allgemeiner Wohlstand	• weitgehend auf den Erziehungsbereich beschränkt • keine Verlängerung sozialer Ungleichheit
Lifelong Learning for All der OECD		• sozialer Zusammenhalt • Persönlichkeitsentwicklung • wirtschaftliches Wachstum

Abbildung 3:
Synopse Organisationsziele und Intention der Dokumente (Kraus 2001, S. 111)

Widerspruch: Das Lernen wird zunächst politisch-ökonomisch ‚gerahmt‘. Ziele sind Wettbewerbsfähigkeit, Beschäftigung und Anpassungskompetenz der „workforce“. Gleichzeitig sollen aber auch die biografische Planungsfreiheit und das soziale Engagement der Individuen gestärkt werden. Lebenslanges Lernen „instrumentalisiert“ und „emanzipiert“ offenbar zugleich“ (Alheit/Dausien 2002, S. 566; vgl. auch Field 2000, S. 133).

In der Vergangenheit hatte die These zur Notwendigkeit des Lebenslangen Lernens stets als bedeutsamer Legitimationshintergrund für die öffentliche und organisierte Weiterbildung gedient. Dieses Argumentationsmuster lässt sich heute nicht mehr unverändert fortsetzen. Lebenslanges Lernen findet nicht mehr nur durch organisierte Weiterbildung statt, sondern in allen Lebensbereichen und Lebensabschnitten. Deutlich wird der Wegfall des Monopolanspruchs der Weiterbildung auf Lebenslanges Lernen durch die vorgenommene Definition der Bund-Länder-Kommission „Strategien für lebenslanges Lernen in der Bundesrepublik Deutschland“ (BLK 2004):

> „Lebenslanges Lernen umfasst alles formale, nicht-formale und informelle Lernen an verschiedenen Lernorten von der frühen Kindheit bis einschließlich der Phase des Ruhestandes. Dabei wird Lernen verstanden als konstruktives Verarbeiten von Informationen und Erfahrungen zu Kenntnissen, Einsichten und Kompetenzen“ (BLK 2004, S. 13).

In der bildungspolitischen und bildungspraktischen Diskussion lässt sich ein weiterer Paradigmenwechsel festhalten: Die Zuständigkeiten für Bildung werden nicht mehr aus der Perspektive der Organisation wahrgenommen. Umgekehrt werden aus der Perspektive der Lernenden im Lebenslauf die Anforderungen an ein Bildungssystem gestellt, das sich bildungssektorenübergreifend zu vernetzen hat und kooperativ in den gesellschaftlichen Teilsystemen verankert ist. "Ziel ist die Weiterentwicklung des Bildungssystems, indem die verschiedenen Bildungsbereiche besser verzahnt werden und das Lernen in den gesamten Lebensverlauf integriert wird, und bei dem Erfahrungen zählen, sie also Anerkennung erfahren und anrechenbar werden sollten." (BMBF 2008, S. 2).

1.4 Finanzierung: Anforderungen an die Wirtschaftlichkeit

Entsprechend der weiter oben angedeuteten pluralen Struktur der Weiterbildung in Deutschland erfolgt die Finanzierung aus unterschiedlichen Quellen:

Jahr	1996		1998		2000		2002		2004		2006	
Finanzier	Mrd. Euro	in %	Mrd. Euro	in %	Mrd. Euro	in %	Mrd. Euro	in %	Mrd. Euro	in %	Mrd. Euro	in %
Öffentliche Hände	1,5	5,4	1,5	5,2	1,6	5,6	1,4	5,1	1,5	6,0	1,4	6,0
Betriebe	9,6	34,6	11,6	40,2	10,3	35,9	9,4	33,9	9,1	36,2	10,0	41,3
Individuen	8,7	31,2	9,4	32,4	9,9	34,6	10,3	37,0	10,9	43,5	11,4	47,4
BA	8,0	28,8	6,4	22,1	6,8	23,8	6,7	24,1	3,6	14,3	1,3	5,4
Gesamt	27,8	100	28,9	100	28,6	100	27,8	100	25,1	100	24,1	100

Abbildung 4:
Gesamtfinanzierungsvolumen für Weiterbildung: direkte Ausgaben für ausgewählte Eckjahre (DIE-Trendanalyse 2008, S. 100; Abbildung ohne Anmerkungen)

Weiterbildungseinrichtungen müssen sich heute mit zwei Trends bezüglich ihrer Finanzierung intensiv auseinandersetzen:

a) Die Bundesagentur für Arbeit hat nach den sogenannten „Hartz-Reformen“ die Mittel für (berufsqualifizierende) Weiterbildung drastisch gekürzt.
b) In der allgemeinen, kulturellen und politischen Weiterbildung kürzten insbesondere Bund und Länder ihre Mittel in den letzten Jahren kontinuierlich, wenn auch durchschnittlich nicht so drastisch wie regionale Entwicklungen vermuten lassen. Aufgrund des hoch verschuldeten Bundes sowie der Länder und kommunalen Haushalte sind weitere Einsparungen wahrscheinlich, insbesondere auch im Kontext der weltweiten Finanz- und Wirtschaftskrise.

Da öffentliche Weiterbildungseinrichtungen besonders von der kommunalen Finanzierung abhängig sind und diese nicht mehr dauerhaft gesichert ist, müssen sich die Einrichtungen demnach neue Finanzierungsquellen erschließen (z.B. Inhousetraining) bzw. bereits vorhandene alternative Einnahmequellen optimieren. Neben den Teilnehmergebühren – so lässt sich annehmen – wird auch der Anteil an sogenannten Drittmitteln, worunter man die temporären Projektfinanzierungen versteht, zukünftig steigen. Die Weiterbildungseinrichtungen werden sich in Zukunft ohne Kosten- und Leistungsrechnungen und entsprechende Planungs- und Controllingstrategien nicht mehr verantwortlich steuern lassen.

Die Leitungen und Mitarbeitenden von Weiterbildungseinrichtungen haben eine hohe Verantwortung für die wirtschaftliche Situation der Einrichtung. Defizite gefährden heute unmittelbar die Arbeitsplätze und die Existenz der Gesamteinrichtung. Für die Profession bedeutet dies eine zusätzliche Herausforderung. „Je nach Ausbildungs- und Berufsbiografie, je nach persönlicher Einstellung und Vorerfahrung werden die Begriffe und Modelle aus einem eher ökonomischen Hintergrund mit Zurückhaltung betrachtet oder aber stark in den Vordergrund gerückt, bis hin zur Abwehr einerseits und zur rückhaltlosen Befürwortung andererseits, um die Endpunkte auf der Skala möglicher Reaktionen zu benennen“ (Knoll 2002, S.8). Eine Einführung interner Budgetierungssysteme mit Finanzverantwortung im Rahmen von Zielvereinbarungen ist in den Einrichtungen nicht selten mit weiteren Schwierigkeiten verbunden. Bislang weitgehend autonome Subsysteme werden sichtbar, das Fehlen einer reflektierten Organisationskultur augenfällig oder konkurrierendes Verhalten zwischen Organisationseinheiten lässt sich nicht mehr wegharmonisieren. Pädagogisches Denken und wirtschaftliches Handeln miteinander zu verknüpfen, stellt sich als Aufgabe der Organisationsentwicklung. „Die Kunst und Herausforderung der Zukunft wird darin bestehen, nicht eine gegen die andere Logik auszutauschen, z.B. die normative, pädagogisch inspirierte Logik gegen ausschließlich marktförmiges Wirtschaftsdenken, sondern die Logiken miteinander kompatibel zu machen“ (Ehses 2000, S.267).

1.5 Demografische Entwicklung: unterschiedliche Anforderung an die Weiterbildung

Deutschlands Bevölkerung altert in einem rasanten Tempo. Zwei Trends der Bevölkerungsentwicklung sind dafür ausschlaggebend: der Geburtenrückgang und die steigende Lebenserwartung (vgl. Geißler 2006, S. 50). Die verschiedenen demografischen Vorhersagen sind zwar in ihrer Dramatik unterschiedlich, allerdings in ihren Kernaussagen identisch: Die deutsche Bevölkerung wird im Durchschnitt kontinuierlich älter – nimmt in der Gesamtzahl dagegen deutlich ab. Es kommt zu wirtschaftlich boomenden Regionen und entvölkerten Landstrichen, geburtenstarke Jahrgänge begeben sich ab 2010 sukzessive in Rente, und es kommen auf immer weniger Arbeitnehmer immer mehr Rentner (vgl. u.a. Schirrmacher 2005; Statistisches Bundesamt 2006; Kröhnert/Medicus/Klingholz 2006).

Die Alterung der Gesellschaft wird die Produkt- und Personalmärkte gleichzeitig verändern. Die Arbeitnehmer, insbesondere die älteren, werden zu Schlüsselressourcen, wobei hoch qualifizierte die Gewinner der Entwicklungen sein werden (vgl. Venema 2006, S. 30ff.).

Die Bildung Älterer ist für die Erwachsenenbildung von höchster Bedeutung (vgl. Tippelt u.a. 2009). Die demografische Entwicklung mit ihren Folgen stellt somit insgesamt eine erwachsenenpädagogische „Herausforderung" und einen zentralen „Arbeitsgegenstand" dar (Nittel/Moos-Czech 2005, S. 194). Weiterbildungseinrichtungen müssen sich zukünftig gezielter damit auseinandersetzen, wie ältere Menschen insgesamt und speziell ältere Arbeitnehmer stärker an Weiterbildung zu beteiligen sind, insbesondere auch deswegen, da gegenwärtig pauschal die Aussage gilt: Je älter eine Person wird, desto weniger beteiligt sie sich an beruflicher oder allgemeiner Weiterbildung. Derzeit nehmen über 50-jährige Personen deutlich seltener an Weiterbildung teil als jüngere. Bundesweit hat sich im Jahr 2003 nur knapp jeder dritte 50-64-Jährige an Weiterbildung beteiligt (31%). Dagegen waren es von den 35-49-Jährigen und den 19-34-Jährigen jeweils 46% (vgl. BMBF 2006, S. 90):

	Teilnahmequoten in %								
Altersgruppe	1979	1982	1985	1988	1991	1994	1997	2000	2003
Weiterbildung insgesamt									
19 – 34 Jahre	34	38	32	43	44	49	53	47	46
35 – 49 Jahre	21	31	25	37	40	47	54	49	46
50 – 64 Jahre	11	14	14	20	23	28	36	31	31
Allgemeine Weiterbildung									
19 – 34 Jahre	23	28	23	27	25	30	35	29	29
35 – 49 Jahre	16	21	17	24	24	29	33	29	27
50 – 64 Jahre	9	11	12	14	15	19	26	21	20
Berufliche Weiterbildung									
19 – 34 Jahre	16	15	14	23	25	27	33	31	29
35 – 49 Jahre	9	15	14	20	24	29	36	36	31
50 – 64 Jahre	4	4	6	8	11	14	20	18	17

TNS Infratest Sozialforschung 2005

Abbildung 5:
Teilnahme an Weiterbildung nach Altersgruppen (BMBF 2006, S. 90)

Neben altersgerechten Angeboten müssen auch Fragen zur Realisierung möglicher organisatorischer Veränderungen bedacht werden, die es älteren Menschen erleichtert, an Weiterbildungsangeboten teilzunehmen. Darüber hinaus stehen Weiterbildungseinrichtungen auch vor der Aufgabe, altersdiskriminierende Tendenzen in der Gesellschaft abzufedern. Daneben bedarf es von den Einrichtungen der Entwicklung tragfähiger Konzepte zur Unterstützung bei der Entfaltung der Kräfte Älterer in Richtung Autonomie und Selbstbestimmung, Erhalt der Lebensqualität und Teilhabe sowie der Einbindung in kommunale Veränderungen (vgl. Völkening 2006). Nicht zuletzt sind auch Konzepte des generationenübergreifenden bzw. intergenerativen Lernens zu fundieren.

Und auch auf einer anderen Ebene müssen sich Weiterbildungseinrichtungen mit der demografischen Entwicklung auseinandersetzen. Insbesondere wissensabhängige Organisationen, also Organisationen, die Wissen herstellen, bearbeiten oder vermitteln, sind selbst von „alternden Belegschaften" (Meisel 2006, S. 133) gekennzeichnet. Weiterbildungseinrichtungen als „alternde Organisationen" müssen demnach diese Problematik in die eigene Personal- und Organisationsentwicklung integrieren (vgl. Kade, S. 2004).

1.6 Kooperation: Vernetzungen in der regionalen Bildungslandschaft

Vor dem Hintergrund der knapper werdenden öffentlichen Mittel für die Weiterbildung und des entstandenen, teilweise für die Nutzer intransparenten Weiterbildungsmarkts, wird in den letzten Jahren europaweit verstärkt die Vernetzung der unterschiedlichen Akteure in den Regionen gefordert (vgl. u.a. BMBF 2004a). „Bildungsträger müssen ... in der gegenwärtigen Umbruchsituation Organisationsstrukturen entwickeln, mit denen sie Kurse in trägerübergreifenden Modulsystemen anbieten können, mit denen sie dem erhöhten wirtschaftlichen Druck ... gewachsen sind" (Döring 2004). Der strategische Ansatz der „Lernenden Region" ist eng verknüpft mit der Regionalentwicklung: Endogene Potenziale sollen durch förderliche, durchlässige Lernstrukturen für die regionale Entwicklung mobilisiert und die Innovationsfähigkeit systematisch entwickelt werden (vgl. Fürst 2003).

Der Bedeutungszuwachs regionaler Netzwerkbildungen wird insbesondere durch das BMBF-Programm „Lernende Regionen – Förderung von Netzwerken" deutlich. Mit diesem Programm gewinnt darüber hinaus die Diskussion um die *Förderung und Ermöglichung Lebenslangen bzw. Lebensbegleitenden Lernens* als ein wichtiger „Promotor" von Netzwerkbildungen stark an Bedeutung.

So besteht das Programm der „Lernenden Regionen" als Kern des zu Beginn des neuen Jahrtausends vom Bundesministerium für Bildung und Forschung initiierten Aktionsprogramms „Lebensbegleitendes Lernen für alle". Das Aktionsprogramm verdeutlicht eine Sammlung konkreter Handlungsfelder und entsprechender Maßnahmen, die „zu einer nachhaltigen Förderung lebensbegleitenden Lernens aller Menschen und einer zukunftsorientierten Veränderung der Bildungsstrukturen beitragen" sollen (BMBF 2001, S. 2). Übergreifendes Ziel ist es, durch die Bündelung von Forschungs-, Entwicklungs- und Erprobungsmaßnahmen des Bundes sowie die Herausbildung innovativer Konzepte die Weiterbildung für möglichst alle Menschen attraktiver zu machen, um so eine Weiterentwicklung des Bildungssystems als Grundlage einer sich herausbildenden „lernenden Gesellschaft" (vgl. ebd.) zu realisieren.

Das in diesem Kontext bestehende Kernprogramm „Lernende Regionen – Förderung von Netzwerken" (BMBF 2004a) ist die bisher größte gemeinsame Initiative von Bund und Ländern zur Förderung des Lebenslangen Lernens. Mit dem Programm soll durch das Zusammenführen von wichtigen lokalen und regional ansässigen Akteuren insbesondere auf regionaler Ebene der Auf- und Ausbau von bildungsbereichs- und trägerübergreifenden Netzwerken vorangetrieben werden, um so das Lebenslange Lernen nachhaltig zu fördern. Zudem sollen möglichst alle Bürger – unabhängig von ihrem spezifischen Lebens- und Arbeitsumfeld – erreicht werden. Angestrebt wird dazu die Entwicklung einer „regionalen Lernkultur" (Wohlfart 2006, S. 23). Dabei orientieren sich die „Lernenden Regionen" an den Leitgedanken: Stärkung der Eigenverantwortung und Selbststeuerung der Lernenden, Abbau von Chancenungleichheiten, Kooperation von Bildungsanbietern und Nutzern sowie Stärkung der Bezüge zwischen allen Bildungsbereichen (vgl. Nuissl 2006, S. 34).

Der Bedeutungszuwachs von Netzwerken als *regionale Realisierungsstrategie zur Umsetzung Lebenslangen Lernens* wird dabei in nahezu allen relevanten Dokumenten zum Programm deutlich. Der Aspekt wird zudem häufig explizit hervorgehoben, wie zum Beispiel im Rahmen der Programmbeschreibung:

> „Ein Schlüssel für strukturelle Fortschritte im Lebenslangen Lernen sind Netzwerke, die sich konsequent an den Bedürfnissen der Nachfragenden und den Lebensumständen der Lernenden orientieren. Dies kann nur gelingen, wenn vor Ort alle Akteure über die Bildungsbereiche hinweg zusammenarbeiten" (BMBF 2004b, S. 9).

Dieser *aktuelle Bedeutungszuwachs* in Bezug zur Verknüpfung regionaler Kooperations- und Netzwerkbildungen zur Realisierung Lebenslangen Lernens wird allerdings nicht nur durch das Programm der Lernenden Regionen deutlich, sondern lässt sich auch durch z.B. einen allgemeinen Systemumbau der Erwachsenenbildung (vgl. Otto 2007), die Aufwertung von sogenannten *„Learning Centres"* (vgl. Stang/Hesse 2006), die „Empfehlungen des Innovationskreises Weiterbildung für eine Strategie zur Gestaltung des Lernens im Lebenslauf" (BMBF 2008) oder durch die 2007 gestartete Initiative „Hessencampus – Lebensbegleitendes Lernen" (vgl. z.B. Harney/Kruse 2007) belegen.

Beim Hessencampus ist beabsichtigt, das Lebenslange Lernen durch acht regionale Zentren zu fördern, bei denen insbesondere Organisationen aus dem Schul-, Ausbildungs- und Weiterbildungssektor (zum Teil auch organisatorisch) vernetzt werden. Bei den Empfehlungen des Innovationskreises Weiterbildung – die darauf abzielen, die Weiterbildungsbeteiligung signifikant zu erhöhen – wird ebenfalls insbesondere der lokalen bzw. regionalen Ebene eine „Schlüsselrolle" zugewiesen:

> „In der Kommune und im regionalen Raum entscheiden die Qualität der Angebote, das Erreichen der Zielgruppen und die Zusammenarbeit der Akteure über die Verwirklichung des Lernens im Lebenslauf. Dafür sind die Zusammenführung der bildungsrelevanten kommunalen Zuständigkeiten und die Vernetzung der vor Ort für das Lernen im Lebenslauf und den Erhalt der Beschäftigungsfähigkeit verantwortlichen Akteure unter Einbeziehung zivilgesellschaftlichen Engagements von großer Bedeutung" (BMBF 2008, S. 3).

Die Vernetzung findet insbesondere auf unterschiedlichen Ebenen statt:

- Auf der horizontalen Ebene vernetzen sich Weiterbildungseinrichtungen mit unterschiedlichem Profil, um in einem modularen Angebotssystem Übergänge zu ermöglichen.
- Auf der vertikalen Ebene vernetzen sich die unterschiedlichen Bildungssektoren. So leisten Weiterbildungseinrichtungen beispielsweise Zulieferdienste für die Ganztagsschule oder Universitäten kooperieren mit Weiterbildungseinrichtungen zum Forschungs- und Innovationstransfer.
- Darüber hinaus werden öffentliche Weiterbildungseinrichtungen in zahlreichen Kommunen wieder stärker den Bibliotheken und Kulturinitiativen angenähert.
- Letztlich geht es bei der Schaffung von Lernenden Regionen um die Vernetzung mit der Wirtschaft, den Arbeitsagenturen, den Sozial- und Kultureinrichtungen.
-

Im Mittelpunkt regionaler Netzwerkarbeit stehen oft eine gemeinsame Bedarfsklärung, eine Schaffung von Transparenz in regionalen Datenbanken, die Entwicklung gemeinsamer Bildungsinfrastrukturen und gemeinsamer Bildungsprojekte. „Solche Initiativen bleiben allerdings so lange zerbrechlich, wie nicht die notwendigen „Supportstrukturen“ zur Verfügung stehen, welche träger- und einrichtungsübergreifende Aufgaben administrativ sicherstellen. In diese Unterstützungsleistungen gehören Information und Transparenz, Beratung und Werbung, Curriculum- und Materialerstellung, Qualifizierung des Personals, Bereit-

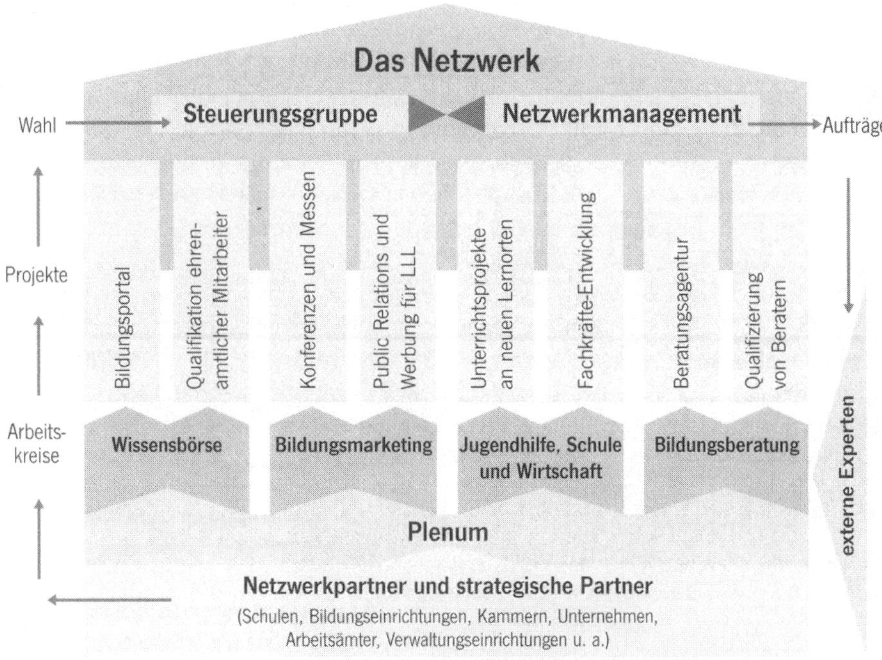

Abbildung 6:
Beispiel für die Organisationsstruktur eines Netzwerks für Lebenslanges Lernen (BMBF 2004, S. 8)

stellung dezentraler Ressourcen, Kontaktvermittlung zwischen Bildungsinstitutionen und Unternehmen, administrative Koordination gemeinsamer Projekte, gemeinsames Marketing für die Weiterbildung sowie Qualitätssicherung und Evaluationsansätze" (Faulstich/Vespermann/Zeuner 2000, S. 20).

An die Organisationsentwicklung von Weiterbildungseinrichtungen werden im Zuge einer fortschreitenden Vernetzung spannungsreiche Anforderungen gestellt. Sie müssen sich noch stärker nachfrageorientiert profilieren, um ihre Zukunftsfähigkeit zu sichern. Auf der anderen Seite müssen sie offen und anschlussfähig für Kooperationen sein. Kooperationen in vernetzten Strukturen bewirken aber nicht nur produktive Synergien, sondern erfordern auch Ressourcen, in erster Linie Zeit.

1.7 Enttraditionalisierung der Weiterbildung: „Neue Lehr- und Lernkulturen"

Über Jahrzehnte hinweg konzentrierte sich die didaktische Debatte in der Weiterbildung auf die Frage der Vermittlungsoptimierung eines Lehrstoffs. Mit der Diskussion um das didaktische Leitprinzip der „Teilnehmerorientierung" in den Siebzigerjahren wurde der Perspektivenwechsel auf das Lernen (vgl. Breloer u.a. 1980) eingeleitet. Mit dem Eingeständnis der „Lehr-Lern-Illusion", „dass Teilnehmer vielfach nicht das lernen, was gelehrt wurde, dass sie etwas anderes lernen, was gar nicht gelehrt wurde" (Schäffter 1998, S. 135) und angeregt von neurobiologisch fundierten Erkenntnissen zum Lernen ist der erwachsenendidaktische Fokus wieder stärker auf das Lernen bzw. die Aneignung ausgerichtet. Das erwachsenenpädagogische Personal und die Weiterbildungseinrichtungen sind gefordert, Lernangebote und Lernarrangements aus der Perspektive des Lernenden zu denken (vgl. Nuissl 1999). Übergeordnet geht es um die Frage, „im Kontext welcher Lehr-/Lernorganisationen Kompetenzen wirklich dauerhaft, tragfähig und weiterentwicklungsfähig angebahnt bzw. gefördert werden können" (Arnold 2001, S. 102).

Der Lernkulturwandel bedeutet allerdings nicht, dass traditionelles, sozial organisiertes Lernen überflüssig wird. Gefordert ist eine veränderte erwachsenenpädagogische Haltung und eine Weiterbildungsorganisation, die der „Pluralisierung des Lebens und Lernens" (Nuissl u.a. 1997) gerecht werden. Der Paradigmenwechsel vom Lehren zum Lernen lässt sich an den veränderten Leitbegriffen der Disziplin Weiterbildung verdeutlichen. Abgelöst wird das didaktische Leitprinzip der Teilnehmerorientierung durch den Begriff des selbstgesteuerten Lernens. Selbstgesteuertes Lernen bezieht sich auf das pädagogische Ideal der Selbstständigkeit sowie auf das erwachsenenpädagogische Ziel der Selbstbestimmung. Es passt zu neueren lerntheoretischen Überlegungen und konstruktivistischen Sichtweisen, harmonisiert mit der Anforderung an das Lebenslange Lernen, entspricht dem Potenzial der Medientechnologie und eröffnet auch – zumindest scheinbar – Kostenreduzierungen (vgl. Kraft 1999, S. 836ff.).

Beim selbstgesteuerten Lernen geht es zusammengefasst um den lernerorientierten Einfluss auf das Ziel des Lernens (Worauf lerne ich hin?), den Inhalt (Was will ich lernen?), die Lernorganisation (Wann, wie lange, wo will ich lernen?) und die Überprüfung des Lernerfolgs (Wie überprüfe ich den Lernerfolg?) (vgl. Weinert 1982, S. 100).

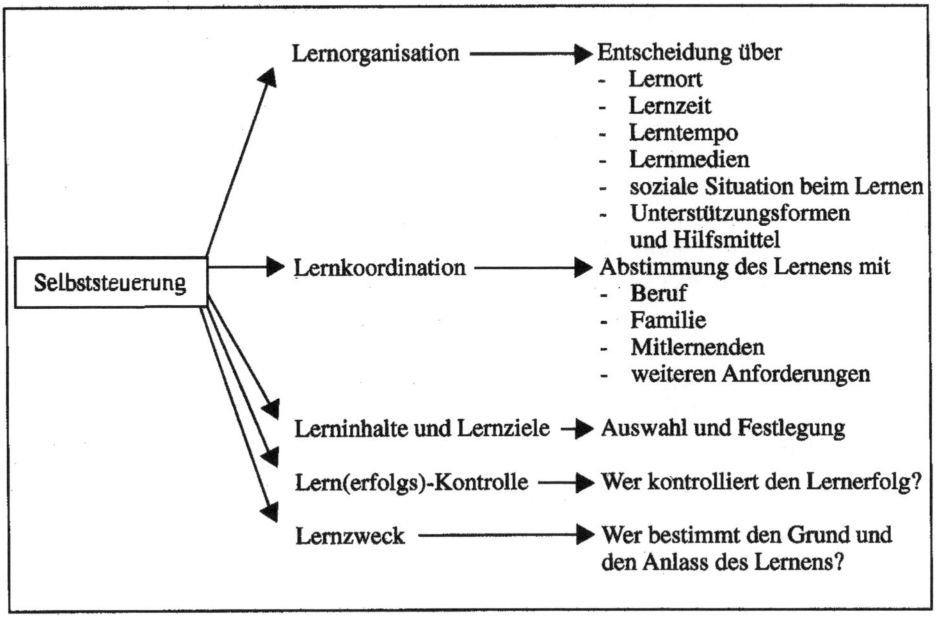

Abbildung 7:
Differenzierung nach Bezugspunkten der Selbststeuerung (Kraft 2002, S. 27)

Wollen Weiterbildungseinrichtungen das Prinzip der Selbststeuerung in der Lernpraxis Erwachsener unterstützen, so haben sie ein professionelles Unterstützungssystem vorzuhalten.

- Lernmöglichkeiten schaffen
- Lernmittel (Medien, Literatur, Materialien) bereitstellen
- Lernräume bieten
- Gruppenarbeit ermöglichen und anbieten
- Lernorte kombinieren
- offene Curricula entwickeln
- Programme und Kurse konzipieren
- Lernvermittlung anbieten
- Lernberatung sicherstellen
- Lernerfolge kontrollieren und zertifizieren
- Lernzeiten sichern

aus Faulstich 2002, S. 155

Eine Weiterbildungsorganisation, die selbstgesteuerte Lernformen nicht nur als Insellösung erproben oder als scheinbar moderne Bildungsmarketingmaßnahme bloß an einen traditionell strukturierten Weiterbildungsbetrieb anbindet, wird sich selbst auch als lernende Organisation begreifen: „Ein hoher Grad an Selbststeuerung setzt eine Kultur in der gesamten Einrichtung voraus, die Lernprozesse auf allen Ebenen (Lernende, Lehrende, Leitung, Verwaltung) nicht nur ermöglicht, sondern fördert“ (vgl. Dietrich 2001, S. 59ff.).

1.8 Medialisierung und institutionelle Veränderung

Während Weiterbildungseinrichtungen sich immer stärker mit Fragen der eigenen Organisationsentwicklung beschäftigen, findet Weiterbildung zunehmend in einem pluralen pädagogischen Feld ohne institutionell markiertes und empirisch präsentiertes Zentrum statt (vgl. Kade 1997, S. 19). Sowohl in der Praxis des Lebenslangen Lernens als auch in der Weiterbildungspolitik gewinnt der Stellenwert des informellen Lernens im Lebenszusammenhang als auch der des selbstgesteuerten Lernens deutlich an Gewicht. Dazu hat die Medialisierung in der Gesellschaft einen erheblichen Beitrag geleistet. Gefordert wird deshalb für die Weiterentwicklung „eine flexiblere Öffnung für die neuen Informations- und Kommunikationstechnologien und für ihre kreative Nutzung zur Forschung des lebenslangen Lernens“ (Dohmen 1996, S. 87).

Trotz euphorischer Prognosen über die Bedeutung der Computer für das Lernen waren bis in die 1990er-Jahre für fast alle Programmbereiche und Zielgruppen Lernprogramme entstanden, die überwiegend als „pädagogisch unbrauchbar“ qualifiziert wurden. Für die 1980er-Jahre wird deshalb von „einer bildungstechnologischen Krise“ gesprochen, da der Computer für Lernzwecke zunehmend infrage gestellt wurde (vgl. Kerres/de Witt 2002, S. 7). Die zunehmende Verbreitung der Heimcomputer, die rasante Entwicklung im Internet, die höhere Benutzerfreundlichkeit und die durch erweiterte Speicherkapazitäten optimierte didaktische Gestaltung von Lernmedien führte dann in den 1990er-Jahren aber zu einer zunehmenden Akzeptanz des Computers als „universelles Werkzeug der Wissenserschließung und -kommunikation“ (Kerres/de Witt 2002, S. 9).

Die inhaltliche Auseinandersetzung um den Einsatz neuer Medien ist nun durch einen grundlegenden Perspektivwechsel gekennzeichnet. Während sich die Diskussion früher auf Fragen der Technik konzentrierte, rückt nun die Frage der mediendidaktischen Qualität in den Mittelpunkt. Und die früher vereinfachende Polarisierung zwischen „sozial organisiertem Präsenzlernen“ und „computergestütztem Lernen“ wurde abgelöst von einer Diskussion – insbesondere auch in der betrieblichen Weiterbildung – über Kombinationen verschiedener mediengestützter Lehr- und Lernarrangements, die unter dem Begriff „Blended Learning“ subsumiert werden. Die folgende Abbildung bietet dazu eine Übersicht:

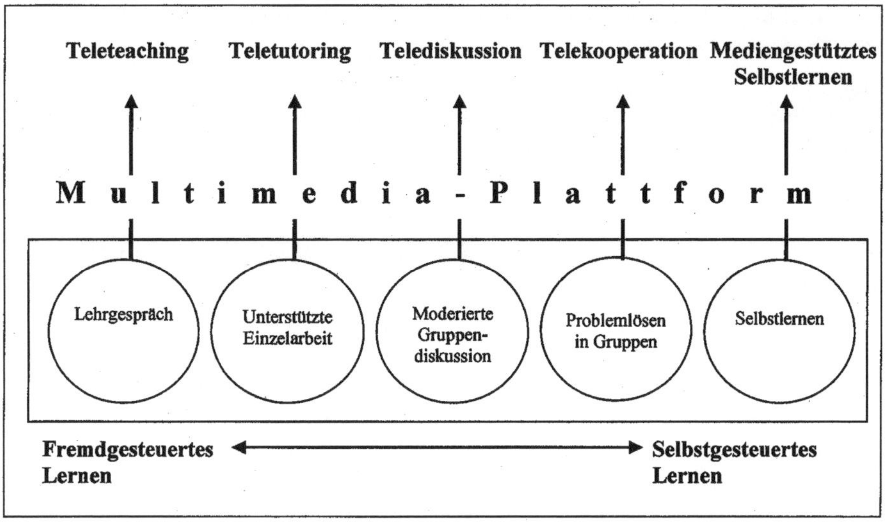

Abbildung 8:
Grundtypen (mediengestützter) Lehr-/Lernformen (vgl. Euler 2002, S. 112)

Ein zentrales Ergebnis einer der wenigen empirischen Untersuchungen zum Stellenwert von neuen Medien in Weiterbildungseinrichtungen ergab, dass weder Größe, Personalausstattung noch Finanzierungsstruktur den maßgeblichen Einfluss auf eine medienorientierte Entwicklung der Einrichtung haben. Vielmehr sind das Engagement der Akteure und die Organisationskultur entscheidend (vgl. Stang 2003, S. 238).

Folgende Anforderungen an ein medienorientiertes Organisationsmanagement werden formuliert:

- „die Entwicklung eines gezielten Innovationsmanagements, das das Experimentieren mit den Neuen Medien als elementaren Bestandteil von Organisationsentwicklung begreift;
- die Schaffung von „Innovationsräumen“ durch das leitende Personal;
- eine gezielte Personalentwicklung zum Abbau der Vorbehalte gegenüber den Neuen Medien und zur Schaffung eines Innovationsmilieus in den Einrichtungen;
- die Begleitung der Veränderung der Aufgabenprofile durch die Neuen Medien;
- die Förderung der strategischen Planung bezogen auf den Einsatz Neuer Medien durch übergreifende Organisationsstrukturen, in die Vertreter/innen aus allen Organisationsebenen eingebunden sein sollten;
- die Entwicklung eines detaillierten Aufgabenprofils und die organisationale Verortung als zentraler Service für die Betreuung der technischen Infrastruktur;
- der Aufbau einer internen Informations- und Kommunikationsplattform als Voraussetzung für ein modernes Wissensmanagement;
- die Integration der Neuen Medien in die Angebote aller Programmbereiche;
- die Entwicklung spezieller medienbasierter Angebotsformen wie computergestützte Selbstlernzentren und Telelearning;

- die Entwicklung von medienbezogenen Beratungsangeboten;
- die Entwicklung spezieller Dienstleistungsangebote rund um die Neuen Medien;
- die Vernetzung mit anderen Institutionen, um Ressourcen zu bündeln" (Stang 2003, S. 239).

1.9 Integrationsaufgabe: sich ausdifferenzierende Bedarfe und „Social Inclusion" – Aufgabe

Sieht man einmal von Studien über das Verhältnis von sozialen Milieus zur Weiterbildung ab (vgl. Barz/Tippelt 2004; Tippelt u.a. 2003), dann wurde in den letzten Jahren kaum umfassende Bedarfsforschung für die Weiterbildung betrieben. Dass vor dem Hintergrund umfangreicher Erkundungen, jeweils eigener Erfahrungen, mehr oder weniger fundierter Marketingrecherchen oder etwa lokaler Untersuchungen Unterschiedliches betont wird, bedeutet nicht unbedingt, dass unterschiedliche Bedarfsbenennungen sich widersprechen, sondern verweist in der Regel nur auf verschiedene Blickwinkel, aus denen heraus Interpretationen vorgenommen werden. Programmanalysen, wie im Rahmen einer Regionalanalyse in Bremen geschehen, lassen Rückschlüsse auf drei Entwicklungstendenzen zu:

1) „die Tendenz zur alltagspraktischen Subjekt- und Handlungsorientierung (Wachstumsalter und Entstehen neuer Weiterbildungsaufgaben im Hinblick auf Alltagskompetenzen mit Allgemeinwissen);
2) die Tendenz zur „Informationierung" der Arbeits- und Lebenswelt (Wachstum der EDV-Grund- und Spezialbildung);
3) die Tendenz zur arbeitsmarkt- und sozialpolitischen Funktionalisierung der beruflichen Weiterbildung (Zuwachs an beruflicher Grundbildung, Ausbildung und Umschulung mit kompensatorischer Funktion, der nach Unterrichtsstunden den der Anpassungs- und Zusatzfortbildung weit übertrifft)" (Schlutz 1997).

Wie schnelllebig sich das Nachfrageverhalten in der Weiterbildung verändert, lässt sich hier am Beispiel der Beurteilung der Relevanz der EDV-Angebote belegen: Wurden 1997 noch starke Wachstumsprognosen gestellt, so zeigen aktuelle Leistungsstatistiken teilweise erhebliche Teilnehmerrückgänge. Diese sind dort geringer ausgefallen, wo die verantwortlichen Planer quasi präventiv neben den Grundangeboten ein differenziertes und aufgabenorientiertes Angebot entwickelt haben.

In der Bundesrepublik Deutschland wird die junge Generation als „PISA-Generation" bezeichnet. Nachdem in den Siebziger- und Achtzigerjahren aufgrund von erheblichen staatlich geförderten Bildungsanstrengungen die Anzahl der jungen Menschen, die die Schule ohne Abschluss verließen und keinen Berufsabschluss erlangten, dauerhaft zurückging, steigt der Anteil der bildungsfernen jungen Menschen seit den Neunzigerjahren wieder kontinuierlich. Vor dem Hintergrund der geschilderten demografischen Entwicklung kann aber davon ausgegangen werden, dass die wirtschaftliche Prosperität unserer Gesellschaft in den nächsten Jahrzehnten auch davon abhängen wird, die „employability" dieser Gruppen zu fördern und zu entwickeln.

Die Hoffnung, dass dies eher durch informelle Lernbemühungen der Betroffenen erreicht werden kann, muss man aufgrund der Ergebnisse aus der Milieuforschung vergessen. Tippelt u.a (2003), haben in ihren empirischen Untersuchungen festgestellt, dass sich bezüglich der Weiterbildungsbeteiligung die „Bildungsschere" im Hinblick auf das informelle Lernen noch ein zweites Mal nachöffnet: „Je geringer die Teilnahmebereitschaft an formalisierten Weiterbildungsveranstaltungen ist, umso weniger werden auch informelle Formen des Lernens (Lektüre von Fachliteratur, Besuch von Fachmessen und Kongressen, selbstgesteuertes Lernen mit neuen Medien) genutzt" (Tippelt u.a. 2003, S. 153).

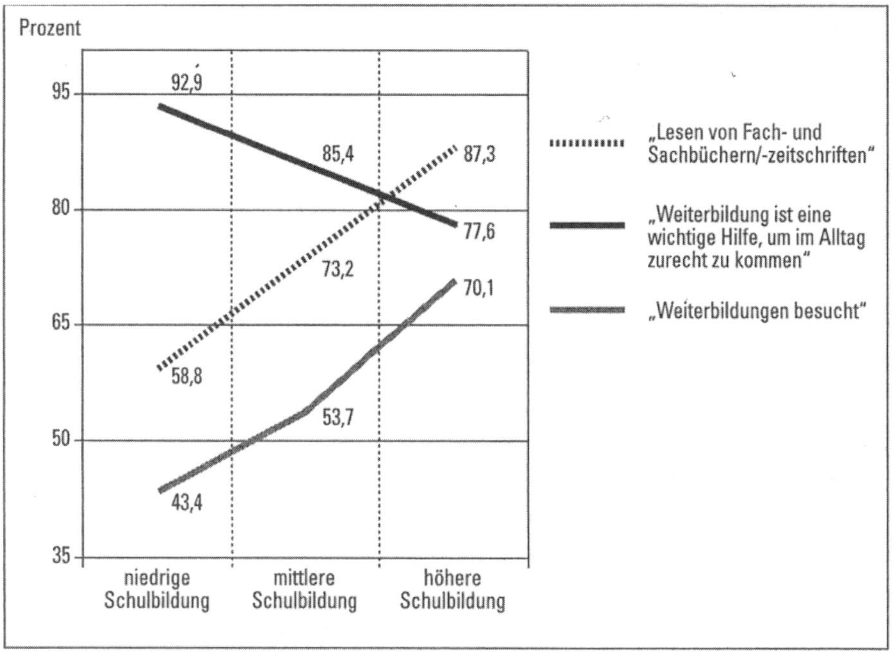

Abbildung 9:
Die doppelte Weiterbildungsschere (Tippelt u.a. 2003, S. 153)

Einerseits kann festgehalten werden, dass sich die Weiterbildungsbedürfnisse im Hinblick auf Orientierung und Qualifizierung in erheblicher Form ausdifferenzieren. Woran es in der Weiterbildung derzeit aber mangelt, ist ein „Gesamtbild" zur Frage, welche Qualifikationen und Kompetenzen brauchen Erwachsene zu Beginn des 21. Jahrhunderts, um ihr Leben eigenverantwortlich gestalten und die Gesellschaft mitgestalten zu können. Nimmt man das Problem der wachsenden Gruppe der sogenannten gering Qualifizierten in den Blick, dann gewinnt diese Frage an Bedeutung. Weiterbildung muss diesen Gruppen ein programmatisches

Bild entwickeln können, wie und worin sie sich weiterzubilden haben, um eine biografische Steuerungskompetenz zu erlangen.

Neben mangelnder Zeit nannten die in der o.g. Studie befragten Nicht-Lerner eine unzureichende Weiterbildungsberatung als Grund für die Weiterbildungsabstinenz. Wollen Weiterbildungseinrichtungen noch an dem anspruchsvollen Ziel „Weiterbildung für alle" festhalten, dann müssen sie anscheinend das Angebot zur Weiterbildungsberatung intensivieren.

Eine weitere Herausforderung für die Einrichtungen stellt sich bzgl. der Integration von Migranten bzw. Personen mit Migrationshintergrund. Ausländer nehmen immer noch deutlich weniger an Weiterbildung teil als Deutsche. Hier bedarf es neuer Wege einer noch stärkeren „interkulturellen Öffnung" der Einrichtungen.

	Teilnahmequoten in %		
Nationalität	1997	2000	2003
Weiterbildung insgesamt			
Deutsche	49	44	42
Ausländer	28	27	29
Allgemeine Weiterbildung			
Deutsche	32	27	26
Ausländer	20	18	21
Berufliche Weiterbildung			
Deutsche	31	30	27
Ausländer	15	12	13

TNS Infratest Sozialforschung 2005

Abbildung 10:
Teilnahme an Weiterbildung von Deutschen und Ausländern (BMBF 2006, S. 135)

1.10 Qualitätsentwicklung und Bildungsmonitoring

In den letzten Jahren hat sich in der deutschen Weiterbildung die Frage nach der Qualität gewissermaßen zum Leitkonzept des aktuellen (Weiter-) Bildungsdiskurses entwickelt (vgl. Terhart 2000, S. 809). In diesem Diskurs kann man grundsätzlich eine inhaltliche, eine professionsbezogene, eine ökonomische und eine ordnungspolitische Funktion unterscheiden:

- Inhaltlich geht es um Fragen des Selbstverständnisses, der Ziele und Aufgaben der Weiterbildung im Kontext des Lebenslangen Lernens.
- Professionsbezogen steht die Frage der Entwicklung der pädagogischen Qualität und deren Voraussetzungen sowie die Frage nach einem professionsangemessenen Handlungssystem im Vordergrund.
- Ökonomisch gesehen geht es um Marktanteile, Finanzierungsmöglichkeiten und Effizienzfragen.
- Ordnungspolitisch werden Fragen der Anerkennung, des Verbraucherschutzes und der Förderung in den Mittelpunkt der Auseinandersetzung gestellt.

Zu Recht verweisen zahlreiche Autoren darauf, dass Qualitätsentwicklung im Hinblick auf Planung, Programm, Durchführung und Ergebnis schon immer im Mittelpunkt der Professionalisierungsbemühungen stand (vgl. z.B. Schlutz 1996, S. 28). Das Neue an der derzeitigen Qualitätsdiskussion ist aber der Versuch, eine Antwort auf die Frage zu geben, „wie und ob sich die unterschiedlichen Absichten, Kriterien, Interventionsformen zu einem Organisations- und Handlungssystem zusammenschließen lassen" (Schlutz 1996, S. 30). Nachdem die Bildungsprofession in der Weiterbildung ein Denken in betriebsorganisatorischen Kategorien in der Vergangenheit eher abgelehnt hat (vgl. Nuissl 1995), konzentrieren sich die inhaltlichen Auseinandersetzungen in den letzten Jahren auf die Qualitätssicherung und Qualitätsentwicklung der gesamten Organisation. Dies ist in erster Linie darauf zurückzuführen, dass sich der Staat aus der Gesamtverantwortung für die Weiterbildung verabschiedet hat und nur noch eine Mitverantwortung für die „Rahmengestaltung" übernimmt. Die Schnittstelle zwischen staatlicher Ordnungspolitik und Selbstregulierung des Marktes hat sich verschoben. War früher die staatliche Anerkennung für den Bestand der Weiterbildungsorganisation eine existenzielle Voraussetzung, so gewinnen heute zusätzliche marktorientierte Qualitätsdimensionen an Bedeutung (vgl. Meisel 2001, S. 111). Wollen sich Weiterbildungseinrichtungen beispielsweise an den Ausschreibungen zu beruflichen Weiterbildungsmaßnahmen, die nach dem 3. Sozialgesetzbuch gefördert werden, beteiligen, so müssen sie zukünftig ein extern zertifiziertes Qualitätsmanagement implementiert haben. Neben den branchenübergreifenden Konzepten (ISO, EFQM) wurden eine Reihe von branchenspezifischen Konzepten entwickelt (vgl. Hartz/Meisel 2006). Bundesweit verbreitet ist zwischenzeitlich das im Rahmen eines von Bund und Ländern geförderten Projekts entwickelte Modell zur „Lernerorientierten Qualitätstestierung". Dieses Konzept will systematisch die Organisationsentwicklung fördern und versucht, den Zusammenhang von Management, Organisation und Ressourceneinsatz als Voraussetzung für die Ermöglichung von erfolgreichem Lernen zu verstehen.

In einem Leitbild sind die Einrichtungen aufgefordert, ihr eigenes Verständnis von erfolgreichem Lernen zu klären und zu definieren. Darauf bezogen sind Mindestanforderungen in zehn Qualitätsbereichen zu erfüllen und nachzuweisen (vgl. folgende Abbildung):

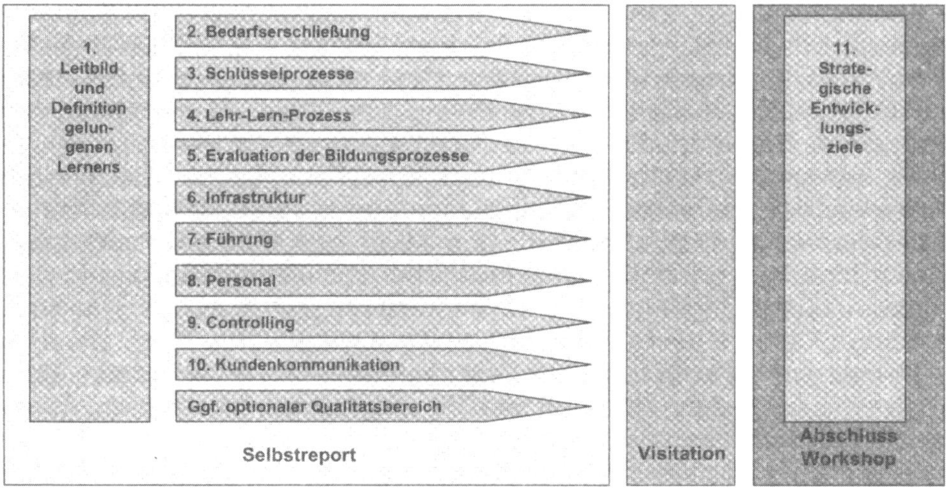

Abbildung 11:
Modell der „Lernerorientierten Qualitätstestierung" (Zech 2003, S. 9)

Die in einem Selbstreport zu dokumentierenden Verfahren werden bei einer Visitation geprüft. Der Selbstreport wird von zwei Gutachtern bewertet. In einem abschließenden Workshop werden strategische Entwicklungsziele festgelegt, die bei der nach vier Jahren zu erfolgenden Retestierung berücksichtigt werden. „Die Anwendung dieses Modells bietet sich für Einrichtungen insbesondere dann an, wenn sie einerseits ihre Selbstbeobachtung schärfen und andererseits nicht auf Fremdevaluation mitsamt Zertifizierung verzichten möchten" (Hartz/Meisel 2006, S. 75).

Der Prozess zur Testierung erfolgt analog zu den Grundprinzipien der Organisationsentwicklung in einem Qualitätskreislauf.

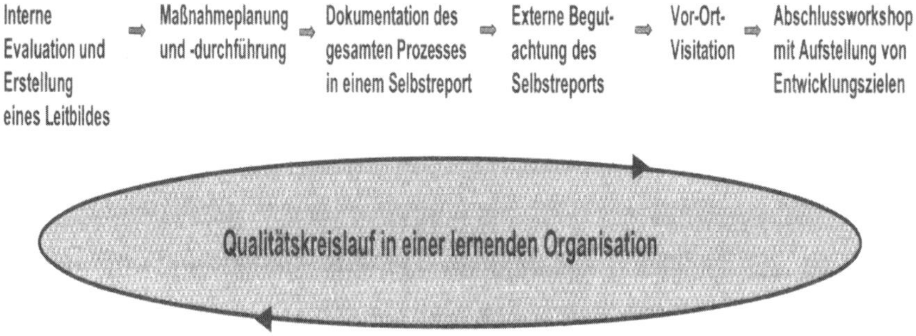

Abbildung 12:
Qualitätskreislauf einer „Lernenden Organisation" (Zech 2003, S. 9)

Der Qualitätskreislauf verdeutlicht: Auch wenn eine von außen an die Weiterbildungseinrichtungen herangetragene Verpflichtung zur Implementation eines systematischen Qualitätsmanagements nicht wenigen Einrichtungen „ungelegen“ kommt, weil sie sich gerade mit vielfältigen anderen Veränderungsanforderungen zu beschäftigen haben, bietet sie gleichzeitig eine nicht zu übersehende Möglichkeit zu einer überschaubaren Systematisierung der Entwicklungsprojekte in der Organisation.

So wie auf der Ebene des Bundes und der Länder zunehmend ein Berichtssystem eingeführt wurde (vgl. u.a. BMBF 2006; von Rosenbaldt/Bilger 2008), so wird auch immer mehr auf der regionalen und kommunalen Ebene ein Bildungsmonitoring implementiert. Eine solche Einführung wurde auch vom Innovationskreis Weiterbildung empfohlen: „Ein Instrument zum Bildungsmonitoring in der Region als Schlüssel zur Stärkung der Transparenz und Leistungsfähigkeit des regionalen Bildungswesens ist zu entwickeln und zu erproben“ (BMBF 2008, S. 26). Ein solches Berichtswesen zielt aber nicht nur auf eine Situationsdarstellung vor Ort, um die zentralen Probleme der kommunalen Bildungslandschaft erkennen und bearbeiten zu können. Das kennzahlenorientierte Berichtswesen lässt auch ein überregionales Benchmarking zu. Es bleibt offen, ob dieses dazu genutzt wird, die kommunalen Bildungslandschaften allein unter den Kriterien der Effizienz und Effektivität miteinander zu vergleichen.

1.11 Welche relevanten Umfelder sind für die weitere Organisationsentwicklung im Blick zu halten?

Einleitend war zu der eher induktiv entwickelten Beschreibung aktueller und zentraler Umweltveränderungen und potenzieller Konsequenzen für das Weiterbildungsmanagement ausgesagt worden, dass es sich um eine nicht vollständige Beschreibung der relevanten Umwelten handelt. Eine solche unvollständige Aufzählung provoziert natürlich die Frage, ob nicht eine Systematik existiert, an der sich das Weiterbildungsmanagement ausrichten kann. Unproblematisch lassen sich auf einer mittleren Abstraktionsebene aufzählen:

- Veränderungen in der Weiterbildungspolitik auf regionaler, nationaler und europäischer Ebene,
- Veränderung in der Finanzierung, eng zusammenhängend mit
- Veränderungen der rechtlichen Grundlagen der Weiterbildung,
- sozio-demografische Entwicklungen, die auch auf regionale Eigenheiten zu prüfen sind,
- Veränderungen der Bildungsbedarfe und Bildungsbedürfnisse seitens der Lerninteressierten und Bildungsabstinenten,
- veränderte Qualifikations- und Kompetenzanforderungen aufgrund sich abzeichnender
- Veränderungen in der Wirtschaft,
- Erwartungen der Partner und Kunden,
- die bildungssektorenübergreifende Leitdiskurse in Verbindung mit den
- Forschungen der Bezugswissenschaften der Weiterbildung.

Unterhalb der „Megatrendebene“ werden sich verantwortliche Bildungsmanager/innen darum bemühen, die relevanten Umfeldveränderungen auf die konkrete Situation „vor Ort“ zu verdeutlichen. Aus diesem „Anwandlungsprozess“ lassen sich dann auch die Relevanzfilter definieren, die ermöglichen, den jeweiligen Stellenwert für die strategische Fortentwicklung der Weiterbildungseinrichtung herauszukristallisieren. Die Kunst des Managements liegt dann darin, Prioritäten einzuschätzen, vorhandene Potenziale mit zukünftigen Entwicklungen zu verbinden und unterschiedliche Referenzsysteme miteinander in Verhältnis zu setzen, sodass sich daraus konkrete mittelfristige Handlungsorientierungen ableiten lassen.

Frage zum Themenbereich „Veränderungsanforderungen an WB-Einrichtungen“

- Benennen Sie relevante Einflussfaktoren, die zu Veränderungsanforderungen an die Weiterbildungsorganisationen führen. Behalten Sie dabei Ihre eigene Einrichtung (bzw. eine Ihnen gut bekannte) im Auge und beschreiben Sie, welche Einflussfaktoren sich dort ausmachen lassen, zu welchen strukturellen, kulturellen oder strategischen Veränderungen es konkret kommt und wie vonseiten der Einrichtung (bzw. Einrichtungsleitung) bewusst darauf reagiert werden kann. Diskutieren Sie dabei bitte insbesondere die in diesem Band beschriebenen Einflussfaktoren.

Literatur zur Vertiefung

Berichtssystem Weiterbildung. Das Berichtssystem Weiterbildung ist ein Instrument zur kontinuierlichen Beobachtung des Weiterbildungsgeschehens in Deutschland. Die Berichte werden alle drei Jahre im Auftrag des Bundesministeriums für Bildung und Forschung von TNS Infratest Sozialforschung in Kooperation mit dem IES Hannover sowie der Sozialwissenschaftlichen Forschung und Beratung München erstellt. Der erste Bericht erschien 1979, der bisher letzte 2006. Der BSW ist auf den Seiten des Bundesministeriums für Bildung und Forschung zu finden.

2 Organisation

Im folgenden Kapitel geht es um das Thema Organisation. Nach einer Begriffsklärung folgt ein kurzer Überblick über verschiedene Organisationstheorien und deren Kernaussagen. Im Zentrum des Kapitels steht das Beispiel der Weiterbildungsorganisation, die durch veränderte politische, rechtliche, ökonomische und soziale Einflussgrößen gezwungen ist, die eigene Organisationsgestaltung kritisch zu hinterfragen. Anhand von Merkmalen werden Spezifika der Weiterbildungsorganisation und deren Problem- als auch Gestaltungspotenzial für die Organisationsentwicklung aufgezeigt.

2.1 Was ist eine Organisation? – Erste Annäherung an den Begriff Organisation

Moderne Industriegesellschaften wie die BRD sind gekennzeichnet durch eine enorme Fülle an Organisationen, die sich im Arbeits- wie Privatleben gleichermaßen finden lassen. Der Mensch ist dabei von Geburt bis zum Tod in Organisationen eingebunden. Er gestaltet diese mit und wird durch sie sozialisiert: Geburt im Krankenhaus, Besuch von Kindergarten, Schule, Hochschule, Mitgliedschaft in Vereinen, Ausbildung in Betrieben, Arbeit in und für Unternehmen, Leben in Altersheimen, Sterben in Krankenhäusern oder Hospizen (vgl. Kals 2006, S. 19).

Die Gesellschaft, in der wir leben, wäre also ohne Organisationen nicht existenz- oder funktionsfähig, was im Umkehrschluss auch bedeutet, dass die gesellschaftliche Ordnung im großen Maße von Organisationen beeinflusst und gestaltet wird. Eng in das Netz der gesellschaftlichen Ordnung verflochten sind Weiterbildungsorganisationen. Sie nehmen z.B. bei der Umsetzung des bildungspolitischen Ziels, das „Lebenslange Lernen" zu realisieren, eine bedeutende Funktion ein (vgl. Kade/Seitter 2007; Expertenkommission LLL 2004; Kraus 2001).

Aufgrund ihres hohen Stellenwerts ergibt sich die Frage, was Organisationen überhaupt sind bzw. wie sich das Gemeinsame von Organisationen charakterisieren lässt.

Zunächst scheint ein Blick auf den begrifflichen Ursprung sinnvoll: Der Begriff „Organisation" existiert im deutschen Sprachgebrauch seit dem 17./18. Jahrhundert. Zurückgeführt wird er auf das französische Wort „organisation". Bezieht man sich auf das Stammwort, das französische Wort „organe", zu Deutsch „Organ", „Werkzeug", so ist die ursprüngliche Bedeutung von Organisation „ein Werkzeug zur Erreichung von Zielen" (vgl. Graf-Götz/Glatz 2007).

Das Erreichen bestimmter Ziele ist auch nach heutigem Verständnis des Begriffs das entscheidende Kriterium zur Bildung einer Organisation. Denn Organisation ist immer dann notwendig, wenn die Ressourcen einer einzelnen Person nicht mehr genügen, um ein bestimmtes Ziel zu erreichen. Wenn man aber die Ressourcen mehrerer Personen zusammenführt und organisiert, ist die Wahrscheinlichkeit, angestrebte Ziele zu realisieren, um einiges höher. Organisationen sind in einem solchen Kontext also soziale (Leistungs-) Systeme, um bestimmte Ziele zu erreichen.

Abbildung 13 nennt darüber hinaus fünf *Gründe*, warum Organisationen existieren:

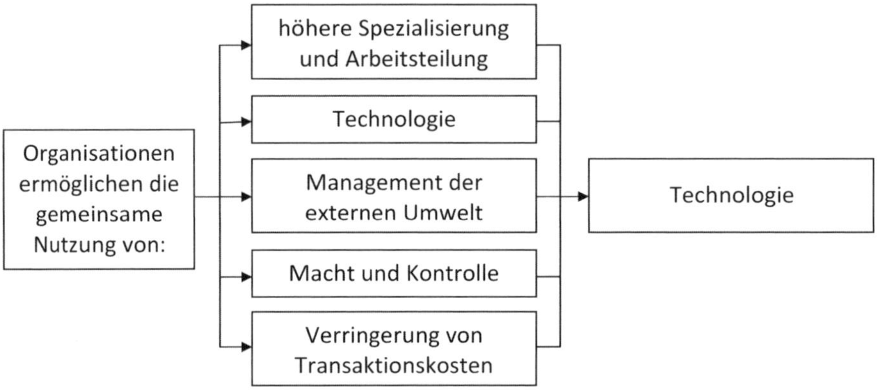

Abbildung 13:
Gründe für die Existenz von Organisationen (Jones/Bouncken 2008, S. 34)

Die *Hauptaufgaben* einer Organisation sind:
1) die anfallenden Arbeitsaufgaben unter Beachtung geeigneter Qualifikation unter den Organisationsmitgliedern aufzuteilen und
2) die aufgeteilten Einzelaktivitäten zu koordinieren.

Optimal ist es, wenn es der Organisation gelingt, Aufgabenteilung und Koordinierung so zu gestalten, dass möglichst wenige Ressourcen verbraucht werden, trotzdem aber das größtmögliche Leistungsziel erreicht wird. Grob formuliert steht die Frage, wie Organisationen am effektivsten und effizientesten arbeiten bzw. gestaltet werden können, im Zentrum der Organisationswissenschaft.

Unterschieden wird grundsätzlich zwischen zwei Perspektiven auf die Organisation (u.a. bei Kieser/Walgenbach 2007; Schreyögg 2008):

1) *Institutioneller Organisationsbegriff* (Ein Unternehmen *ist* eine Organisation)

2) *Instrumenteller Organisationsbegriff* (Ein Unternehmen *hat* eine Organisation)

Der *institutionelle Organisationsbegriff* betrachtet die Organisation als ein soziales oder sozio-technisches System, dessen Mitglieder gemeinsam (üblicherweise mit einer geregelten Arbeitsteilung) ein dauerhaftes Ziel verfolgen. Die Organisation grenzt sich u.a. durch eine formale Struktur klar gegenüber ihrer Umwelt ab.

Beim *instrumentellen Organisationsbegriff* wird die Organisation als eine Funktion des Managements zur Zielerreichung sozialer Systeme betrachtet (andere Funktionen sind z.B. Planung oder Kontrolle). Die Organisation besteht aus generellen

Regelungen hinsichtlich des Handelns von Individuen und versucht, dieses Handeln zweckorientiert zu koordinieren.

Neben dem instrumentellen und dem institutionellen Organisationsbegriff wird vereinzelt noch ein dritter, ein *tätigkeitsbezogener Organisationsbegriff* benannt (vgl. hierzu Bea/Göbel 2006, S. 2f.). Der tätigkeitsbezogene Organisationsbegriff definiert Organisation ganz allgemein als „Prozess der Entstehung von Ordnung“. Die Ordnungsentstehung umfasst dabei neben der traditionellen Fremdorganisation auch die Selbstorganisation durch die Organisationsmitglieder (autonome Selbstorganisation) und die Selbstorganisation im Sinne einer selbstständigen Ordnungsentstehung (autogene Selbstorganisation).

Tätigkeitsorientierter Organisationsbegriff (Organisation ist eine Tätigkeit bzw. ein Prozess, durch welche(n) Ordnung entsteht)

Eine relativ weit gefasste und somit (zumindest rudimentär) perspektiven-integrierende Definition von Organisation ist die folgende von Lutz von Rosenstiel (2007, S. 6):

Eine *Organisation* ist

- ein gegenüber ihrer Umwelt *offenes System,*
- das *zeitlich überdauernd* existiert,
- spezifische *Ziele* verfolgt,
- sich aus Individuen bzw. Gruppen zusammensetzt, also auch ein *soziales Gebilde* ist, und
- eine bestimmte *Struktur* aufweist, die meist durch *Arbeitsteilung* und eine *Hierarchie* von Verantwortung gekennzeichnet ist.

Zur weiteren Verdeutlichung der Definition lassen sich drei angesprochene Charakteristika – Zielgerichtetheit, Strukturiertheit (bzw. Hierarchie) und Mitgliedschaftsregelung (bzw. Grenzen) – weiterführend erläutern:

Zielgerichtetheit

Die Errungenschaft von Organisationen besteht im Aufbau langer und komplexer Handlungsketten und deren Ausrichtung auf spezifische, nur arbeitsteilig erreichbare Zwecke, Ergebnisse und Ziele (vgl. Schäffter 2001, S. 243). Unter Zielen versteht man dabei Aussagen über angestrebte Zustände (Soll-Zustände), die durch die Auswahl und die Umsetzung geeigneter Handlungsalternativen erreicht werden sollen (vgl. Vahs 2007, S.11). Die Organisationsziele setzen sich dabei aus dem Bündel aller Zielvorstellungen zusammen, die für die Organisation relevant sind und in der Regel auf Dauer angelegt sind. Dabei können die Ziele formell oder auch informell bestehen. Zudem müssen die Organisationsziele nicht unbedingt mit den Individualzielen (z.B. Erzielen eines hohen Einkommens) identisch sein. Die Ziele der Organisation finden sich z.B. in Leitbildern, Unternehmensplanungen, Geschäftsberichten oder Pressemitteilungen.

Strukturiertheit

Eine Organisation konstituiert sich im Wesentlichen durch eine formale Aufbau- und Ablauforganisation (siehe hierzu auch Kap. 2.3.4), ohne die eine zielgerichtete Zusammenarbeit der Organisationsmitglieder nicht möglich wäre. Dabei geht es insbesondere darum, dass die Organisationsstruktur eine notwendige Regelmäßigkeit und Ordnung herstellt, die für die Organisationsmitglieder eine gewisse Orientierung und Routine erzeugt, um im Arbeitsprozess Effektivität und Effizienz zu fördern. Zudem ist es erforderlich, durch die Struktur einer Organisation ein Informations- bzw. Kommunikationssystem festzulegen, in dem die Informationswege sowie die Inhalte der Informationen geregelt werden. Regelungen und Ordnung der formellen Organisationsstruktur werden durch die Spezialisierung, Koordinierung und Delegation von Arbeitsaufgaben hergestellt. Die formale Organisationsstruktur wird z.B. ersichtlich durch das Organigramm, Stellenbeschreibungen, Verfahrensrichtlinien oder Unterschriftenbefugnisse. Die formalen Regelungen dienen allerdings nicht nur der Leistungssicherung und Effizienz, sondern zudem auch der Sicherung von Herrschaft und Macht in der Organisation (vgl. Küpper/Felsch 2000). Neben den formellen bilden sich in fast jeder Organisation auch informelle Strukturen und Regelungen aus, die weder offiziell eingeführt, noch schriftlich fixiert sind. Sie entstehen meist spontan aus dem Handeln heraus und bewähren sich im täglichen Arbeitsvollzug. Oft sind es gerade die informellen Strukturen, Regelungen und Hierarchien, die das Verhalten der Organisationsmitglieder stark beeinflussen (vgl. Schreyögg 2008, S. 12ff.).

Mitgliedschaftsregelung

Die Frage, wer Mitglied einer Organisation ist und wer nicht, ist nicht immer exakt zu beantworten (vgl. hierzu ausführlich Laske/Meister-Scheytt/Küpers 2004, S. 19f.). Je nach Organisationstyp gibt es unterschiedliche Mitgliedschaftsregelungen. So beruht z.B. die „Einbindung" der Mitglieder in Gefängnissen oder geschlossenen psychiatrischen Anstalten auf Zwang, in normativen Organisationen wie Kirchen, Parteien oder Gewerkschaften vor allem auf gemeinsam geteilte Werte und Überzeugungen und bei erwerbswirtschaftlichen Unternehmen in der Regel auf Verträgen. Eng mit der Mitgliedsregelung einer Organisation verbunden ist die Grenzziehung zwischen dem, was zur Organisation und dem, was zur Umwelt gehört. Dabei gibt es unterschiedliche Auffassungen darüber, wo die Grenzen einer Organisation liegen, z.B. in der oben beschriebenen Mitgliedschaftsregelung oder dem Beitrag zur Leistungserbringung. Eine andere Auffassung geht dahin, dass die Grenzen dort beginnen, wo der Einfluss der Organisation auf das Verhalten seiner Mitglieder endet und ein anderer Einflusskreis beginnt (vgl. Pfeffer/Salancik 1978).

2.2 Organisationstheorien

Zunächst lässt sich festhalten, dass es *die* Organisationstheorie nicht gibt. Das Forschungsfeld zeigt sich uneinheitlich und ist bisher keine homogene Disziplin geworden. Je nach wissenschaftlicher Perspektive und Erkenntnisinteresse hat sich seit Beginn des 20. Jahrhunderts eine Fülle von Organisationstheorien herausgebildet. Dabei entwickelten sich die Organisationstheorien parallel zum Bedeutungsgewinn der Organisation in der Gesellschaft. Zum einen beeinträchtigen die Organisationen im enormen Maße das Verhalten und Handeln der Menschen, die zu der Organisation gehören, und zum anderen kann die Herstellung und Vermarktung von Produkten oder die Bereitstellung von Dienstleistungen überwiegend nur noch arbeitsteilig bewerkstelligt werden, wozu eine effektive und effiziente Organisation benötigt wird.

Die Organisationstheorien greifen diese Problematik auf und versuchen, den Zweck, das Entstehen, das Bestehen und die Funktionsweise von Organisationen zu klären bzw. zu verstehen. Sie dienen damit (implizit oder explizit) der *Verbesserung der Organisationspraxis* (vgl. Scherer 2001, S. 1). Die Kenntnis von organisationstheoretischen Zusammenhängen ist somit eine wesentliche Voraussetzung für die planvolle Gestaltung von Organisationen.

Die folgende Systematisierung organisationstheoretischer Ansätze (Abbildung 14) sowie die dazu angegebenen Ausführungen (Kapitel 2.2.1 bis 2.2.6) orientieren sich – falls nicht anders angegeben – an den Darstellungen von Vahs (2007, S. 25-46). Darüber hinaus werden organisationstheoretische Zugänge insbesondere von Laske/Meister-Scheytt/Küpers (2006) vertieft aufgegriffen (Band 3 der Studienreihe Bildungs- und Wissenschaftsmanagement).

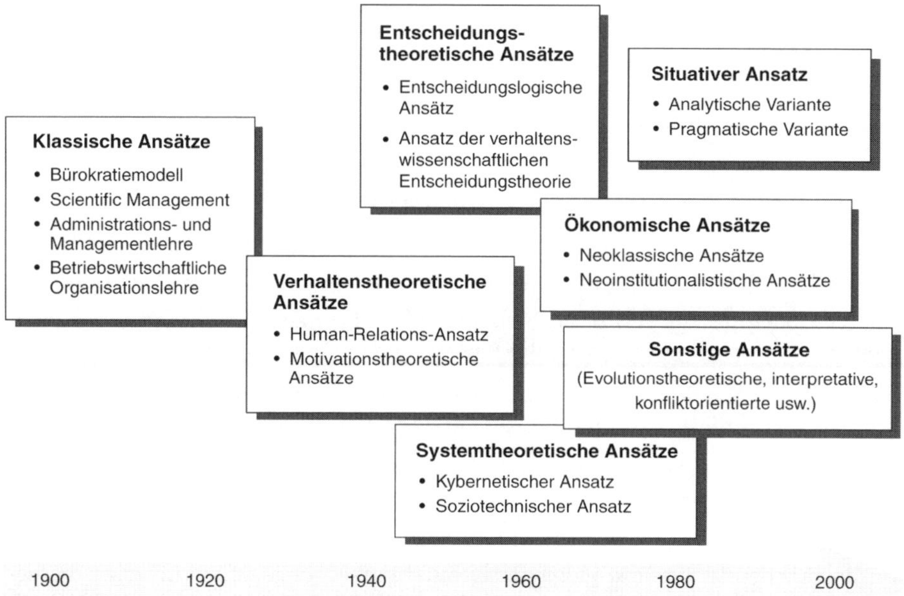

Abbildung 14:
Organisationstheoretische Ansätze (Vahs 2007, S. 27)

2.2.1 Klassische Ansätze

Zu den klassischen Organisationstheorien, die eine Maximierung der Effizienz als Hauptziel der Organisation anstreben und zu Beginn des 20. Jahrhunderts entstanden, werden das Bürokratiemodell (Weber 1972), der Ansatz des Scientific Managements (Taylor 1913), die Administrations- und Managementlehre (Fayol 1916) sowie die betriebswirtschaftliche Organisationslehre (Nordsieck 1968) gezählt.

Diese Ansätze besitzen zwar unterschiedliche Schwerpunktsetzungen, zielen aber gleichermaßen auf eine rein technisch-rationale Optimierung formaler Organisationsstrukturen mit der Zielperspektive der Gewinnoptimierung ab. Gesucht wird der optimale, der „one best way" organisatorischer Gestaltung von Arbeitsprozessen. Die radikale Durchsetzung der Leitidee der Rationalisierung brachte dem Taylorismus ebenso wie den anderen Ansätzen beachtliche Erfolge. Die Steigerung der Effizienz und Effektivität der Organisationen beruht jedoch in erster Linie auf ihren mechanistischen Funktionsprinzipien und deren Anwendung auf eine weitgehend stabile, wenig komplexe Aufgabenwelt. Soziale Bindungen und Bedürfnisse, zwischenmenschliche Beziehungen sowie individuelle Weiterentwicklungsmöglichkeiten durch die Arbeit bleiben zugunsten einer rein technisch-rationalen Organisationsoptimierung ausgeblendet (vgl. Reichwald/Möslein 1999).

Die konsequente Nichtbeachtung einer Humanisierung von Arbeitsplätzen ist ein Hauptkritikpunkt an den klassischen Organisationstheorien. So ist z.B. das Menschenbild in den klassischen Organisationstheorien dadurch geprägt, dass der Mensch quasi als eine „Maschine" betrachtet wird, welche ohne eigene Wünsche und Vorstellungen exakt von außen (Management) zu lenken ist.

Exkurs: Tayloristische Prinzipien der Arbeitsgestaltung

Ökonomie der Handlungsabläufe: Für jeden Arbeitsvorgang gibt es den idealen, wissenschaftlich ermittelbaren Weg, der die wenigste Zeit und Energie kostet;

Fremdbestimmung: Da der einzelne Arbeiter die optimale Arbeitsform nur sehr lückenhaft beherrscht, müssen ihm alle Bewegungen genau vorgeschrieben werden;

Kontrolle: Da der Arbeiter von sich aus jede Arbeit am liebsten vermeiden würde bzw. sie unvollkommen ausführen würde, muss er ständig kontrolliert werden;

Arbeitszerlegung: Die Arbeit muss jeweils in kleinste Einheiten zerlegt werden, um die Zeit für Anlernen und Fehlerkorrektur zu minimieren;

Zentrale Lenkung des Arbeitstaktes: Damit die einzelnen Arbeiter ihr Tempo nicht zu niedrig ansetzen und um die gleichzeitig aufeinander bezogenen Arbeiten besser koordinieren zu können, ist die zentrale Lenkung des Arbeitstaktes erforderlich;

Motivation durch Entlohnung: Das zentrale Motivationsinstrument ist bei der Arbeitsverdichtung die Höhe der Entlohnung; andere motivierende Aspekte von Arbeit kommen nicht vor.

(vgl. Bosetzky/Heinrich/Schulz zur Wiesch 2002, S. 192f.).

2.2.2 Verhaltenstheoretische Ansätze

Die *verhaltenstheoretischen Ansätze,* zu denen der Human-Relations-Ansatz sowie die neueren motivationstheoretischen Ansätze zu zählen sind, versuchen die technisch-instrumentelle Rationalität der klassischen Organisationstheorien zu überwinden, indem sie das menschliche Verhalten und die zwischenmenschlichen Beziehungen in den Mittelpunkt ihrer Betrachtungen stellen. Der Human-Relations-Ansatz geht dabei auf die Hawthorne-Experimente Ende der Zwanzigerjahre zurück, bei denen herausgefunden wurde, dass auch „weiche" Faktoren wie das Betriebsklima oder soziale Kontakte Auswirkungen auf die Arbeitsergebnisse haben. Die Kernaussage dieses Managementkonzepts lautet, dass eine positive Einstellung gegenüber der Arbeit und dem sozialen Umfeld zu einer hohen Arbeitszufriedenheit führt, die wiederum eine hohe Arbeitsleistung bewirkt. Als Beeinflussungsfaktoren von Zufriedenheit und Motivation werden das Verhalten der Führungskräfte, vertrauensvolle Beziehungen und materielle Anreize gesehen. Die neueren *motivationstheoretischen Ansätze* betrachten menschliches Verhalten in Organisationen mit der Sichtweise, dass zwischen der Zufriedenheit der Organisationsmitglieder und ihrer Produktivität kein direkter und zwingender Zusammenhang besteht. Die Menschen werden stattdessen als „Ressource" geistiger und körperlicher Fähigkeiten angesehen, die es zu fördern und weiterzuentwickeln gilt.

Als Vertreter der motivationstheoretischen Ansätze gelten z.B. Herzberg und Maslow. Bei Herzbergs „Zwei-Faktoren-Theorie" ist die Motivation im Inhalt der Arbeit begründet. Er benennt dabei zwei wesentliche Bedürfnisse, die befriedigt werden müssen: a) Motivationsbedürfnis (erzeugt durch Faktoren, die zu Zufriedenheit führen) und b) Hygienebedürfnis (erzeugt durch Faktoren, die Unzufriedenheit verhindern, aber keine Zufriedenheit herstellen).

Maslow entwickelte eine Bedürfnispyramide, die davon ausgeht, dass alle Menschen eine Reihe von Grundbedürfnissen haben, nach deren Befriedigung sie streben. Die Pyramide beginnt auf der untersten Stufe bei physiologischen Bedürfnissen (z.B. Essen und Trinken), geht dann über in die Bedürfnisse wie u.a. Sicherheit, sozialer Kontakt, Anerkennung, und spitzt sich dann zu mit den Bedürfnissen der Selbstaktualisierung (z.B. Selbstverwirklichung oder Selbstrealisierung) (vgl. Weinert 2004, S. 190f.).

Exkurs: Hawthorne-Experimente
Im Jahr 1923 initiierte das amerikanische *National Research Council* ein Forschungsprogramm, in dessen Verlauf zunächst die Zusammenhänge zwischen der Arbeitsplatzbeleuchtung und der Arbeitsleistung untersucht werden sollten. Zwischen 1924 und 1932 fanden insgesamt sechs Untersuchungsreihen in den Hawthorne-Werken der Western Electric Company statt. Beteiligt an den Experimenten waren u.a. der Psychologie-Professor Elton Mayo und seine Kollegen Fritz Roethlisberger und William Dickson. Beim wichtigsten Experiment ging es um den Zusammenhang zwischen den Lichtverhältnissen am Arbeitsplatz und den Arbeitsleistungen. Bei der Durchführung des Experiments ergaben sich unerwartete Ergebnisse: Sowohl in der Experimentiergruppe, wo die Wirkung von unterschiedlichen Beleuchtungsarten untersucht wurde, wie auch in der Kontrollgruppe, wo an der alten Beleuchtung festgehalten wurde, stiegen die Leistungen kontinuierlich an. Dieses nicht erwartete und zunächst nicht erklärbare Ergebnis lenkte die Aufmerksamkeit der Forschergruppe auf die beobachteten sozialen Veränderungen und deren Auswirkungen auf die Arbeitsmotivation. Mayo und sein Team kamen zu dem Schluss, dass auch die psychischen und vor allem die sozialen Begleiterscheinungen am Arbeitsplatz und beim Arbeitsprozess Auswirkungen auf Motivation und Arbeitszufriedenheit hatten und somit zu einer Leistungs- und Produktionssteigerung führten (vgl. Gairing 2002, S. 49f.; Kieser/Eberts 2006, S. 141ff.).

2.2.3 Entscheidungstheoretische Ansätze

Die entscheidungstheoretischen Ansätze der Organisationstheorie befassen sich sowohl mit der Lösung von organisatorischen Gestaltungsproblemen (entscheidungslogisch-orientierte Ansätze) als auch mit dem Einfluss der Organisationsstruktur auf das Entscheidungsverhalten (entscheidungsprozess-orientierte Ansätze). Die *entscheidungslogisch-orientierten Ansätze* bieten formale Entscheidungsmethoden und mathematische Modelle zur Lösung organisatorischer Teilprobleme an. Sie sind im Gefolge einer auf quantitativen Methoden basierenden Unternehmensforschung („Operations Research") insbesondere seit den Sechzigerjahren entstanden und bieten durch Anwendung mathematischer Methoden (z.B. Spieltheorie, Teamtheorie) partiale Lösungsansätze. Insbesondere gilt dies z.B. für eine optimale Leitungsspanne, Abteilungsgliederung oder Zahl der Hierarchieebenen (vgl. van Geldern 1997, S. 23).

Aus Sicht der *entscheidungsprozess-orientierten* Ansätze sind Organisationen als Systeme zu betrachten, in denen Entscheidungen zur Erreichung der Organisationsziele getroffen und koordiniert werden müssen. Es wird von der Grundannahme ausgegangen, dass bestimmte Organisationsformen auf das menschliche Entscheidungsverhalten Einfluss haben können. Im Fokus der Betrachtung stehen das Beschreiben und Erklären individuellen und gruppenspezifischen Entscheidungsverhaltens mit dem Ziel, organisatorische Gestaltungsempfehlungen anzubieten.

2.2.4 Systemtheoretische Ansätze

Unter der Überschrift „systemtheoretische Ansätze" werden vielfältige Forschungsrichtungen zusammengefasst, denen der Versuch gemeinsam ist, komplexe Sachverhalte und Zusammenhänge ganzheitlich zu beschreiben und zu erklären. Den Kerngedanken des systemischen Ansatzes erkennt man bereits am Ursprung des Wortes „System". Der Begriff stammt aus dem Griechischen („systema") und bedeutet so viel wie „Zusammenstellung", meint damit ein Ganzes, das im Zusammenwirken von verschiedenen Teilen erst existent wird. Oder anders formuliert: Das Ganze ist mehr als die Summe seiner Teile. Nach diesem Verständnis kann ein System definiert werden als „ein dynamisches Ganzes, das als solches bestimmte Eigenschaften und Verhaltensweisen besitzt. Es besteht aus Teilen, die so miteinander verknüpft sind, dass kein Teil unabhängig ist von anderen Teilen und das Verhalten des Ganzen beeinflusst wird vom Zusammenwirken aller Teile" (Ulrich/Probst 1990, S. 30; zitiert nach: von Küchler/Schäffter 1997, S. 33).

Entstanden ist die Systemtheorie in der ersten Hälfte des 20. Jahrhunderts in den Naturwissenschaften und geht dort grundlegend auf die Arbeiten des österreichischen Biologen von Bertalanffy zurück, der in den 1930er-Jahren eine Theorie der Selbstregulierungsfähigkeit offener biologischer Systeme erstellte. Seit den 1980er-Jahren wurde insbesondere die Organisationsentwicklung von der Systemtheorie beeinflusst.

Die besondere Qualität von systemtheoretischen Erkenntnissen für die Konzipierung von Organisationsentwicklungs-Prozessen zeigt sich u.a. darin, dass eine ganzheitliche, komplexe Sichtweise aufgezeigt wird, d.h. Individuum, Organisation, Umwelt und Zeit werden in ihren Wechselwirkungen und Systemzusammenhängen betrachtet. Zudem wird Abstand genommen von der Beschreibung von Gesetzmäßigkeiten und simpler Ursache-Wirkungs-Ketten. Systemtheoretisch geprägte Ansätze organisationalen Lernens bieten somit für Organisationen, die turbulenten Umwelten ausgesetzt sind, vielfältige Erklärungs- und Handlungsoptionen.

Dabei unterscheidet sich das systemische Weltbild nahezu konträr vom mechanistischen Weltbild, wobei es eine Antwort auf die gesteigerte Komplexität und Dynamik von Lebenswelten und der damit verbundenen Unsicherheit und Unsteuerbarkeit gibt (vgl. Königswieser/Hillebrand 2008, S. 28).

Folgende Gegenüberstellung verdeutlicht die wesentlichen Unterschiede zwischen den zwei Paradigmen:

Mechanistisches Weltbild	Systemisches Weltbild
Objektivität, eine Wahrheit, unveränderliche Gesetze	Wirklichkeitskonstruktion, viele „Wahrheiten", Thesen
richtig – falsch, schuldig – unschuldig	Kontextabhängigkeit, Nützlichkeit, Anschlussfähigkeit
(Fremd-)Steuerung	Selbststeuerung, Selbstorganisation
lineare Kausalketten	vielfältige Wechselwirkungen, Feedbackschleifen
messbar, fixer Unterschied	sich unterscheiden, verändern
linearer Fortschritt, ändern	Entwicklung, ändern und bewahren, deblockieren
formale Logik, Widerspruchsfreiheit, Ausschluss	Integration von Widersprüchen, Einbeziehung
harte Fakten, rationale Beziehungen	Integration von harten und weichen Faktoren (Emotionen, Intuitionen, Kommunikationsprozesse)
Rollen: Macher, Führende und Geführte, Manipulation	Rollen: Impulsgeber, Gärtner, Befähiger, Entwicklungshelfer, Coach
Methoden: Instruktion, Anordnung, Befehl, Lernen durch Versuch und Irrtum	Methoden: Zuhören, Fragen, Dialog, Diskussion, Reflexion, Lernen des Lernens

Abbildung 15:
Mechanistisches und systemisches Weltbild (Königswieser/Hillebrand 2008, S. 28)

2.2.5 Ökonomische Ansätze

Gegenwärtig können die ökonomischen Ansätze in zwei grundlegende Richtungen unterteilt werden: Die *neoklassischen Ansätze* fassen die Akteure als rational handelnde Individuen auf, die jederzeit über vollständige und sichere Informationen verfügen, mit denen sie dann auf den vollkommenen Märkten stets optimal entscheiden können. Die Akteure verfolgen als Konsumenten das Ziel der Nutzenmaximierung und als Produzenten das Ziel der Gewinnmaximierung. Aus Sicht der Akteure sind Institutionen (Organisationen) nichts anderes als Instrumente, um Marktmacht aufzubauen oder dagegen in Konkurrenz zu treten. Die *neoinstitutionalistischen Ansätze* (vgl. u.a. Göhler/Kühn 1999; Kieser/Eberts 2006) betonen den institutionellen Charakter von Unternehmen und stellen diesen ins Zentrum ihrer Erklärungsversuche. Dabei wird die Unternehmung als ein für sich stehendes Handlungssystem betrachtet, das als solches einer ökonomischen Erklärung bedarf (Schreyögg 2008, S. 59ff.). Die institutionenökonomischen Ansätze geben die neoklassische Vorstellung der völlig reibungslosen und kostenlosen Interaktion zwischen den ökonomischen Akteuren auf. Die effiziente Ressourcennutzung sowie Herstellung arbeitsteiliger Produkte oder Dienstleistungen gelingen in der Realität nicht automatisch und oft nur problembehaftet. Grund dafür ist die „menschliche Natur“, zu deren wesentlichen Merkmalen Opportunismus (List, Betrug, Lüge usw.) und *begrenzte Rationalität* gehören (vgl. Bea/Göbel 2006). Zu den drei wesentlichen neoinstitutionalistischen Ansätzen zählen der Transaktionskostenansatz, der verfügungsrechtliche Ansatz (Property-Rights-Ansatz) und der Principal-Agent-Ansatz (vgl. Göhler/Kühn 1999, S. 23f):

1) Die *Transaktionskostentheorie* besagt, dass wegen der immer vorhandenen Transaktionskosten die Einrichtung von Organisationen als vorteilhaft erscheint (= Minimierung von Transaktionskosten, Verringerung von Unsicherheiten).
2) Die *Property-Rights-Theorie* analysiert die Konsequenzen, die sich aufgrund von differierenden Eigentumsstrukturen ergeben (Privatgemeinschaften, staatliche Gemeinschaften). Insgesamt geht es bei diesem Ansatz immer darum, zu sehen, welche unterschiedlichen Resultate durch spezifische institutionelle Rahmenbedingungen hervorgerufen werden mit der Zielsetzung, zu einem effizienten System von Austauschbeziehungen zu kommen oder diese zu erhalten.
3) Die *Principal-Agent-Theorie* untersucht, wie unter den Bedingungen von Organisationsstrukturen unterschiedliche Handlungsstrategien entstehen. Unter der Voraussetzung, dass man Firmen als ein Geflecht von Arbeitgebern („Principals“) und Arbeitnehmern („Agents“) betrachtet, lassen sich Unternehmungen nicht mehr von Märkten unterscheiden.

2.2.6 Situativer Ansatz

Der situative Ansatz untersucht und erklärt die Unterschiede zwischen den realen Organisationsstrukturen und den sie bewirkenden Einflussgrößen. Ziel ist es dabei nicht, allgemeingültige Organisationsprinzipien aufzustellen, die bestimmten Situationen dogmatisch bestimmte Strukturen gegenüberstellen. Vielmehr sollen die Zusammenhänge zwischen der Situation, der Struktur, dem Verhalten der Organisationsmitglieder und der Organisationseffizienz aufgezeigt werden. Der situative Ansatz ist bisher durch zwei Grundmodelle gekennzeichnet (vgl. dazu u.a. Kieser/Kubicek 1992, S. 55ff.): *Die analytische Variante* verfolgt ein theoretisches Wissenschaftsziel, d.h., sie sucht nach Antworten auf Warum-Fragen (z.B.: Warum gibt es unterschiedliche Unternehmensstrukturen? Warum verhalten sich Organisationsmitglieder unterschiedlich?). Die Beantwortung derartiger Fragen führt zur Bildung von Theorien, die ein tieferes Verständnis der betrachteten Sachverhalte ermöglichen sollen. Im Gegensatz dazu versucht die *pragmatische Variante* die Beantwortung von Wie-Fragen (z.B.: Wie muss die Organisation eines Unternehmens gestaltet werden, damit sie den veränderten Anforderungen gerecht wird?). Hier wird ein pragmatisches Wissenschaftsziel verfolgt, das zu neuen Technologien führen soll, die praktische Gestaltungsempfehlungen beinhalten.

2.3 Merkmale einer Weiterbildungsorganisation

Der Fokus im Folgenden liegt auf der Betrachtung einer Weiterbildungseinrichtung mit ihren spezifischen organisationalen Ausprägungsmerkmalen.

Anhand der Merkmale können wichtige Informationen gewonnen werden, um die Leistungsfähigkeit der Organisation insgesamt einschätzen sowie eventuell bestehende Problemkonstellationen erkennen zu können. Eine tief gehende Analyse der Organisation und ihrer Probleme stellt bei einem Organisationsentwicklungs-Prozess die sogenannte *Diagnosephase* dar, die notwendig vor jedem Veränderungsprozess durchgeführt werden sollte. Anhand der gewonnenen Informationen lassen sich die Stärken und Schwächen einer Organisation klar bestimmen. Das Wissen um die Leistungsfähigkeit – bzw. um die Stärken und Schwächen – stellt dann die Basis für die nächsten Schritte eines Veränderungsprozesses dar.

Folgendes Beispielmodell teilt die organisationalen Ausprägungsmerkmale einer Weiterbildungseinrichtung in die vier interdependent miteinander verknüpften Bereiche *Strategie, Struktur, Kultur* und *Ressourcen* ein. Die vier Merkmalsbereiche lassen sich jeweils weiter ausdifferenzieren und bilden gemeinsam mit den Einflussfaktoren der Umwelt die Grundlage für die Herausbildung einer speziellen Organisationsidentität sowie des entsprechenden Profils der Einrichtung.

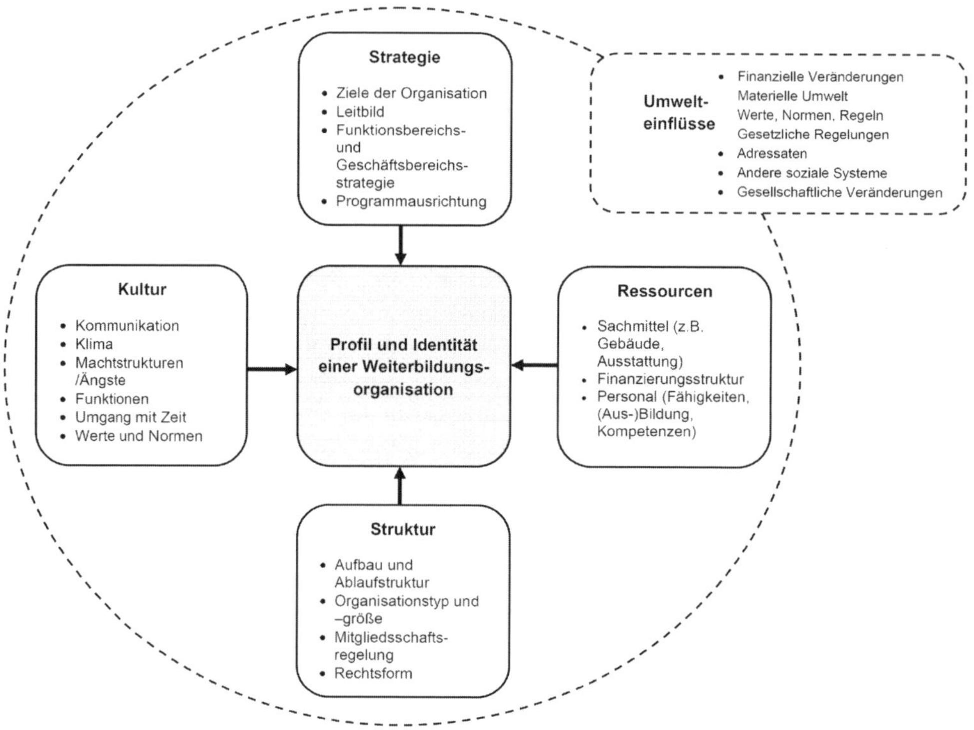

Abbildung 16:
Merkmalskategorien einer Weiterbildungseinrichtung

2.3.1 Organisationsprofil und -identität

Das *Profil* und die *Identität* einer Weiterbildungsorganisation ergibt sich aus den spezifischen Ausprägungen der vier Merkmalsbereiche Strategie, Struktur, Kultur und Ressourcen sowie aus den relevanten Umwelteinflüssen und -beziehungen.

Das Profil einer Organisation verdeutlicht insbesondere die thematischen bzw. inhaltsbezogenen Schwerpunktsetzungen der Einrichtung. Mit dem Profil wird zudem der „Urzweck“ der Organisation dargestellt. D.h., das Profil verdeutlicht den eigentlichen Existenzgrund einer Einrichtung. Es ist daher enorm wichtig, dass sich die Organisation mit ihren Mitgliedern bewusst ist über Stärken und Schwächen des eigenen Profils. Der Weg zu einer „anfälligen“ Organisation ist geebnet, sobald sich das Profil verwässert, unklar wird oder durch ungleiche Auffassungen unterschiedlich kommuniziert wird (z.B. über unterschiedliche Programmschwerpunkte).

Zentraler Bestandteil des Organisationsprofils ist die Organisationsidentität. Die Organisationsidentität, deren Kern ein kollektiv geteiltes erwachsenenpädagogisches Selbstverständnis ist, bildet sich dabei aus der intersubjektiv geteilten Wirklichkeit der Mitglieder einer Organisation über die relevante Wirklichkeit. Eine bewusste und zwischen den Organisationsmitgliedern kongruente Organisationsidentität erfüllt eine „Sinn“ -vermittelnde Funktion und ermöglicht auch bei turbulenten Umwelten das Beharren auf Grundelemente der Organisation, bietet Sicherheit und eröffnet so Ansatzpunkte für individuelle und kollektive Reflexionen, aus denen sich neue Handlungsoptionen entwickeln können.

2.3.2 (Organisations-)Strategie

Die *Organisationsstrategie* bezeichnet die grundsätzliche, langfristige Ausrichtung des Unternehmens, um damit die Überlebens- und Leistungsfähigkeit der Organisation sicherzustellen. Die Strategie bringt zum Ausdruck, welche Verhaltensweisen des Unternehmens gegenüber den Marktteilnehmern gezeigt werden und welche Ressourcen innerhalb und außerhalb des Unternehmens aufgebaut und eingesetzt werden müssen, um die langfristigen Einrichtungsziele verwirklichen zu können (vgl. Burr u.a. 2005, S. 74; Grant/Nippa 2006, S. 43ff.).

Auf Grundlage der Organisationsstrategie entstehen dann die *Funktionsbereichsstrategien*, also die grundsätzlichen Zielsetzungen und Aktivitäten bestimmter Funktionsbereiche (für Weiterbildungseinrichtungen z.B. die Personalstrategie oder die Strategie der Öffentlichkeitsarbeit) und die *Geschäftsbereichsstrategie*, also die strategische Ausrichtung einzelner Geschäftsbereiche (z.B. die strategische Positionierung des Fachbereichs „Wirtschaft und Beruf“).

Idealtypisch nimmt die Organisationsstrategie wichtige Funktionen ein. Sie wirkt zum einen *handlungsleitend*, d.h., die Organisationsmitglieder agieren auf der Grundlage einer gemeinsamen Basis, die sich zusammensetzt aus z.B. Leitlinien, Zielen, Grundsätzen etc., und zum anderen wirkt die Strategie *organisationsgestaltend* auf die Einrichtung ein. So bewirkt z.B. eine strategische Schwerpunktsetzung bezüglich des Angebots spezieller Bildungsinhalte eine Veränderung der Organisationsstrukturen.

Unter einer solchen Perspektive ist die Strategieentwicklung – also a) die Analyse der strategischen Ausgangsposition, b) die strategische Planung und c) die Festlegung der Mittel und Wege zur Zielerreichung (vgl. Burr u.a. 2005, S. 74) – als ein reflexiver Lernvorgang zu verstehen. Dazu bedarf es der Beteiligung der Organisationsmitglieder (also keiner reinen top-down-Strategievorgabe) sowie der integralen Fokussierung auf Inhalt und Prozess gleichermaßen. Weiterbildungseinrichtungen sehen sich mit wandelnden gesellschaftlichen und politischen Zielvorstellungen und mit differenzierter werdenden Teilnehmeranforderungen konfrontiert und müssen gleichzeitig, um konkurrenzfähig zu bleiben, ein eigenständiges Profil entwickeln. Vor diesem Hintergrund und unter Beachtung sich verändernder und unsicherer werdender Umwelten und Zukunftsperspektiven ist eine kontinuierliche Strategieklärung und -entwicklung für Weiterbildungseinrichtungen nahezu unerlässlich.

Bestandteil der Organisationsstrategie sind u.a. eine kollektiv von den Organisationsmitgliedern erstellte und getragene *Vision*, ein sichtbares *Leitbild*, ein strategisches *Zukunftsmanagement* und die konkreten *Ziele*:

Vision

Eine Vision ist ein bildhaftes, glaubwürdiges und attraktives Zukunftsbild mit einem szenarischen Charakter, das in eine bestimmte Richtung weist, ohne den Rahmen im Detail vorzugeben. Mit Visionen wird insbesondere der Frage nachgegangen: *Wo will die Einrichtung langfristig hin?* Die Vision ist dabei in relativ kurze Form zu fassen und dementsprechend leicht zu kommunizieren (vgl. Vahs 2007). Im Idealfall beeinflusst die Vision einer Einrichtung das Denken, Fühlen und Handeln der Organisationsmitglieder positiv und erzeugt ein hohes Maß an Gemeinschaftsgefühl, Identifikation, Motivation, und fördert nicht zuletzt Sicherheit und Orientierung bei den Mitarbeitern. Darüber hinaus tragen gelebte Visionen zu einem positiven Außenbild (Image) der Organisation bei und haben so auch für die Teilnehmenden einen positiv integrierenden Effekt.

Leitbild

Die Systemidentität spiegelt sich insbesondere durch ein in der Einrichtung vorhandenes aussagekräftiges, partizipativ erstelltes sowie kollektiv geteiltes Leitbild wider. Ein solches Leitbild „[…] fasst die Grundlagen, die Ziele und das Selbstverständnis einer Einrichtung zusammen“ (Beer 2002, S. 45). Das Leitbild einer Volkshochschule sollte unter Berücksichtigung der Vergangenheit (Gründungskontext, besondere Geschehnisse etc.) sowie der gegenwärtigen Situation der Organisation (Bestandsaufnahme, Umweltanalyse etc.) konkrete Aussagen machen zu folgenden Aspekten (vgl. ebd., S. 50f.):

1) Ethische, fachliche und soziale Positionierung
2) Konzeptionelle Grundlagen des Bildungsangebots
3) Grundsätze für die Finanzierung und das Finanzmanagement
4) Grundlagen der internen Arbeits- und Organisationsstruktur

5) Grundsätze für die Gestaltung der externen Arbeitsbeziehungen
6) Grundsätze für die Gestaltung und Führung eines Tagungshauses

Wichtig bei der Formulierung eines Leitbilds ist, die einzelnen Festlegungen und Kriterien für die verschiedenen Handlungsfelder so zu präzisieren, dass ihre Einhaltung oder Erreichung operationalisierbar und überprüfbar sind. Hier bietet es sich an, für die einzelnen Bereiche Zielkataloge festzulegen, die von allen Beteiligten als realistisch und verbindlich akzeptiert werden. Neben der Beteiligung der Organisationsmitglieder ist es notwendig, die Leitbildentwicklung als einen kontinuierlichen, reflexiven Prozess anzusehen, d. h., Aussagen zu bestimmten Handlungsfeldern (insbesondere zu den abgeleiteten Zielvereinbarungen) werden nicht als unveränderbar angesehen, sondern können überprüft und angepasst werden. Ein solcher reflexiver Entwicklungsprozess ermöglicht eine verbesserte Reaktion auf akute Umweltveränderungen.

Zukunftsmanagement

Zukunftsmanagement („corporate foresight") meint, dass die Strategie durch das Entwickeln von Szenarien und entsprechenden Handlungsoptionen auf mögliche zukünftige Entwicklungen abgestimmt wird (vgl. Bittelmeyer 2005).

Dies bedeutet, dass sich die Weiterbildungseinrichtung mit gesellschaftlichen, ökonomischen, technologischen, erwachsenenpädagogischen oder bildungspolitischen Trends auseinandersetzt, die die für die Organisation und ihre Produkte relevanten Zukunftsbilder identifiziert, unter Berücksichtigung der Zielvorstellungen verschiedene Zukunftsszenarien entwickelt und entsprechende Handlungsoptionen ableitet. Dabei ist es von Bedeutung, dass die Auswirkungen der Trends nicht im Allgemeinen diskutiert, sondern auf die konkreten Auswirkungen bezüglich der Gestaltung der eigenen Organisation „heruntergebrochen" werden. Das Entwickeln alternativer Zukunftsszenarien zu möglichen Trends und Problemfeldern ermöglicht es einer Einrichtung, flexibel und adäquat auf veränderte Umwelten reagieren zu können.

Beim Zukunftsmanagement geht es nicht um das Voraussagen der Zukunft, sondern um das Erarbeiten mehrerer Zukunftsalternativen, aufbauend auf verschiedenen Annahmen. Die zentralen Aufgaben sind: „[...] strategische Entscheidungen vorzubereiten, die Wettbewerbsfähigkeit des Unternehmens langfristig zu sichern sowie die Lern- und Innovationsfähigkeit des Unternehmens dauerhaft zu stärken" (Burmeister/Neef/Beyers 2004, S. 12). Wichtige Methoden beim Zukunftsmanagement sind z.B. die Szenario-Technik, Zukunftsworkshops, Expertenbefragungen oder die Etablierung eines Früherkennungssystems.

Ziele

Ein wichtiges Spezifikum von Weiterbildungseinrichtungen gegenüber anderen Organisationen liegt in ihrem speziellen „Produkt" begründet. Weiterbildungseinrichtungen stellen kein Produkt im klassischen Sinne her (z.B. Autos oder Staubsauger), sondern bieten über das professionelle Arrangieren von Lehr-/Lernsituationen die Möglichkeit, „Bildung" zu erlangen bzw. daran zu partizipieren.

Bildung, aus historischer Sichtweise verstanden als „[…] Prozess und Ziel der Kräfte-Bildung, Selbstentfaltung und Selbstverwirklichung jedes Menschen in Auseinandersetzung mit der Welt“ (Schlutz 2001, S. 48) und erweitert um die Bedeutung des lebenslangen Lernens, steht als grundlegende Funktion im Mittelpunkt des Selbstverständnisses von Weiterbildungseinrichtungen. In diesem Kontext hat die Weiterbildungsarbeit der Einrichtungen die Aufgabe, das „[…] durch die gesellschaftliche Dynamik notwendig gewordene lebenslange Lernen der Individuen in fachlicher, persönlicher und sozialer Hinsicht zu organisieren, anzuleiten und zu unterstützen“ (Ehses/Zech 2004, S. 77). Ein solches Bildungsverständnis führt auf einer höheren Ebene dazu, dass die Einrichtungen die Aufgaben haben, für die teilnehmenden Menschen Qualifikationen zu ermöglichen sowie die individuelle Emanzipation und die gesellschaftliche Integration zu fördern.

Geht man von Bildung als zentrale handlungsleitende Prämisse aus, so ergeben sich weitere Besonderheiten. Eine liegt in dem Gegenstand „Lernen“ begründet, was bedeutet, dass das eigentliche „Produkt“, nämlich der Bildungszuwachs, gar nicht von der Einrichtung hergestellt wird, sondern dass die Teilnehmer (also alle Lernenden selbst) es in Eigenaktivität herstellen müssen. Somit ist der Lernende der eigentliche Produzent von Bildung, wobei seine Motivation und seine Aktivität wesentlich mitentscheiden, ob der Lernprozess ein Erfolg wird (vgl. ebd.). Die Einrichtung ist dafür verantwortlich, die Motivation und Aktivität anzuregen, eine optimale Lernumgebung bereitzustellen sowie den Lernprozess als „Begleiter“ zu unterstützen.

Exkurs: Die SMART-Formel

Eine Methode, um sich in Organisationen über konkrete Ziele zu verständigen, ist die *SMART-Formel* (vgl. Stöger 2004, S. 37ff.). Die einzelnen Buchstaben stehen dabei für Eigenschaften der Ziele:

S – spezifisch
Es geht um die Frage, ob das Ziel konkret und ergebnisorientiert formuliert ist. Ein Ziel muss so konkret und anschaulich sein, dass man später prüfen kann, ob es verwirklicht worden ist.

M – messbar
Kann ein Ziel gemessen oder überhaupt nachvollzogen werden? Im Englischen heißt es dazu „only what can be measured, gets done“. Um ein Ziel erfolgreich zu erreichen, ist Messbarkeit zwingend notwendig. Dabei geht es letzten Endes um die alles entscheidende Frage: Liegen konkrete Resultate vor oder nur schöne Worte?

A – aktiv beeinflussbar
Da es immer wieder Projekte gibt, die scheitern weil niemand die Zielrichtung beeinflussen kann, ist es wichtig, dass sich die gesetzten Ziele aus konkreten und umsetzbaren Maßnahmen ableiten lassen.

R – realistisch
Wichtig ist, dass das Ziel, gemessen an der Infrastruktur, den Fähigkeiten der Mitarbeiter und der Zeit, sinnvoll geplant ist. Aus dem Ziel soll sich der notwendige Ressourcenbedarf ergeben. Andernfalls läuft man immer Gefahr, zwar herausordernde Ziele, aber keine ausreichenden Mittel für die Umsetzung zu haben.

T – terminiert
Zu jedem Ziel gehört ein festgelegter Zeitpunkt, zu dem das Ergebnis erreicht sein soll. Ergebnisorientiertes Arbeiten setzt zudem voraus, dass man sich an Zwischenständen („Meilensteinen") orientieren kann.

2.3.3 (Organisations-)Kultur

Unter *Organisationskultur* ist die Gesamtheit der im Laufe der Zeit in einer Organisation entstandenen und zu einem bestimmten Zeitpunkt wirksamen Werte, Normen und Einstellungen zu verstehen, die sich in den drei Manifestationsebenen Artefakte, öffentlich propagierte Werte und grundlegende, unausgesprochene Annahmen widerspiegeln. Die Kultur einer Organisation wird durch Sozialisation weitergegeben und wirkt in enormem Maße handlungsleitend.

Die Kultur einer Organisation stellt einen ganz entscheidenden Parameter bei Organisationsveränderungen dar. Sie entsteht spätestens mit der „Geburt" einer Organisation, entwickelt sich mit ihr und ist eng verwoben mit der Organisationsidentität, was dazu führt, dass die Qualität der Kultur zum Erfolg der Unternehmung in enormem Maße beiträgt. Organisationskultur ist aber nicht nur ein spezifisches Merkmal von (Weiterbildungs-)Organisationen, sondern auch ein Instrumentarium zur organisationalen Entwicklung. Kulturentwicklung ist in diesem Falle als eine „Brücke" zu verstehen, die geschlagen wird, um Organisationen zu verändern.

Um Kultur und damit Organisationen verändern zu können, muss zuerst *Kultur in Organisation* als Begriff erfasst werden. Kultur erfüllt im Wesentlichen drei Funktionen:

1) Sie gibt Orientierungspunkte bezüglich des Verhaltens von Individuen
2) Sie integriert neue Organisationsmitglieder
3) Sie vermittelt und unterstützt die Ziele der Organisation

Den Begriff „Organisationskultur" am nachhaltigsten geprägt hat wohl Edgar H. Schein (vgl. Schein 1995). Er geht davon aus, dass Organisationsveränderungen dann stattfinden, wenn die Kultur eines Unternehmens kritisch reflektiert wird. Dabei sieht er das Erkennen der eigenen Kultur sowie die gezielte Intervention als eine zentrale Managementaufgabe und einen Nachweis von Führungsqualität an.

Schein unterscheidet drei Ebenen, auf denen sich Kultur feststellen lässt. Er bezeichnet sie als *Artefakte, kollektive Werte und Grundannahmen*. Folgende Darstellung fasst die zentralen Punkte der drei Ebenen zusammen (vgl. Schein 1995):

1) Die Ebene *Artefakte* ist die augenscheinlichste und umfasst alle von der Organisation geschaffenen Objekte und vorgegebenen Verhaltensweisen wie z.B. Logos, Erkennungszeichen, Visitenkarten, Arbeitskleidung, aber auch Kommunikationsformen, Geschichten und Legenden (z.B. über die Gründung des Unternehmens).

2) Einen tieferen Einblick in die Organisationskultur ermöglicht das Identifizieren der Ebene der *kollektiven Werte*, die zudem verstärkt das Verhalten der Organisationsmitglieder beeinflusst. Kollektive Werte sind z.B. Unternehmensgrundsätze, allgemein verbindliche Zielvorstellungen oder internalisierte Werte wie z.B. Leistung.

3) Die tiefste und damit am schwierigsten zu erkennende Ebene ist die der *Grundannahmen*. Die herrschenden Grundannahmen werden nicht bewusst formuliert und gelten als konstante Auffassungen mit sehr großem Einfluss auf das Verhalten der Organisationsmitglieder. Sie umfassen z.B. das Menschenbild einer Organisation oder ihr Verhältnis zu anderen Organisationen.

Sichtbaren Ausdruck erhält die Kultur einer Organisation u.a. durch das vorherrschende *Kommunikationssystem*, die bestehenden *Funktionen* innerhalb der Einrichtung oder die *Machtstrukturen*:

Kommunikation
Ein wichtiges Merkmal der Organisationskultur ist die Art und Weise, wie in einer Weiterbildungsorganisation kommuniziert wird. Von entscheidender Bedeutung sind dabei der Führungsstil der Leitung (autoritär, patriarchalisch, bürokratisch, kooperativ usw.) und die Kommunikation der Organisationsmitglieder untereinander. Die Kommunikationsweise lässt Rückschlüsse auf das Klima in einer Organisation und auf die Beziehungen zwischen den Mitgliedern zu und ermöglicht somit einen erweiterten Blick auf etwaige Schwachstellen und Probleme. So kann der Grund für schlechte Arbeitsergebnisse an einer mangelnden Kommunikation liegen, die wiederum auf veraltete Strukturen zurückzuführen ist. Grundsätzlich lässt sich zwischen offizieller und inoffizieller Kommunikation unterscheiden. Bei *offizieller Kommunikation* geht es um die Art und Weise der Kommunikationsmuster, denen in der Organisation ein fester „Ort" gegeben ist, z.B. ein Konferenz- und Gremiensystem mit klar beschriebenen Aufgaben. *Inoffizielle Kommunikation* meint hingegen alle Kommunikationsergebnisse, denen kein offizieller Rahmen in der Organisation geboten wird, z.B. Gespräche auf dem Flur oder in der Kantine.

Funktionen
In jeder Organisationen werden – offiziell festgelegte oder inoffiziell „verteilte" – *Funktionen* von Einzelnen, Gruppen oder Teilbereichen wahrgenommen. Funktionen sind z.B. Beschaffung erforderlicher Rohstoffe und Hilfsmittel, Verwaltung und Steuerung der finanziellen Mittel, Ein- und Verkauf usw.

Die einzelnen Funktionen lassen sich durch vier Aspekte unterscheiden: (vgl. Baumgartner u.a. 2004, S. 51f.):

1) Verantwortung	bei der Ausübung der Funktion
2) Rolle	Erwartungen und Einstellungen des Funktionsträgers
3) Aufgaben	Erwartungen an den Funktionsträger
4) Kompetenzen	Befugnisse des Funktionsträgers

Jede Organisation sollte in regelmäßigen Abständen die Verteilung und den Sinn der Funktionen reflektieren. Veränderte Umweltbedingungen müssen auf ihre Konsequenzen in der Organisation überprüft werden.

Macht

Eng verbunden mit Funktionen ist die Frage nach der Parzellierung von *Macht* in einer Organisation. Um eine Weiterbildungseinrichtung genau einschätzen zu können, ist es unabdingbar zu wissen, wie die Machtverteilungen in der Organisation sind. Es ist beispielsweise keine Ausnahme, dass die Leitungsebene nur formell in der Machtposition ist, die wichtigen Entscheidungen werden aber durch andere Personen oder Gruppen initiiert und gelenkt. Bei Veränderungsprozessen ist es wichtig, diejenigen, die großen Einfluss besitzen, mit „ins Boot" zu holen. Geschieht das unzureichend und werden Veränderungen gegen divergierende Machtinteressen eingeleitet, kann dies zum Scheitern von ganzen Veränderungsprozessen führen.

2.3.4 (Organisations-)Strukturen

Unter das Merkmal *Strukturen* fallen der gesamte strukturelle Aufbau und Ablauf der Organisation. Als Ergebnis von Spezialisierung, Delegation und Koordination ergibt sich die Aufbauorganisation, auch Organisationsstruktur genannt. Dabei geht es darum, wie die einzelnen Arbeitsschwerpunkte einer Organisation aufgeteilt werden und auf welcher hierarchischen Ebene sie eingegliedert sind. Eine grafisch dargestellte Organisationsstruktur spiegelt das Leitungssystem wider und wird als *Organigramm* bezeichnet.

Strukturen organisieren (reduzieren) Komplexitäten, indem sie die Entscheidungszusammenhänge des Systems auf systemspezifische Art und Weise einschränken. Dabei geben sie nicht eindeutige Verhaltenserwartungen vor, sondern ermöglichen eine Bandbreite an Handlungsoptionen. Die besondere Relevanz der Struktur liegt dabei in der Funktion, die Bandbreite der Handlungsoptionen so zu gestalten, dass die Gewährleistung einer optimalen Zielerreichung der Organisation gesteigert wird. Dies geschieht insbesondere durch die Erhöhung der Flexibilität des Systems. Flexibilität wird hier verstanden als die Eigenschaft, die es der Organisation ermöglicht, sich schnell an veränderte Anforderungen und Dynamiken anzupassen.

Spezialisierung, Delegation und Koordination stellen die zentralen Bestimmungsfaktoren der Organisationsstruktur dar und können insofern als Gestaltungsinstrument eingesetzt werden.

Die **Aufbauorganisation** befasst sich mit der Zerlegung und Verteilung von Aufgaben und Kompetenzen sowie der Koordinierung von Aufgaben und Aufgabenträgern. Das Ergebnis ist die formale Organisationsstruktur.
(Bea/Göbel 2002, S.248)

Beim Leitungssystem wird in der Regel zwischen dem Ein-, dem Mehrlinien- und dem Stabliniensystem unterschieden.

Das *Einliniensystem* ist dadurch gekennzeichnet, dass jeder Stelle nur eine weisungsberechtigte Instanz übergeordnet sein darf (nach dem Prinzip der Einheit der Auftragserteilung darf jeder Instanz nur eine Instanz vorgesetzt sein). Von den obersten bis zu den untersten Instanzen besteht eine Linie der Weisungsbefugnis. Ein Überspringen von Instanzen ist ausgeschlossen. Als Vorteil gilt die Klarheit in der Zuständigkeit, als Nachteil die ausgeprägte Hierarchisierung mit möglicherweise langen Entscheidungsprozessen.

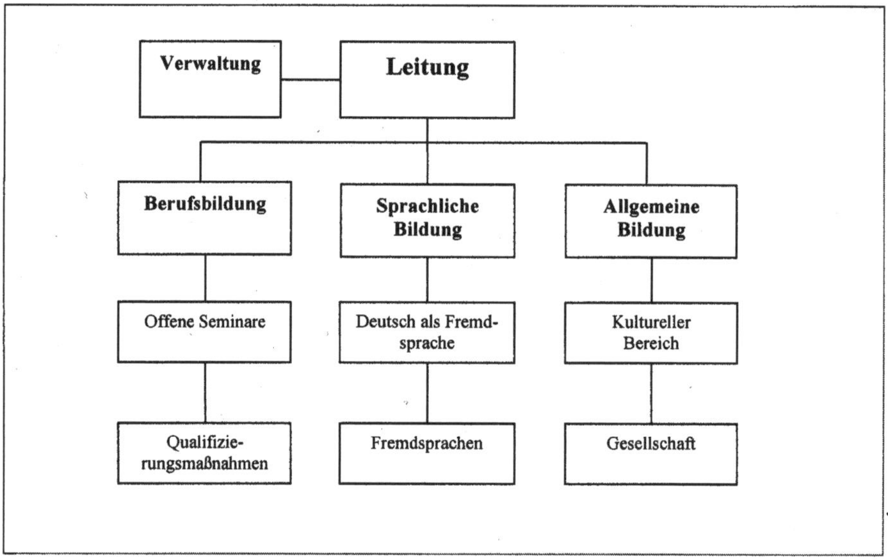

Abbildung 17:
Einliniensystem einer Bildungseinrichtung

Bei dem *Mehrliniensystem* dagegen kann eine Instanz von mehreren höheren Instanzen Weisungen erhalten und ebenso (falls vorhanden) mehreren untergeordneten Instanzen Weisungen erteilen. Als Vorteil gilt die optimale Nutzung unterschiedlich ausgeprägter Fachkompetenzen. Als Nachteil kann sich z.B. ein konkurrierendes Verhältnis gleichrangiger Instanzen erweisen.

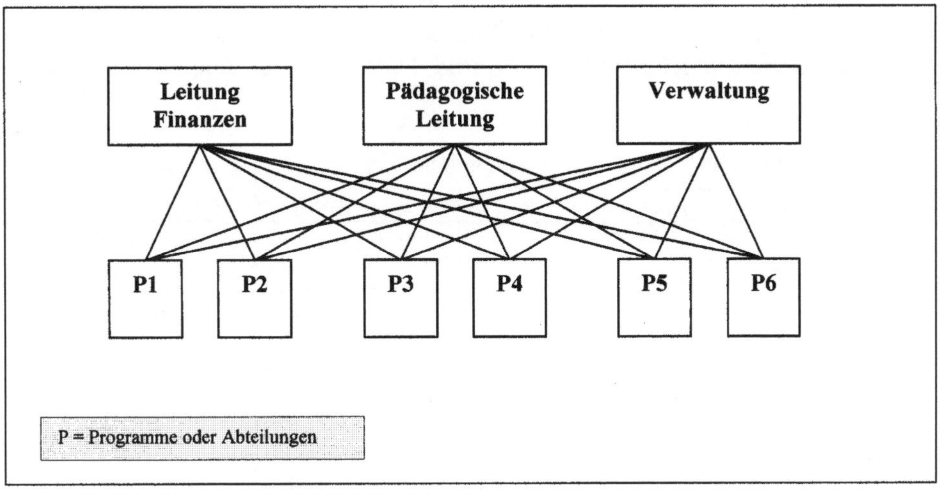

Abbildung 18:
Mehrliniensystem einer Bildungseinrichtung

Das *Stabliniensystem* stellt eine Verknüpfung des Einliniensystems mit dem Mehrliniensystem dar. Dies soll dazu beitragen, Vorteile beider Systeme zu kombinieren und Nachteile zu reduzieren. Ziel des Aufbaus ist es, die jeweiligen Instanzen zu entlasten und sie qualifiziert zu unterstützen. Aus diesem Grund haben die Stabstellen (in der Regel) nur eine beratende Funktion, jedoch keinerlei Weisungs- und Entscheidungsbefugnis. Da die Stabstellen unterstützende Funktionen ausüben, sind sie seitlich der Instanzen zugeordnet.

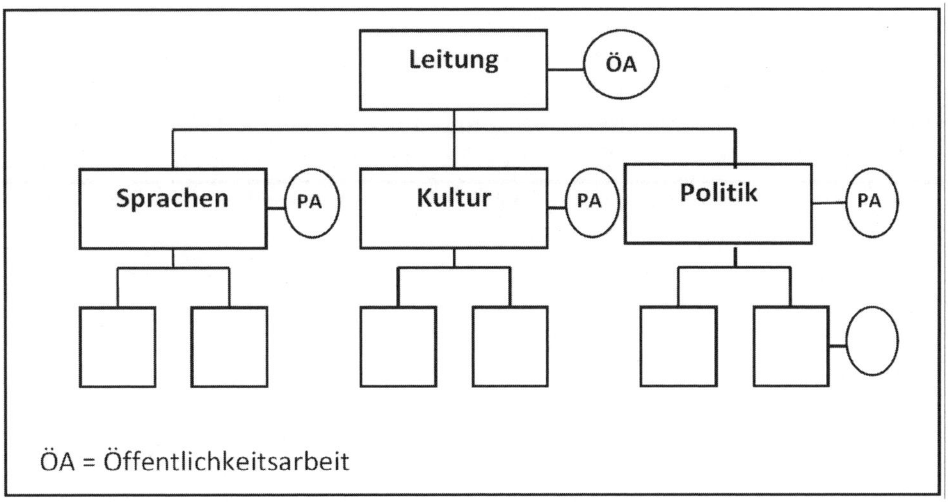

Abbildung 19:
Stabliniensystem einer Weiterbildungseinrichtung

Die drei vorgestellten Leitungssysteme stellen Idealmodelle dar – in der Realität lassen sich meistens nur gröbere Einteilungen herstellen. Dennoch hat jedes der drei Leitungssysteme spezifische Vor- und Nachteile wie folgende Gegenüberstellung zeigt:

	Einliniensystem	**Mehrliniensystem**	**Stabliniensystem**
Vorteile	▪ Klar geregelter Dienstweg (klare Verantwortlichkeiten) ▪ Übersichtliche Organisation ▪ Einheitlichkeit der Auftragserteilung ▪ Geschäftsleitung ist über Vorfälle im Unternehmen informiert	▪ Spezialwissen wird im gesamten Unternehmen genutzt ▪ Schneller Dienstweg und Informationsfluss ▪ Entlastung der Geschäftsführung	▪ Spezialwissen kann weiter von allen genutzt werden ▪ Leitung trifft aufgrund von qualifizierter Beratung ihre Entscheidungen ▪ Klarer Dienstweg des Einliniensystems bleibt erhalten
Nachteile	▪ Langer und oft schwerfälliger Dienstweg ▪ Überlastung der Vorgesetzten durch ständige Einschaltung ▪ „Fehler“ werden weitergetragen	▪ Zuständigkeiten nicht immer klar erkennbar ▪ Überlastung der Vorgesetzten durch ständige Einschaltung ▪ Rollenkonflikte bei Untergebenen ▪ Aufgabenpriorität ist nicht immer klar (Was zuerst?) ▪ Unübersichtliche Organisation	▪ Stabstellen sind teuer ▪ Konflikte zwischen Instanzen und Stabstellen (Wer ist weisungsberechtigt?)

Abbildung 20:
Vor- und Nachteile verschiedener Leitungssysteme

Ein weiteres für Weiterbildungsorganisationen bedeutsames Leitungssystem stellt die *Matrix-Organisation* dar. Dabei kreuzen sich zwei Kompetenzsysteme. Die im Schnittpunkt liegenden Matrix-Stellen müssen gemeinsam entscheiden und sind gemeinsam verantwortlich, die Leitung und Entscheidung erfolgt also in Form eines Teams. Die Abbildung 21 zeigt als Beispiel die Kombination von fachlicher und fachbereichsbezogener sowie regionaler Verantwortung in einer Weiterbildungseinrichtung:

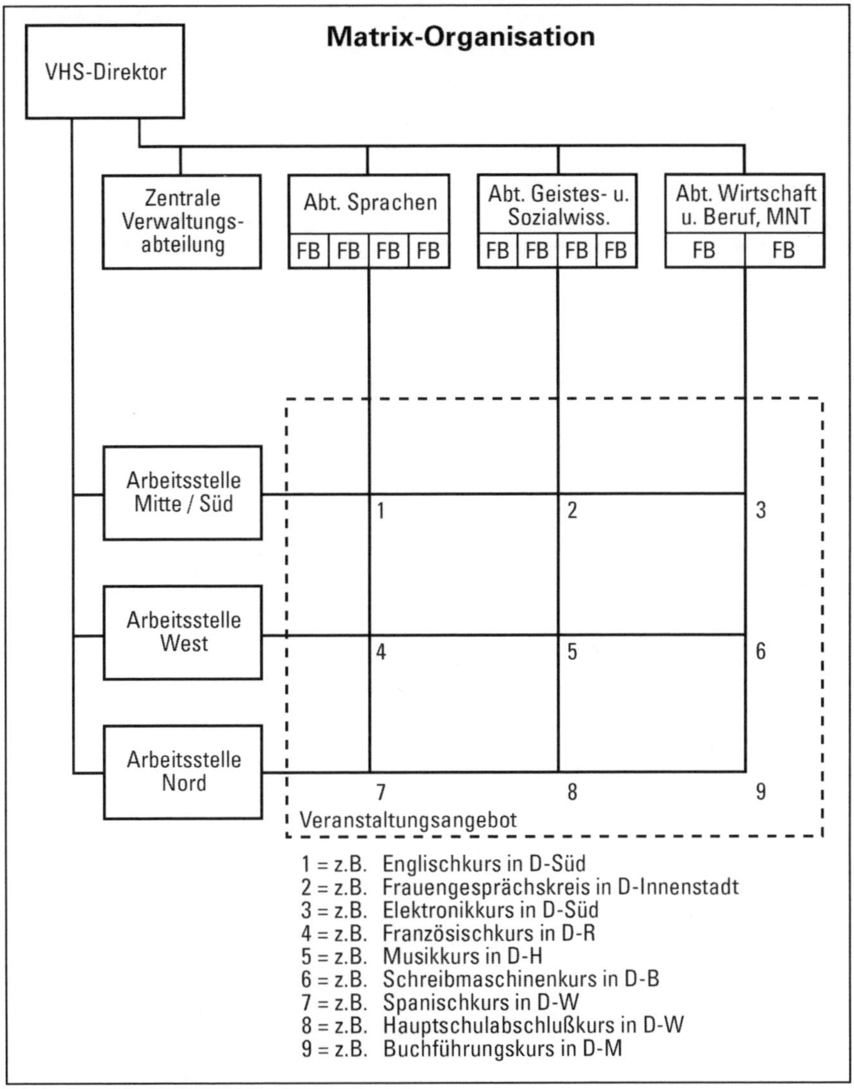

Abbildung 21:
Matrix-Organisation (Langenscheidt/Ufermann 1983, S. 14; zitiert nach von Küchler/Schäffter 1997, S. 29)

Ebenfalls eine in den letzten Jahren viel diskutierte Organisationsform im Weiterbildungsbereich ist die der *Netzwerke*. Ursprünglich wurden unter „Netzwerke" technisch-infrastrukturelle Konstruktionen verstanden (z.B. Schienennetz, Telefonnetz). In den 1960er- und 1970er-Jahren bekam der Netzwerkbegriff dann eine erweiterte kulturelle Bedeutung. Für bestimmte politische Interessen, Forderungen und Ziele wurden alternative Organisationsformen außerhalb der traditionellen Muster wie Partei, Verband oder Gewerkschaft gesucht. Ökologische, gesundheitliche und alternative Projekte zur Erprobung neuer Formen des Zusammenlebens und des Arbeitens, Frauenbewegungen und andere Projekte des gesellschaftlichen Aufbruchs organisierten sich in Netzwerken. Gegenwärtig wird der Netzwerkbegriff allerdings inflationär verwendet. Damit verliert er einen Teil seines innovativen Potenzials und seiner Subversivität. Daher lassen sich idealtypische Merkmale von Netzwerken (die Stärken und Schwächen gleichermaßen bedeuten können) skizzieren (vgl. Hagedorn/Meyer 1996):

1) Horizontale, heterarchische Struktur (keine Zentren, sondern Knotenpunkte)
2) Selbstbestimmung und Unabhängigkeit der Akteure (auch partielle Teilnahme)
3) hohes Maß an Selbstverantwortung und Engagement
4) Verteilung von Kompetenzen und Ressourcen
5) Partizipation, Einbeziehung unterschiedlicher Partner
6) Transparenz und hohe (informelle) Informationsdurchlässigkeit
7) Flexibilität, Veränderbarkeit
8) Zweckbestimmung durch gemeinsame Übereinkünfte und Konsensbildung
9) Dezentrale Risikostreuung

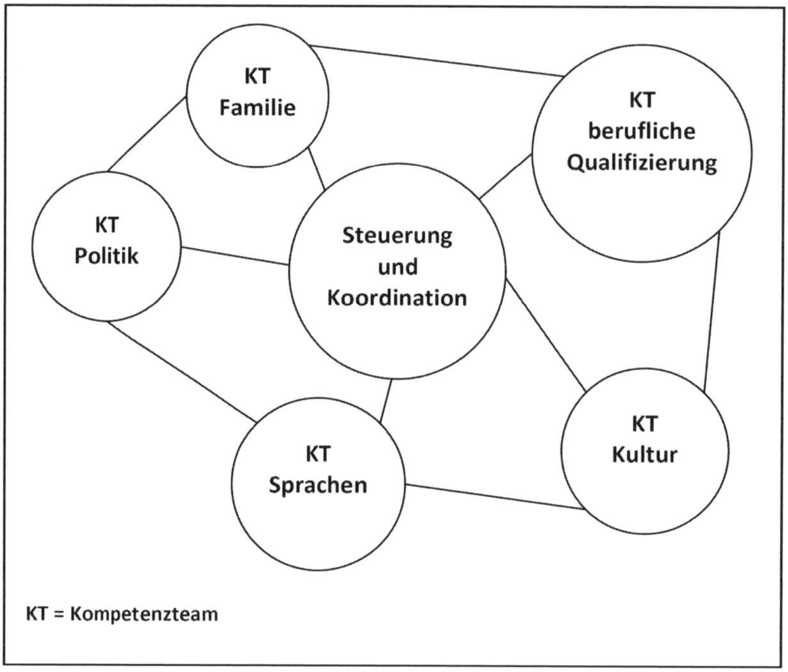

Abbildung 22:
Netzwerk-Organisation einer Weiterbildungseinrichtung

Neben der Aufbauorganisation ist die *Ablauforganisation* elementar wichtig, um die Struktur einer Organisation erfassen zu können.

Mit der Ablauforganisation werden Aufgaben und Kompetenzen auf Organisationsinstanzen verteilt sowie Koordinationsinstrumente festgelegt. Es geht also darum, dass die Ablauforganisation regeln soll, die vielen unternehmerischen Teilaufgaben so miteinander zu kombinieren und koordinieren, um am Ende die bestmögliche betriebliche Leistung zu erreichen. Schwerpunkt der Ablauforganisation ist es, den Arbeitsprozess in sachlicher (z.B. Arbeitsinhalt), in zeitlicher (z.B. Arbeitsfolge, Arbeitszeiten) und räumlicher (z.B. Festlegung der Arbeitsplätze) Hinsicht zu gestalten. Das Ziel der Ablauforganisation besteht darin, die Abläufe so zu strukturieren, dass den Anforderungen nach organisatorischer Effektivität entsprochen wird.

Die **Ablauforganisation** koordiniert den Arbeitsprozess unter einer sachlichen, zeitlichen und räumlichen Perspektive.

Unter die Organisationsstrukturen einer Einrichtung fallen neben der Aufbau- und Ablaufstruktur auch die Schlüsselprozesse, die Mitgliedschaftsregelung sowie die Rechtsform:

Schlüsselprozesse

Für das reibungslose Funktionieren einer Organisation ist es von Bedeutung, zunächst einmal die zentralen Schlüsselprozesse, die grundlegend für die Leistungserbringung sind, zu definieren. Ausgewählte *Schlüsselprozesse* in einer Weiterbildungseinrichtung sind beispielsweise

1) die Bedarfserhebung bzw. -erschließung
2) die Angebotsplanung
3) die Erstellung und Verteilung des Programms
4) das Anmeldeverfahren

Die wiederkehrenden Schlüsselprozesse werden in einzelne Arbeitsschritte gegliedert. Schnittstellen zu beteiligten Mitarbeiter(inne)n werden eindeutig definiert. Zu beteiligende Beratungsgremien werden berücksichtigt. Der Ablauf wird in seinen Arbeitsschritten terminlich festgelegt.

Mitgliedschaftsregelung

Ein weiteres Kennzeichnungsmerkmal einer Weiterbildungsorganisation ist die *Mitgliedschaftsregelung*. Sie gibt Auskunft über die Personalstruktur und darüber, wer in welcher Funktion und Form Mitglied der Organisation ist. Weiterbildungseinrichtungen sind häufig dadurch charakterisiert, dass sie nur relativ wenige Festangestellte im Vergleich zu einer hohen Anzahl an auf Honorarbasis tätigen Mitarbeitern aufweisen (z.B. Kursleiter an Volkshochschulen ohne festen Arbeitsvertrag). In Projekten werden des Öfteren auch Mitarbeitende zeitlich befristet angestellt. Die Mitgliedschaftsregelung einer Organisation wirkt sich auf die Identifikation der Mitglieder mit ihrer Organisation aus. Es ist leicht nachzuvollziehen, dass Personen, die nur für eine kurze Zeit oder immer nur für begrenzte zeitliche Phasen einer Organisation angehören, eher eine niedrigere Identifikation mit dem Profil einer Organisation aufweisen als Personen, die unbefristet und hauptberuflich zur Organisation gehören.

Rechtsform

Im Bereich der Weiterbildung lässt sich zwischen *Träger* und *Einrichtung* unterscheiden. Ein Träger gilt als Rechts- und Unterhaltsträger der Einrichtung(en). Als „mittelbarer" Träger wird das Muttergemeinwesen eines Rechtsträgers einer Weiterbildungseinrichtung bezeichnet, z.B. die Stadt für den eingetragenen Verein (e.V.) der Volkshochschule, die Gewerkschaft für ihr Bildungswerk e.V.

Die Rechtsform einer Weiterbildungsorganisation und die damit festgelegten Verantwortlichkeiten haben Auswirkungen auf die Eigenständigkeit bzw. Abhängigkeit der Einrichtung (z.B. bei der Frage, ob Angebotsthemen vonseiten des Trägers vorgegeben sind). Zudem geben die Rechtsform bzw. die daraus resultierenden Satzungen auch Aufschluss über die Aufbau- und Ablaufstruktur, Haushaltsplanung, Planungsaufsicht und Möglichkeiten der Personalvertretung.

Eine Eigenheit von Weiterbildungseinrichtungen besteht häufig darin, dass sie aufgrund der Eingebundenheit in einen größeren Organisationskontext (z B. Stadt, Kirche, Gewerkschaft) einer externen Übersteuerung ausgesetzt sind.

Die folgende Abbildung über die Rechtsformen von Weiterbildungseinrichtungen soll neben den inhaltlichen und organisatorischen Grundbestimmungen mit ihren politischen und mitwirkungsrechtlichen Dimensionen auch die Konsequenzen für Folgen der Aufsicht, des Dienstwegs und Außenvertretung sowie für Kostenplanung und Mittelbewirtschaftung darstellen:

	städtisches Amt	Zweckverband	Eigenbetrieb	e.V.	GmbH
Institutionalisierung	Satzung Gemeindeverfassung	Verbandssatzung	Betriebssatzung (z.B. Anstalt)	Vereinssatzung	GmbH-Satzung Gesellschaftsvertrag
Status	öffentlich-rechtlich	öffentlich-rechtlich	öffentlich-rechtlich	privatrechtlich	privatrechtlich
Organisationsstrukturen (Aufbaustrukturen)	eingegliedert in die Großorganisation einer Verwaltungsbehörde	Verselbstständigt	Verselbstständigt	privatrechtlich selbstständig	privatrechtlich selbständig
Dienstweg (Ablaufstrukturen)	langer Dienstweg in der Einlinienorganisation der Verwaltungsbehörde	verselbstständigt und der Zweckverbandsversammlung bzw. deren Geschäftsführung verantwortlich	verselbstständigt und dem obersten Organ der Gebietskörperschaft verantwortlich	in der Regel kurzer Dienstweg zum Geschäftsführer, der wiederum dem Vorstand verantwortlich ist	nach Betriebsgröße langer oder kurzer Dienstweg und der Geschäftsführung verantwortlich bzw. der Gesellschaftsversammlung
Planungsaufsicht	fachliche Leitung von fachlich inkompetenten Zwischeninstanzen	fachliche Weisungsbefugnis vom obersten Verbandsorgan	fachliche Weisungsbefugnis	fachliche Weisungsbefugnis von Mitgliederversammlung ggf. Vorstand	fachliche Weisungsbefugnis von der Gesellschaftsversammlung, ggf. durch den Vorstand
Personalvertretung	vertreten im Personalrat der Gesamtverwaltung	in der Regel eigener Personalrat	eigener Personalrat	Betriebsrat	Betriebsrat
Haushaltsplanung	Haushalt geht ganz in den Gesamthaushalt der Gebietskörperschaft ein (als Teilhaushalt mit allen detaillierten Zahlenwerten)	Verbandshaushalt	nur der Reinertrag wird in den Haushaltsplan der Gemeinde aufgenommen (Wirtschaftsplan wird erstellt)	eigener Haushalt bzw. Wirtschaftsplan	eigener Haushalt bzw. Wirtschaftsplan
Betriebsrechnung	kameralistische Buchführung (keine Verrechnung der Einnahmen mit den Ausgaben i.S. kaufmännischer Buchführung)	kameralistisch Buchführung	kaufmännische Buchführung (Portefeuilledenken / Kompensation von Kurskosten)	in der Regel kaufmännische Buchführung	kaufmännische Buchführung nach Gewinn-Verlust-Rechnung

Abbildung 23:
Rechtsformen von Weiterbildungseinrichtungen (Langscheidt 1994, S. 538)

Exkurs: Rechtsformen der Volkshochschule (vgl. Reichart/Huntemann 2008)

Als traditionell kommunale Einrichtung werden die Volkshochschulen in gemeindenahen Rechtsformen geführt, welche die früher weit verbreitete Trägerform des e.V. vielerorts abgelöst haben. Wenn eine Volkshochschule weiterhin mit der Rechtsform e.V. betrieben wird, ist die entsprechende Förderung durch die Kommunen sichergestellt.

Mehr als die Hälfte der insgesamt 958 Volkshochschulen befanden sich im Jahr 2007 in kommunaler Trägerschaft. Die 14 Volkshochschulen in den Stadtstaaten haben einen nur dort vertretenen Rechtsstatus. Seit 1994 sind GmbH^s und sonstige private Trägerschaften eigens ausgewiesen. Es handelte sich dabei im Jahr 2007 zwar „nur" um 29 Einrichtungen, allerdings sind bei dieser Rechtsform deutliche Steigerungen zu erkennen (2002 waren es 14 Einrichtungen).

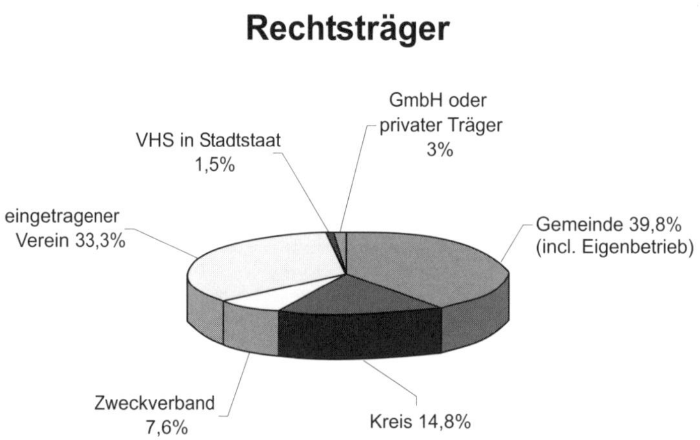

2.3.5 Ressourcen einer Organisation

Zu den *Ressourcen* gehören

1) alle materiellen Güter: Gebäude, Geräte, Materialien, Maschinen, Transportmittel usw.,
2) die Finanzstruktur: Geldgeber, Sponsoren, Teilnehmererträge, Haushaltslage, Rücklagen, Zugang zu Krediten usw. sowie
3) die kognitiven Möglichkeiten: Fähigkeiten und Ausbildungen der Mitarbeiter, die der Organisation angehören.

Die Ressourcen haben einen wichtigen Einfluss auf Profil und Identität der Organisation, da sie u.a. gewisse Grenzen setzen und deshalb bei Zielformulierungen während Veränderungsprozessen immer in Betracht gezogen werden müssen.

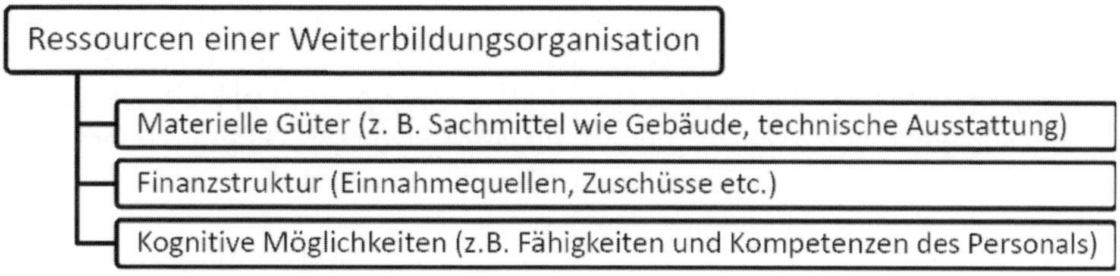

Abbildung 24:
Beispiele von Ressourcen einer Organisation

2.3.6 Umwelteinflüsse

Weiterbildungseinrichtungen sind kontinuierlich gefordert, sich mit einer komplexen und dynamischen Umwelt auseinanderzusetzen, und dies nicht erst, wenn bereits gravierende Umweltveränderungen die Leistungsfähigkeit der Organisation infrage stellen. Sie benötigen eine Art Sensibilität, um frühzeitig relevante Einflüsse identifizieren zu können.

Unter idealtypischer Betrachtung gelingt es einer Organisation, aus den Einflüssen der Umwelt, unabhängig davon, ob sie zunächst einen positiven bzw. negativen Hintergrund besitzt, leistungsförderliche Effekte zu generieren. Umwelteinflüsse sind dabei in der Regel Impulsgeber für Veränderung und Entwicklung und tragen so auch zur Anregung von individuellem und organisationalem Lernen bei. Oft sind es gerade negativ besetzte Umwelteinflüsse (z.B. erhöhter Konkurrenzdruck), die bei einer Organisation Irritationen auslösen und dadurch zu positiven Effekten führen und insgesamt die Organisation weiterentwickeln (z.B. Innovationssteigerung als Reaktion auf den erhöhten Konkurrenzdruck).

Zur Umwelt einer Organisation gehört – kurz formuliert – zunächst einmal alles, was sich außerhalb der Orgnisationsgrenzen befindet. Die Umwelt von Weiterbildungseinrichtungen bildet sich aus so unterschiedlichen und teils abstrakten Komponenten wie z.B. anderen Bildungseinrichtungen, geografischer Lage, bildungspolitischem Klima, Teilnehmern und Interessen der Teilnehmer, erwachsenenpädagogischen Trends, Trägerorganisationen und deren Absichten, Weiterbildungsgesetzen usw.

Durch die Grenzziehung zwischen Komponenten, die zur Organisation und denen, die zur Umwelt gerechnet werden, entsteht ein „Komplexitätsgefälle“, was u.a. dazu führt, dass die Aufnahme aller Informationen aus der Umwelt eine Organisation völlig überfordern und schlussendlich „lähmen“ würde. Damit dies nicht geschieht, muss eine Organisation klare Grenzen definieren und zudem Prozesse und Instrumente implementieren, die eine Selektion relevanter (und förderlicher) Umwelteinflüsse ermöglichen.

Eine leistungs- und lernfähige Organisation schafft es zudem, die Selektionsprozesse kontinuierlich zu präzisieren und durch Anpassungsleistungen die gewonnenen Informationen in entsprechende (verbesserte) Handlungsmuster wie z.B. Wertehierarchien zu überführen, die dann wiederum dazu beitragen, besser mit zukünftigen Umweltveränderungen zurechtzukommen. Ziel ist die Antizipation geänderter Umweltbedingungen und eine darauf zugeschnittene dauerhafte und umfassende Flexibilität. Damit klare Grenzen zwischen Organisation und Umwelt entstehen können, und damit anhand dieser Differenz Identifizierungen relevanter Umwelteinflüsse stattfinden können, bedarf es eines geklärten Profils und einer geklärten Identität der Organisation.

Elemente dieser Identität müssen zur Abgrenzung und Profilbildung zudem nach außen kommuniziert werden, was eine gezielte Beschäftigung der Organisation mit ihrer Außendarstellung erfordert. Das Identifizieren relevanter Einflüsse erfolgt dann u.a. durch umfassende Umweltanalysen. Um positive Umwelteinflüsse auf Dauer zu stellen sowie die organisatorische Flexibilität zu steigern, unterhält eine leistungs- und lernfähige Organisation zudem entwicklungsfördernde Austauschbeziehungen (Kooperationen und Netzwerke) zu anderen sozialen Systemen.

Abbildung 25 zeigt auf einer mittleren Abstraktionsebene exemplarisch einige der relevanten Umwelteinflüsse (vgl. dazu auch Kapitel 1), die auf Weiterbildungsorganisationen einwirken und die Veränderungen der Organisation zur Folge haben können:

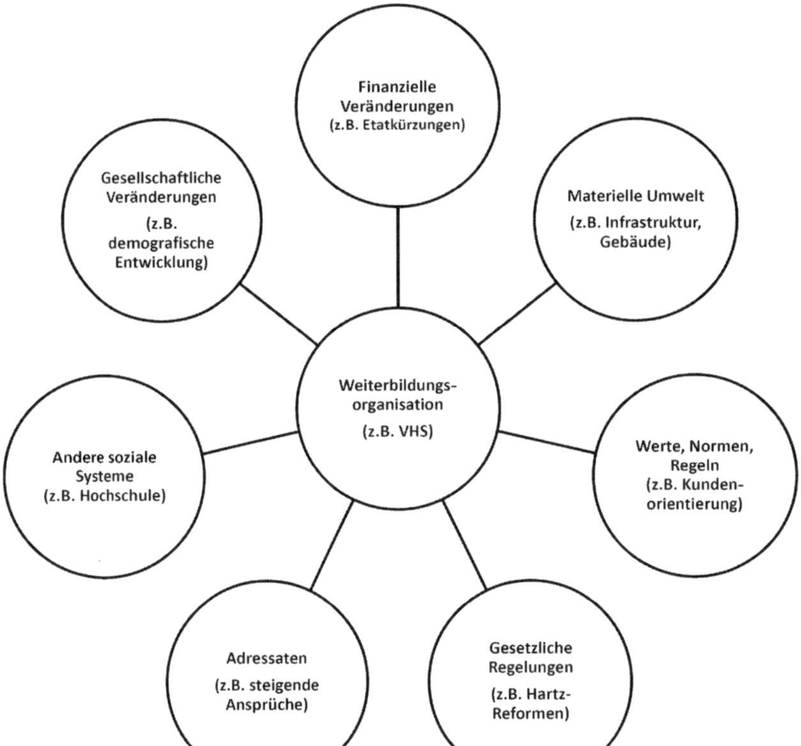

Abbildung 25:
Einflussfaktoren auf Weiterbildungsorganisationen (Auswahl)

2.4 Entwicklungsschritte einer Organisation

Jedes Unternehmen ist ein einmaliges soziales System mit spezifischen Ausprägungen der einzelnen Merkmale. Dennoch lassen sich trotz der Einmaligkeit für jedes Unternehmen bestimmte **Entwicklungsschritte** feststellen, die – mehr oder weniger – von jeder Organisation durchlaufen werden.

Das folgende *Lebenslaufmodell* von Lievegoed (1974) postuliert drei Entwicklungsphasen, wobei der Abschluss einer Phase und der Übergang in die nächste jeweils durch bestimmte Problemkonstellationen charakterisiert werden kann.

In der *Pionierphase* ist die Struktur des Unternehmens relativ einfach, stark marktbezogen und auf die Personen des Pioniers zugeschnitten. Typische Probleme ergeben sich aus der zunehmenden Komplexität von z.B. Technik und Markt sowie durch die Überlastung des Pioniers.

In der *Phase der Differenzierung* konzentriert sich die Führung auf die Beherrschung der inneren Struktur (Entwicklung von Plänen, Formalia, Handlungsanweisungen), was zur Erstarrung, mangelnder Motivation und zu internen und externen Kommunikationsbarrieren führen kann.

In der *Integrationsphase* werden nach den ökonomischen und technologischen Aspekten nunmehr die sozialen stärker beachtet. Das Unternehmen entwickelt eine kollegiale Führung, eine stärkere Marketingorientierung und sorgt für die Beziehungspflege nach außen.

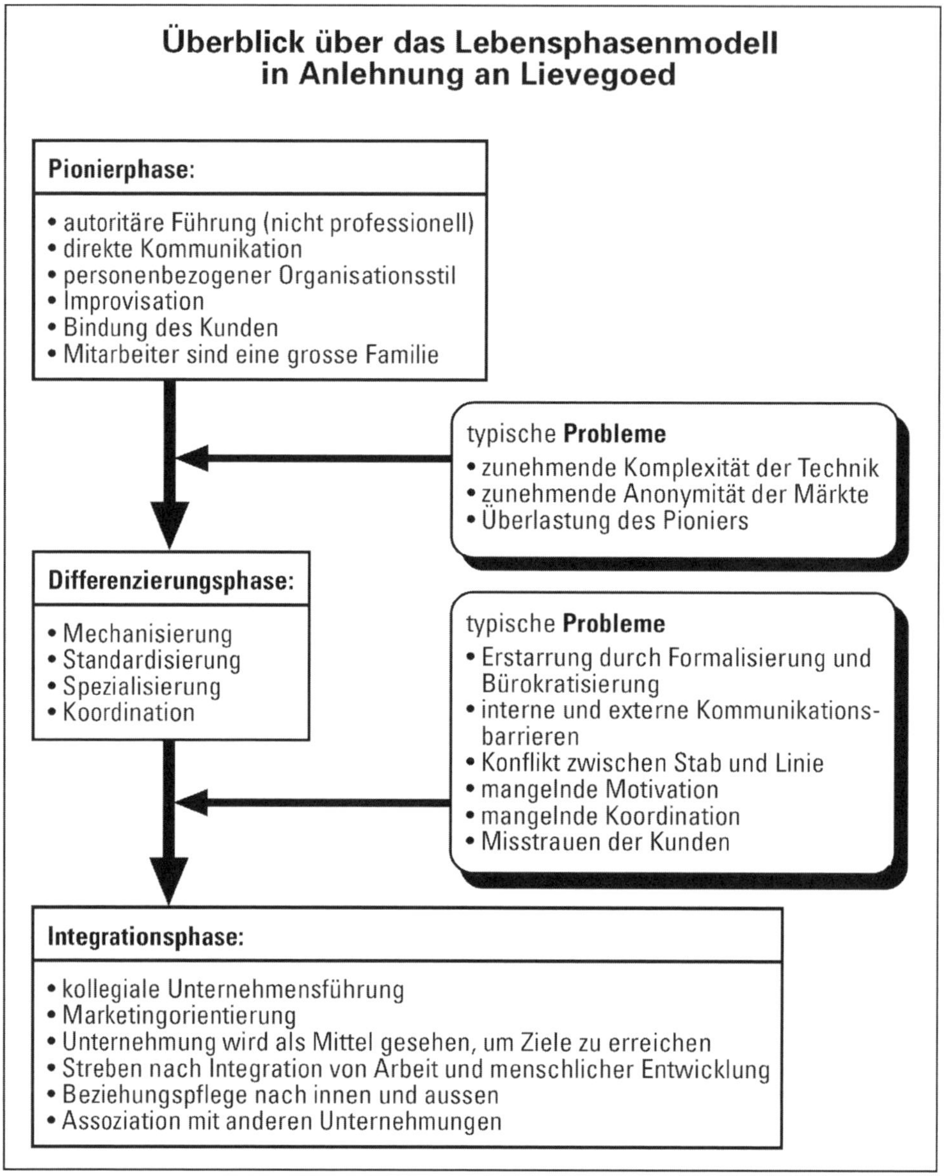

Abbildung 26:
Lebenslaufmodell von Lievegoed (Gomez/Zimmermann 1993; zitiert nach von Küchler/Schäffter 1997, S. 14)

Frage zum Themenbereich „Organisation“

- Kooperationsverbünde und Netzwerke in der Weiterbildung sind zwar keineswegs neu, erfahren allerdings gegenwärtig – und dies insbesondere unter Rückbezug auf die Erfüllung der Aufgaben bei der Ermöglichung des Lebenslangen Lernens – einen enormen Aufmerksamkeitszuspruch. Dies lässt sich u.a. an der Vielzahl der geförderterten bildungspolitischen Programmen erkennen (z.B. „Lernende Regionen“; „Hessencampus“; „Lernen vor Ort“). Interorganisationale Vernetzungen von Weiterbildungsorganisationen werden dabei insbesondere von politischen Akteuren gefordert.
- Weiterbildungseinrichtungen stehen aber neben einer verstärkten Kooperationstätigkeit und verstärkter Vernetzung immer auch in Konkurrenz zu anderen Weiterbildungsanbietern (z.B. bei Teilnehmern, Zuschüssen oder Projektgeldern).

  Diskutieren Sie, wie es einer Weiterbildungsorganisation gelingen kann, die Vorteile von Kooperation und Vernetzung sicherzustellen, gleichzeitig aber auch die eigene Identitäts- und Profilschärfung – und somit auch eine notwendige Abgrenzung und Konkurrenz gegenüber anderen Anbietern – auszubauen.

Literatur zur Vertiefung

Jones, G. R./Bouncken, R. B. (2008): Organisation: Theorie, Design und Wandel. 5. Aufl., München. Zentrales Standardwerk zum Themenfeld. Neben grundlegenden Ausführungen zu Theorie und Gestaltung von Organisationen wird insbesondere der organisationale Wandel ausführlich thematisiert (Typen und Formen, Transformationsprozesse von Organisationen und deren Bearbeitung, Organisationsgestaltung). Ein wesentliches Plus des Buches sind die vielen, sehr praxisnahen Fallbeispiele.

Vahs, D. (2007): Organisation: Einführung in die Organisationstheorie und Praxis. 6. Aufl., Stuttgart. Ebenfalls ein zentrales Standardwerk. Aus einer eher betriebswirtschaftlichen Perspektive wird auf verschiedene Organisationstheorien und Organisationskonzepte eingegangen. Darüber hinaus wird insbesondere das „Change Management“, also die Gestaltung organisationalen Wandels ausführlich aufgegriffen.

3 Grundlagen der Organisationsentwicklung

Organisationen wurden im vorherigen Kapitel insbesondere aus theoretisch-analytischer Sicht betrachtet. Im folgenden Kapitel wird darauf aufbauend ein interventionsorientierter Blick eröffnet, indem die theoretischen sowie speziell anwendungsbezogenen Grundlagen des Organisationsentwicklungs-Ansatzes (OE) dargestellt werden.

3.1 Definitionseingrenzung

In der Fachliteratur gibt es für das Thema OE eine Unmenge von Definitionsversuchen, wodurch dem Begriff viele Bedeutungen beigemessen werden. Bereits 1974 beschwerte sich William Fillmore in seinem Aufsatz „What is Organisational Development? No more definitions, please!" über die Masse an Definitionen. Viele Definitionen sind eigentlich keine, sondern versuchen (oft über mehrere Seiten) zu beschreiben, was OE ist oder was sie nicht ist.

Becker/Langosch (vgl. 2002, S. 4) möchten Missverständnissen vorbeugen und benennen zu diesem Zweck fünf Punkte, was OE in ihren Augen nicht ist:

1) OE ist keine rein organisatorische Frage, keine Angelegenheit, die nur Organisationsabteilungen angeht. OE darf nicht mit Organisationsplanung verwechselt werden.
2) OE ist auch kein neues Management-Modell wie das „Harzburger-Modell", auch kein Management-System wie „Management by Objectives" oder andere Systeme, die erfolgreiches Führen verbürgen sollen.
3) OE ist auch keine neue Technik oder Methode, durch die man andere Menschen beeinflussen kann, wie z.B. bestimmte Techniken der Gesprächs- und Verhandlungsführung.
4) OE ist auch nicht identisch mit Human Relation, Industrial Engineering, Ergonomie oder Arbeitsstrukturierung.
5) OE darf auch nicht mit Personalentwicklung verwechselt werden, wo nur ausgewählte Einzelindividuen etwas lernen, ohne Berücksichtigung der organisatorischen Strukturen, in denen sie sich bewegen.

Der Begriff Organisationsentwicklung ist vom englischen „Organisational Development" abgeleitet und bedeutet so viel wie „geplanter organisatorischer Wandel" (vgl. Graf-Götz/Glatz 2007, S. 58). French/Bell gehen darüber hinaus davon aus, dass der Begriff „in der Literatur und Praxis der Sozialwissenschaften eine ziemlich genaue Bedeutung angenommen hat" (1994, S. 31), bei genauerem Hinsehen lassen sich dennoch erhebliche Unterschiede bei den einzelnen Definitionen feststellen.

Eine der allgemeinsten Definitionen gibt Beckhard (1972, S. 24f.):

> „Organisationsentwicklung ist ein Verfahren, das planmäßig, betriebsumfassend, von der Führung gesteuert zum Zweck der Verbesserung von Wirksamkeit und Gesundheit der Organisation durch geplantes Eingreifen in den Organisations-„Ablauf" mittels Erkenntnissen aus den Verhaltenswissenschaften angewandt wird."

Beckhards Definition unterlag im Laufe der Jahre einer Weiterentwicklung. So wurden wichtige Punkte, die nach heutigem Verständnis als Bestandteile der OE angesehen werden, mit den Aussagen Beckhards ergänzt. Z.B. gibt es die Betonung, dass Organisationsentwicklung ein langfristiger Wandlungsprozess auf sozialer und kultureller Ebene der Organisation unter Einbeziehung der aktiven Mitarbeit der betroffenen Menschen ist.
Eine weitere Definition liefern French/Bell (1994, S. 31):

> „Organisationsentwicklung ist eine langfristige Bemühung, die Problemlösungs- und Erneuerungsprozesse in einer Organisation zu verbessern, vor allem durch eine wirksamere und auf Zusammenarbeit gegründete Steuerung der Organisationskultur – unter besonderer Berücksichtigung der Kultur formaler Arbeitsteams – durch die Hilfe eines OE-Beraters oder Katalysators und durch Anwendung der Theorie und Technologie der angewandten Sozialwissenschaften unter Einbeziehung von Aktionsforschung."

Die Definition von French/Bell lässt sich dadurch ergänzen, dass in folgenden Definitionen die Bedeutung des Bezugs zu der konkreten (Arbeits-) Situation der Menschen innerhalb der Organisation verstärkt Beachtung gefunden hat. Bei French/Bell wird eine aktive Mitarbeit der Menschen an dem OE-Prozess ebenso wenig angesprochen wie die Übernahme individueller Verantwortung bei der Veränderung der Organisation oder einer Verbesserung der erlebten Arbeitssituation. Der Definition fehlt somit der Aspekt der Humanität.

Eine der am „meisten gebrauchten Definitionen" (von Küchler/Schäffter 1997, S. 73) ist die von Comelli:

> „OE ist ein umfassender Prozess der Systemveränderung bzw. Systementwicklung, der OE-Prozess wird von den Betroffenen getragen, die Veränderung bzw. die Anpassung an Veränderungen erfolgt über die Gestaltung von Lernprozessen, wobei sowohl Organisationsmitglieder als auch die Organisation selbst lernen, OE-Prozesse verändern die Kultur und die Strukturen einer Organisation (Verhalten schafft Verhältnisse und Verhältnisse schaffen Verhalten), die Lebensqualität innerhalb einer Organisation soll verbessert werden, bei OE handelt es sich in aller Regel um langfristige Bemühungen, die Problemlöse- und Erneuerungsfähigkeit einer Organisation sollen durch OE gefördert werden, die Aktualisierung, Aktivierung und Erneuerung der Organisation erfolgt durch technische und menschliche Ressourcen" (vgl. Comelli 1985, S. 93).

Diese sehr ausführliche Definition von Organisationsentwicklung fasst viele Merkmale zusammen, u.a. wird auch die Verbesserung der Lebensqualität innerhalb einer Organisation angesprochen. Allerdings werden wie bei Beckhard oder French/Bell wichtige Punkte nicht genau benannt. So wird zwar von einer Systementwicklung und auch von einer Steigerung der Erneuerungsfähigkeit einer Organisation gesprochen, eine angestrebte Steigerung der Leistung der Organisation wird jedoch nicht explizit hervorgehoben. Es fehlt also der Aspekt der Produktivität.

Eine Definition, die die Aspekte der *Humanität* und *Produktivität* innerhalb eines OE-Prozesses vereint, gibt die Gesellschaft für Organisationsentwicklung (GOE) e.V.

Die Gesellschaft für Organisationsentwicklung (GOE) e.V. war ein 1980 gegründetes und 1997 aufgelöstes (vgl. Trebesch 2004, S. 72) unabhängiges Forum von Beratern, Anwendern und Wissenschaftlern aus dem deutschsprachigen Raum, die sich für den Austausch und die Weiterentwicklung von Theorie und Praxis der Organisationsentwicklung einsetzten. Die Definition der GOE lautet wie folgt:

> „Die GOE versteht Organisationsentwicklung als einen langfristig angelegten, nachhaltigen Entwicklungsprozess von Organisationen und der in ihr tätigen Menschen. Die Wirkung dieses Prozesses beruht auf dem gemeinsamen Lernen aller beteiligten Personen durch direkte Mitwirkung bei der Bearbeitung und Lösung betrieblicher und unternehmerischer Probleme. Das Ziel besteht in der Verbesserung der Leistungsfähigkeit und Wirtschaftlichkeit der Organisation [Produktivität] und der Verbesserung der Qualität des Arbeitslebens [Humanität]" (Leitlinien der GOE 2003).

Um eine abschließende Einschätzung der Definitionen von OE zu ermöglichen, werden nachfolgend Ergebnisse einer Untersuchung von Karsten Trebesch (2000, S. 50-62) vorgestellt. Trebesch untersuchte 50 Definitionen von OE und erstellte eine Liste mit den meistgenannten Aspekten. Die Aufzählung hier zeigt die Begriffe, die mehrfach genannt wurden.

Genannte Begriffe	Nennungen
01. sozialer und kultureller Wandlungsprozess (Veränderungsstrategie)	19
02. Steigerung der Leistungsfähigkeit des Systems	18
03. Gesamtsystem- Bezug, betriebsumfassend	18
04. Integration von individueller Entwicklung und Bedürfnissen mit Zielen und Strukturen der Organisation	17
05. aktive Mitwirkung der Betroffenen	17
06. bewusst gestaltet, methodisch, planmäßig gesteuertes Vorgehen	16
07. angewandte Sozialwissenschaft	14
08. Effektivitätssteigerung	13
09. (gemeinsame) Lernprozesse	13
10. Anpassung der Organisation an die Umwelt	12
11. Steigerung der Problemlösungsfähigkeit des Systems	12
12. Gestaltung von Arbeitsplätzen (einschl. Humanisierung)	10
13. Interaktions- und Kommunikationsfähigkeit verbessern	10
14. wertend / normativ	9
15. Selbstregulierung des Systems (Anpassung an die internen Realitäten)	9
16. langfristig	8
17. Veränderung von Werten, Überzeugungen, Ansichten, Einstellungen	8

Abbildung 27:
Die meistgenannten Begriffe aus 50 OE-Definitionen (vgl. Trebesch 2000, S. 50-62)

An den vielen verschiedenen Begriffen wird deutlich, dass eine umfassende Definition, die allen verschiedenen Schwerpunkten gerecht wird, nur schwer zu finden ist. Dies zeigt auch das Ergebnis der 50 untersuchten Definitionen. Zu dem Ergebnis meinte Trebesch, dass „[...] OE mehr ist als ein gruppendynamischer Ansatz [...], dass OE kein eindeutig abgrenzbares Gebiet, kein ‚Modell' oder einheitliches Konzept ist" (2000, S. 57).

Die Liste definitorischer Merkmale zeigt zudem deutlich, wie schillernd der Begriff bezogen auf Zielsetzung, Gegenstandsbezug, Methodologie oder disziplinäre Einordnung ist. Als Minimalkonsens bilden sich die folgenden Definitionskomponenten heraus:

- Grundlegende Veränderung
- Mit klarer Zielausrichtung und bewusst gestaltetem Vorgehen
- Unter aktiver Mitwirkung der Betroffenen (vgl. Kals 2006, S. 49).

3.2 Der „systemische" Ansatz der Organisationsentwicklung

Seit den 1980er-Jahren gibt es einen Boom von systemischen Theorien in der Organisationsentwicklung. Der gemeinsame (hier verkürzt dargestellte) Grundgedanke ist die Auffassung von *Organisationen als offene, soziale Systeme* sowie die vielschichtige Sichtweise, dass Organisationen mit komplexen Problemlagen immer auch komplexe Lösungswege benötigen. Die systemische Organisationsentwicklung sieht das gesamte Verhalten der Individuen einer Organisation als gegenseitig abhängig und somit Teil des Systems oder Subsystems. Interventionen in Richtung Entwicklung und Veränderung finden in erster Linie auf der Ebene der Systemstrukturen und nachrangig auf der individuellen Ebene statt.

Systemische Organisationsentwicklung ist charakterisiert durch eine ganzheitliche Sichtweise bei Veränderungen. D. h., Organisationsentwicklung ist dann erfolgreich und nachhaltig, wenn sie beim Initiieren von Veränderungen die betroffenen Individuen (welche Fähigkeiten, Wünsche und Vorstellungen sind vorhanden?), die Organisation (wie ist die Organisation beschaffen, welche Ressourcen hat sie und wie ist ihre Kultur?), die relevanten Umwelteinflüsse (was wirkt von außen auf die Organisation ein?) und die Zeit (was war in der Vergangenheit und wie soll die Zukunft geplant werden?) als gleichberechtigte und sich wechselseitig beeinflussende Faktoren betrachtet:

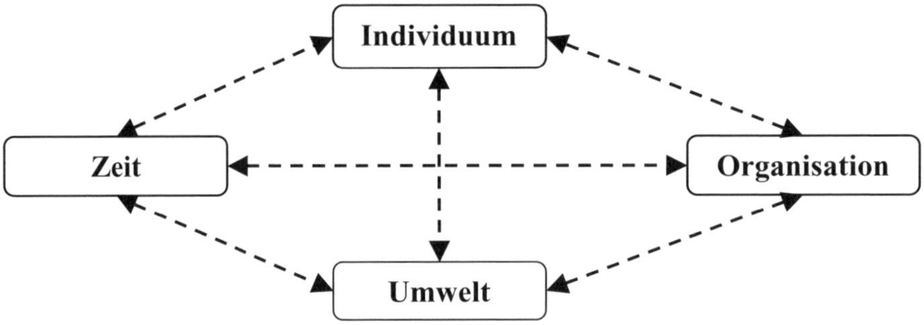

Abbildung 28:
Systemische Sichtweise auf Veränderungen

Des Weiteren werden bei der systemischen Organisationsentwicklung und bei Veränderungen in einem Bereich der Organisation immer auch die Auswirkungen dieser Veränderungen auf die anderen Bereiche und das Gesamtsystem beachtet. Zum Beispiel haben strukturelle Veränderungen in einer Fachabteilung immer auch Auswirkungen auf andere Abteilungen.

Der Systembegriff, der für die systemische Organisationsentwicklung handlungsleitend ist, kann also charakterisiert werden als „ein dynamisches Ganzes, das als solches bestimmte Eigenschaften und Verhaltensweisen besitzt. Es besteht aus Teilen, die so miteinander verknüpft sind, dass kein Teil unabhängig ist von anderen Teilen und das Verhalten beeinflusst wird vom Zusammenwirken aller Teile“ (Ulrich/Probst 1990, S. 30; zitiert nach von Küchler/Schäffter 1997, S. 33).

Wichtig bei der systemischen Organisationsentwicklung ist die Beachtung der „Zeitachse“ einer Organisation. Bei Planung und Gestaltung der Zukunft ist also neben der Gegenwart auch immer die Vergangenheit einer Organisation mit ihren Traditionen, besonderen Ereignissen, Mythen und Prägungen zu berücksichtigen.

Die Wurzeln der systemischen Organisationsentwicklung liegen in der Entwicklung der Systemtheorie. Entstanden ist die Systemtheorie Ende der 1940er-Jahre in den Naturwissenschaften, zuerst vor allem der Biologie, und ist dort verknüpft mit den in den 1960er-Jahren entstandenen Arbeiten von Ludwig von Bertalanffy (vgl. 1976). Später verbreitete sich die Systemtheorie in die Bereiche Physik/Chemie, Mathematik, Soziologie, Psychologie (Familientherapie), Management usw.

Als geistiger Vater der Systemtheorie gilt jedoch unumstritten der englische Anthropologe Gregory Bateson (vgl. u.a. 2001). Durch seine Arbeiten zum Thema „Kontext", der Theorie der logischen Typen sowie zu den Erkenntnissen verschiedener Lernarten lieferte Bateson die wissenschaftstheoretischen Grundlagen für die Systemtheorie.

Die systemische Organisationsentwicklung besitzt keine wirklich in sich geschlossene Theorie. Vielmehr geht es um die Diskussion spezifischer Denk- und Handlungsperspektiven. Diese Denk- und Handlungsperspektiven lassen sich auch als Merkmale sozialer Systeme charakterisieren.

Merkmale sozialer Systeme (vgl. hierzu König/Volmer 2008, S. 46-52)

- *Personen als Elemente sozialer Systeme*: Die Menschen, die sich innerhalb einer Organisation bewegen, bilden das soziale System einer Organisation, die Beratung ist auf die Personen und das jeweilig entstandene System ausgerichtet.
- *Subjektive Deutungen*: Die Personen innerhalb einer Organisation machen sich Gedanken zu Situationen und handeln entsprechend. Es entstehen Vorstellungen über Probleme oder Veränderungen bei den betroffenen Menschen, die daraufhin ein eigenes Handeln entwickeln. Überdachtes und reflektiertes Handeln ist ein wichtiger Unterschied zu anderen Auffassungen von Systemen wie z.B. der technischen oder biologischen Sichtweise.
- *Regeln sozialer Systeme*: Soziale Systeme besitzen (im Unterschied zu beispielsweise technischen Systemen) Regeln über das Zusammenleben der betroffenen Menschen. D. h. es gibt z.B. Regeln über Verhaltensweisen oder Zuständigkeiten von Mitarbeitern. Diese Regeln können formell oder informell sein. In beiden Fällen haben sie aber eine große Auswirkung auf das Verhalten einzelner Personen. Eine Problemlösung können sie fördern oder auch behindern, oft sind die vorhandenen Regeln auch die Ursache von Problemen.
- *Interaktionsstrukturen in sozialen Systemen*: Die Personen in einem sozialen System beeinflussen sich wechselseitig. Es entstehen Verhaltensmuster und Interaktionsstrukturen zwischen den einzelnen Personen und Systemen einer Organisation und es zeigen sich regelmäßig wiederkehrende Verhaltensmuster (Regelkreise).
- *Systemumwelt*: Neben der gegenseitigen Beeinflussung wirken unterschiedliche interne und externe Faktoren auf jedes soziale System ein. Dies sind die materielle Umwelt (z.B. Arbeitsplatz, Gebäude oder Geräte des Unternehmens), die Personen und Sozialsysteme außerhalb des betreffenden Systems oder die Werte, Normen und Regeln, die das soziale System ebenfalls von außen beeinflussen (z.B. gesetzliche Regelungen).

- *Entwicklung sozialer Systeme*: Die Menschen, ihre subjektiven Deutungen, die Regeln und Interaktionsstrukturen eines Systems verändern sich mit der Zeit, was Auswirkungen auf das gesamte System hat. Eine positive Veränderung und Entwicklung ist die Existenzgrundlage von Systemen. Wenn es ein System nicht schafft, sich an die Umweltveränderungen anzupassen und sich eigenständig, d. h. aus sich selbst heraus, entsprechend den Anforderungen weiterzuentwickeln, so ist das System auf Dauer nicht bestandsfähig.

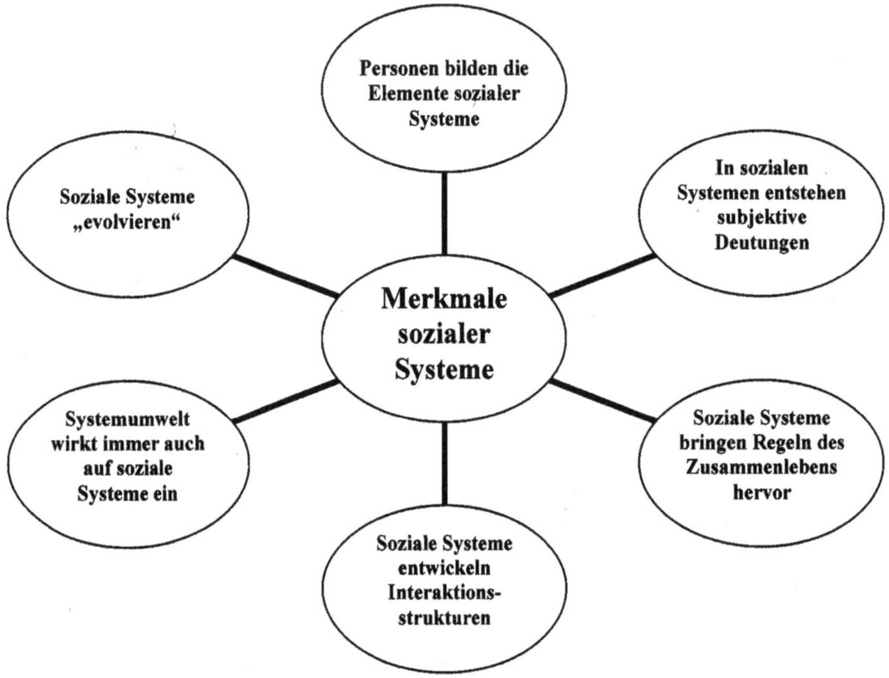

Abbildung 29:
Merkmale sozialer Systeme (in Anlehnung an König/Volmer 2008, S. 46-52)

Ergänzend zu den angeführten Merkmalen sozialer Systeme ist noch das Phänomen der *Autopoiesis* (Selbstorganisation) hervorzuheben, welches von der Kybernetik und der Systemtheorie zum ersten Mal erfasst wurde. Grundidee der Theorie autopoietischer Systeme ist, dass lebende Systeme ihre Organisation selbst erzeugen, selbstreferentiell und selbsterhaltend agieren. Es geht also um die Selbst-Erschaffung von System und Organisation (vgl. Luhmann 2000; 2001). Dies bedeutet u.a., dass die Elemente, aus denen das System besteht, selbst von dem System erzeugt werden. So sind z.B. eine Organisationskultur und die damit verbundenen Verhaltensregeln so dominant, dass neue Mitglieder, die zu dem System stoßen, dieses Verhalten selbst übernehmen. Durch die Übernahme der Verhaltensregeln wird dann wieder das System selbst gestützt.

3.3 Forschungsgeschichtlicher Ursprung der Organisationsentwicklung

Rekonstruiert man die forschungsgeschichtliche Entfaltung der Organisationsentwicklung, so stößt man immer wieder auf drei Namen: John Dewey, Jakob L. Moreno und Kurt Lewin Sie gelten mit ihren unterschiedlichen Forschungsergebnissen als die wichtigsten Wegbereiter der Organisationsentwicklung in ihrer heutigen Form. Besonders Lewin ebnete mit der Feldtheorie und der Aktionsforschung den Weg für die internationale Verbreitung der Organisationsentwicklung (vgl. bei den Ausführungen zu den drei Forschern, falls nicht anders angegeben, Gairing 2007 S. 21-48; Richter 1994).

John Dewey (1859–1952)

Der Amerikaner Dewey gilt als ein interdisziplinärer Forscher. Er studierte Pädagogik, Psychologie und Philosophie und entwickelte in allen drei Disziplinen herausragende Erkenntnisse. Besonders seine Arbeiten zum Pragmatismus und zur Gestaltung von Lehr-/Lernprozessen bildeten wichtige Grundlagen zur Entstehung der Organisationsentwicklung.

Dewey gilt als ein Mitbegründer des amerikanischen Pragmatismus. Zentraler Ansatzpunkt ist die kritische Bewertung der wissenschaftlichen Forschung und ihrer theoretischen Konstrukte hinsichtlich der praktischen Auswirkungen auf unsere Lebenswelt. Es geht also darum, dass Forschung nicht nur aus reinem Selbstzweck betrieben wird, sondern immer auch mit dem Gedanken, einen Nutzen für den realen Alltag der Menschen zu schaffen. Zudem sollte jedes Forschungsvorhaben die konkreten Bedürfnisse und Interessen der Individuen berücksichtigen. Diese pragmatische Grundhaltung wurde zu einem elementaren Bestandteil der heutigen Organisationsentwicklung.

Die zweite für die Organisationsentwicklung wichtige Erkenntnis aus Deweys Arbeiten kommt aus der Pädagogik und bezieht sich auf die Gestaltung der Lehr-/Lernprozesse. In seinem Buch „Demokratie und Erziehung“ (1930), welches im Original bereits 1916 erschien, charakterisiert Dewey seine pragmatische Pädagogik. Er forderte, dass lebenslanges Lernen, Gruppenarbeit, Projektarbeit, Verbindung von geistigen und handwerklichen Lernzielen und im Besonderen das Erfahrungslernen im Mittelpunkt eines reflektierten Lehr- und Lernprozesses stehen.

Dewey will, dass Lernen wegkommt von einer passiv-intellektuellen Denkschulung im Sinne eines „Eintrichterns“ von Wissen und so gestaltet wird, dass die Individuen durch einen Interaktions- und Kommunikationsprozess mit klaren Handlungsmöglichkeiten lernen können. Zwar besitzen Lehrende und Lernende verschiedene Rollen, aber ihr Verhältnis sollte durch gleichberechtigten Umgang geprägt sein. D.h., nicht der Lehrende gibt allein vor, was und wie gelernt wird, sondern es sollte ein Aushandlungsprozess zwischen Lehrenden und Lernenden entstehen, der so den besten Weg aufzeigt. Bei einem solchen Lernprozess wird den lernenden Individuen ein hoher Grad an Autonomie zuerkannt.

Die Bedeutung Deweys für die Entstehung der Organisationsentwicklung lässt sich wie folgt zusammenfassen:

1) Deweys pragmatisch-funktionalistische Grundhaltung hat nicht nur das gesellschaftliche und politische Bewusstsein der USA verändert, sondern auch nachhaltig die angewandten Sozialwissenschaften geprägt, die bei der Entstehung der Organisationsentwicklung in den 1940er-Jahren wesentlichen Anteil hatten.
2) Deweys pädagogische Vorstellungen und Forderungen sind immer noch (obwohl schon über 90 Jahre alt) hochaktuell. Gerade die Organisationsentwicklung baut auf das reflexive Erfahrungs-Lernen auf.

Jakob L. Moreno (1889–1974)

Moreno stammt aus Rumänien und studierte in Wien Medizin. Er hatte bereits früh engen Kontakt zur Literaten- und Künstlerszene, was sich später in seinen Arbeiten widerspiegelte. Nach seiner Auswanderung 1925 in die USA beschäftigte sich Moreno intensiv mit der Psychologie. Als sein Hauptwerk gilt die Entwicklung des sogenannten „Triadischen Systems“, dessen Erkenntnisse auch für die Organisationsentwicklung Bedeutung erlangten.

Grundannahme des Triadischen Systems, das aus den Elementen Soziometrie, Psychodrama und Gruppenpsychotherapie besteht, ist die These, dass der „latente Genius“ des Menschen durch die Sozialisation verkrüppelt ist und durch die Unterdrückung der Spontaneität und die Übernahme von Rollenstereotypen gehemmt bleibt.

Diese Verkrüppelung manifestiert sich in der formellen Oberflächenstruktur eines sozialen Systems. Um an die informelle Tiefenstruktur zu gelangen, hilft das Triadische System, den schöpferischen Geist eines Individuums zu entwickeln, um somit das gesamte soziale System zu verändern und weiterzuentwickeln (z.B. durch die Bewältigung von Problemen).

Das Triadische System gliedert sich in fünf Phasen:

1) Der *soziometrische Test:* Mit dem soziometrischen Test sollen die sozialen Strukturen einer Gruppe durch Messung der Anziehung und Abstoßung erhellt werden. Für Moreno ist es elementar wichtig, dass die erlangten Ergebnisse des Tests konkrete soziale Konsequenzen nach sich ziehen.
2) Das *Soziogramm*: Mit dem Erstellen und der Analyse des Soziogramms werden die Beziehungen, vor allem aber auch die Rollenverteilung innerhalb einer Gruppe deutlich. Das Soziogramm wird durch Symbole visualisiert: Frauen sind durch Kreise, Männer durch Dreiecke dargestellt, Zu- oder Ablehnungen durch durchgezogene oder gestrichelte Pfeile. Durch das Soziogramm sollen Problemkonstellationen in der Gruppenstruktur aufgezeigt werden.
3) Das *soziometrische Interview*: Mit dem soziometrischen Interview sollen die Ergebnisse aus den ersten beiden Phasen kontrolliert und bestätigt werden. Dabei werden einzelne Mitglieder einer Gruppe (z.B. die informellen Führungspersönlichkeiten oder die Außenseiter) gesondert befragt.

4) Das *Psychodrama*: Als Aktions- und Handlungsmethode dient das Psychodrama der Darstellung und Behandlung interpersoneller und intrapsychischer Konflikte. Das Psychodrama ist also zu einem Teil eine Analysemethode und zum anderen bereits eine Methode zur psychoanalytischen Behandlung.
5) Die *soziometrische Rekonstruktion*: Als Abschluss des Triadischen Systems wird die Gruppenkonstellation so umgestaltet, dass es sowohl den einzelnen Individuen wie auch der Gesamtgruppe hilft, die Probleme zu lösen und sich als soziales System weiterzuentwickeln.

Morenos Bedeutung für die Entstehung der Organisationsentwicklung lässt sich wie folgt zusammenfassen:

Morenos Triadisches System beinhaltet zentrale Elemente der Organisationsentwicklung. Besonders die Auffassung, dass Individuum und Gruppe interdependent verknüpft sind und somit nicht isoliert betrachtet werden können, hat sich als eine Grundannahme in der Organisationsentwicklung etabliert (Verknüpfung von Mensch und Organisation).
Zudem haben etliche von Moreno entwickelte Methoden, wie z.B. das Rollenspiel oder die Gestaltung einer Gruppenskulptur, Einzug in die praktisch-methodische Arbeit der Organisationsentwicklung gefunden.

Kurt Lewin (1890–1947)

Die beiden wichtigsten Quellen für die Entstehung der Organisationsentwicklung (auch *„Zwei-Quellen-Theorie"* genannt) wurden von dem im damaligen Preußen geborenen Philosophen und Psychologen Kurt Lewin hervorgebracht und entscheidend geprägt (vgl. u.a. Comelli 1985; French/Bell 1994; Korinek 1997; von Küchler/Schäffter 1997).

Die beiden Hauptquellen der Organisationsentwicklung entstanden in der Mitte der 1940er-Jahre in den USA (Lewin emigrierte 1933) und waren zum einen die sogenannte *„Laboratoriumsmethode"* und zum anderen das *„Survey-Feedback-Verfahren"*, das in Deutschland auch unter dem Namen „Datenerhebungs- und Rückkopplungsverfahren" bekannt wurde. Beide Verfahren sind eng verknüpft mit dem wissenschaftlichen Kernkonzept Lewins, das sich aus der Feldtheorie, der Gruppendynamik und der Aktionsforschung zusammensetzt. Wegen der großen Bedeutung soll nachfolgend kurz auf die Feldtheorie und die Aktionsforschung eingegangen werden, bevor im nächsten Kapitel die beiden oben genannten Quellen der Organisationsforschung erläutert werden.

Feldtheorie

Die Feldtheorie steht in der Tradition der Gestalttheorie und ist neben den Trieb- und Verhaltenstheorien, den Lerntheorien und der Psychoanalyse einer der grundlegenden Ansätze zur Erklärung menschlichen Verhaltens, die in der ersten Hälfte des Zwanzigsten Jahrhunderts entstanden sind. Der Grundgedanke der Gestalttheorie ist, dass das Ganze immer mehr ist als die Summe der einzelnen Teile. Lewin baute auf dieser Erkenntnis auf und versuchte durch die Feldtheorie das menschliche Verhalten in seiner Gesamtheit zu verstehen und zu erklären. Die menschliche Persönlichkeit und ihre Entwicklung, das Erleben und Handeln sowie die Interaktionen sind in der Feldtheorie von Lewin die Summe einer Gesamtheit von Bindungen, in welcher die Gegebenheiten der Person und der Umwelt ein strukturiertes und dynamisches System bilden. Dieses System wird auch als „Lebensraum" bezeichnet. Ziel ist es, den Lebensraum zu (re-) konstruieren, um so das Verhalten des Individuums begreifen zu können.

Lewin fasst das Verhältnis zwischen dem Verhalten des Individuums und dessen Bedingung durch die Umwelt in der Formel $V = f(LR) = f(P, U)$ zusammen.

Die Formel besagt, dass Verhalten des Individuums (V) ist eine Funktion des gesamten Lebensraums (LR), welcher wiederum ein Produkt der Wechselwirkung von Person (P) und ihrer Umwelt (U) ist.

Aktionsforschung
Die Aktionsforschung ist ein sozialwissenschaftlicher Forschungsansatz, bei dem die Betroffenen nicht nur Objekte der Forschung sind, sondern zusammen mit dem Forscher als gleichberechtigte und kooperierende Partner an dem Forschungsprozess teilnehmen. Die Aktionsforschung geht davon aus, dass der Forscher bei der Untersuchung sozialer Prozesse diese durch sein Handeln beeinflusst und verändert (eine Erkenntnis, die heute nicht mehr bestritten wird, aber seinerzeit neu war). Da der Forscher seine Beeinflussungen nicht verhindern konnte, wurden diese ausdrücklich bejaht und versucht, die Praxis durch die Analyse der Forschungsergebnisse zu beraten. Es geht also darum, die Praxis bereits während des Forschungsprozesses zu verändern und nicht erst nach dem Abschluss, um dann in einem nächsten Schritt die veränderte Praxis erneut zu untersuchen. Charakteristikum der Aktionsforschung ist demnach das prozesshafte Erheben, Auswerten und Rückkoppeln von Daten durch das Forschungssystem an das Klientensystem. Direkt aus der Aktionsforschung hervorgegangen ist das Survey-Feedback-Verfahren.

Lewins Bedeutung für die Entstehung der Organisationsentwicklung lässt sich wie folgt zusammenfassen:

Lewins Arbeiten brachten der Organisationsentwicklung konkrete Einsichten in komplexe Gruppenprozesse, Gesetzmäßigkeiten des sozialen Verhaltens und die Erkenntnis, dass Veränderungen des Individuums immer auch eine Veränderung seines Lebensraums (bzw. seiner sozialen Umgebung) bedeuten.
Besondere Bedeutung erlangte auch der methodische Ansatz des offenen, prozessorientierten Arbeitens.
Durch seine Arbeiten zur Feldtheorie, Gruppendynamik und Aktionsforschung entstanden die beiden Hauptquellen, die die Organisationsentwicklung überhaupt möglich machten: die *Laboratoriumsmethode* und das *Survey-Feedback-Verfahren*.

3.3.1 Erste praktische Anwendungen der Organisationsentwicklung

Wie **bereits** erwähnt, gehen die Anfänge der Organisationsentwicklung im Wesentlichen auf zwei Quellen zurück, die eng mit dem Namen Lewin verbunden sind. Das sind zum einen die *Laboratoriumsmethode* und zum anderen das sogenannte *Survey-Feedback-Verfahren.*

Laboratoriumsmethode

Eigene Forschungen über menschliche Beeinflussung und Verhalten in und durch Gruppen führten dazu, dass Lewin 1945 ein universitäres Forschungsinstitut, das sich u.a. mit Gruppendynamik beschäftigte, gründete (Research Center for Group Dynamics). Während eines gruppendynamischen Workshops entstanden dann die „T-Gruppen-Trainings". Bei diesem Gruppen-Training ging es darum, dass sich einander fremde Gruppenmitglieder anhand ihrer Erfahrungen innerhalb einer unstrukturierten Gruppensituation selbst zum Gegenstand des Lernens machten. Die beteiligten Personen lernten durch gruppendynamische Interaktionen und Effekte. Das Ziel dieser T-Gruppen-Trainings ist, dass „[...] die Teilnehmer ihre Selbstwahrnehmung und Selbstreflexion erweitern, ihre Kenntnisse über die Reaktionen anderer ausweiten und über das Verhalten und die Entwicklung von Gruppen Erfahrungen sammeln" (vgl. von Küchler/Schäffter 1997, S. 75).

Aufgrund positiver Erwartungen ging man in den Folgejahren dazu über, das Gruppen-Training auch außerhalb der „Laboratmosphäre" in bestehenden Gruppen und Organisationen zu erproben. Es zeigte sich allerdings, dass die erlernten Verhaltensweisen aus den T-Gruppen-Trainings nicht auf im Alltag bestehende Gruppen übertragbar waren.

Ein Grund dafür waren festgefahrene Rollenmuster und gleichzeitige berufliche Interessen, die in den Alltagsgruppen vorherrschten und so stark dominierten, dass es zum Konflikt kam, als sie mit den neuen Verhaltensweisen aus den T-Gruppen-Trainings konfrontiert wurden. Das Resultat war, dass die größte Zahl der beteiligten Personen wieder in ihre alten Rollenmuster zurückfiel. In der folgenden Zeit entstanden dann Konzepte der „Teamentwicklung", die es schafften, die Ansätze der T-Gruppen-Trainings auch in Alltagsgruppen umzusetzen.

Survey-Feedback-Verfahren

Die zweite Quelle von OE ist das „Survey-Feedback-Verfahren", welches durch die sozialwissenschaftlichen Forschungen Lewins seit etwa 1945 entwickelt wurde. Bei dieser Methode werden zuerst mit einem sozialwissenschaftlichen Erhebungsverfahren (standardisierte Fragebogen oder Interviews) Daten und Informationen über die Organisation ermittelt, dann aufbereitet und mit den Betroffenen bearbeitet.

Das Survey-Feedback-Verfahren gliedert sich in drei Komponenten (vgl. Becker/Langosch 2002, S. 56):

a) Erhebung des Ist-Zustands einer Organisationseinheit unter besonderer Berücksichtigung des Systemkultur-Zustands mithilfe eines standardisierten Fragebogens oder durch Interviews.
b) Rückkopplung der aufbereiteten Daten (gewichtete Darstellung der Probleme, z.B. detaillierte Problemlandkarte bzw. Ermittlung statistischer Mittelwerte und
c) Abweichungsanalysen bei der Verwendung des Fragebogens) an die Mitglieder der untersuchten Organisationseinheit.
d) Diskussion der Ergebnisse, Ableiten von Folgerungen und Beschluss der Maßnahmen.

Die Erhebung der Informationen und die Bearbeitung der Probleme erfolgt demnach prozesshaft, indem die Betroffenen als Beteiligte an der Problemlösung mitarbeiten können. Durch diese Punkte und nicht zuletzt durch Betonung der Berücksichtigung des „Systemkultur-Zustands" der betreffenden Organisation hat das Survey-Feedback-Verfahren eine verstärkte systemische Sichtweise in die OE gebracht.

Eine weitere Entdeckung, die den Systemansatz bei OE nachhaltig beeinflusste, sind die Forschungen von Trist/Emery am Ende der 40er-Jahre zu Arbeitsbedingungen im britischen Bergbau. Ein wichtiges Thema dieser Forschungen war der Gedanke einer Humanisierung der Arbeit. Trist/Emery kamen zu dem Resultat, dass die meisten Probleme, die eine Organisation lähmen, nicht durch individuelles Verhalten der Beteiligten, sondern durch strukturelle Mängel verursacht werden (vgl. Trebesch 2000, S. 12).

Aufgrund dieser Ergebnisse entwickelten Trist/Emery in den Folgejahren das Konzept der „Search Conference", welches Weisbord/Janoff (vgl. 2000; 2001, S. 102f.) als eine von zwei Hauptquellen der heutigen Konzeption von Zukunftskonferenzen sieht.

3.4 Ziele von Organisationsentwicklung

Die Organisationsentwicklung geht von der Annahme aus, dass *Leistungsoptimierung* und *Humanisierung* der Arbeit einander nicht ausschließen, sondern sich wechselseitig bedingen und in engem Zusammenhang mit bestimmten (gegenwärtigen und zukünftigen) Veränderungen der gesamtgesellschaftlichen Umwelt stehen (vgl. Becker/Langosch 2002, S. 13).

Eine Organisation soll durch Organisationsentwicklung in der Art verändert und gestaltet werden, damit sie es aus sich selbst heraus schafft, die bestehenden Probleme und die kommenden Anforderungen der Umwelt so zu bewältigen, dass es trotz optimaler Produktivität keine Einbußen in der Qualität der Arbeitsbedingungen gibt. Auch der Umkehrschluss ist zu beachten: Eine Steigerung der Arbeitsqualität für die betroffenen Menschen in einer Organisation im Zuge eines Organisationsentwicklungs-Prozesses darf nicht auf Kosten der Leistungsfähigkeit einer Organisation gehen. Die Verbindung und Erfüllung beider Ziele ist eine Herausforderung und mit die schwierigste Aufgabe innerhalb eines Organisationsentwicklungs-Prozesses.

Die beiden Hauptziele der Organisationsentwicklung sind demnach:

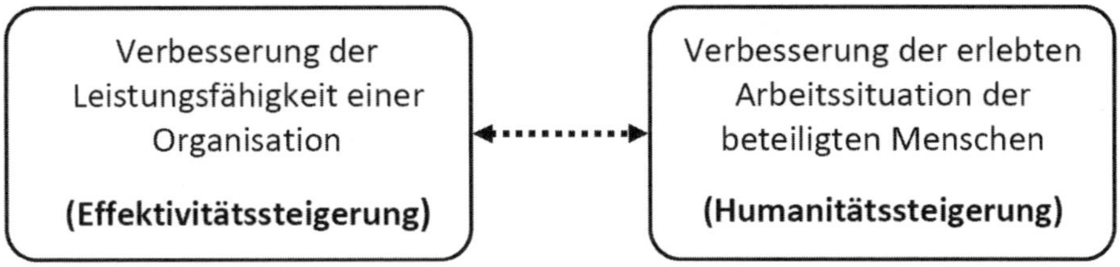

Abbildung 30:
Ziele der „klassischen" Organisationsentwicklung

Beim ersten Ziel geht es darum, durch langfristig angelegte Veränderungsprozesse die Lernfähigkeit des Systems, die Innovationsbereitschaft und Flexibilität der Organisation zu steigern (vgl. Becker/Langosch 2002, S. 16). Nur eine Organisation, die auf sich schnell verändernde Umweltbedingungen reagieren kann, ist in der Lage, dauerhaft zu bestehen und die eigenen Organisationsziele zu verwirklichen. Das zweite Ziel beinhaltet eine qualitative Verbesserung der Lebens- und Arbeitsbedingungen für die in einer Organisation tätigen Menschen. Sie müssen die Möglichkeit haben, verantwortlich bei Entscheidungen mitzuwirken, Entfaltungs- und Weiterbildungsmöglichkeiten wahrzunehmen sowie unter „fairen" Rahmenbedingungen (Aufstiegsmöglichkeiten, Gehalt, Beseitigung von Gefahrenquellen usw.) arbeiten zu können.

Unterhalb der beiden Ziele der Steigerung von „Humanität" und „Produktivität" lassen sich aus der Fachliteratur (vgl. Beckhard 1972; Rehn 1979; Comelli 1985; Klein 1990; French/Bell 1994; Becker/Langosch 2002; Frieling u.a. 2002; Baumgartner u.a. 2004; Schiersmann/Thiel 2009 usw.) noch folgende *Unterziele* der Organisationsentwicklung herauskristallisieren:

Unterziele der Organisationsentwicklung, die vornehmlich die *Organisationsstruktur* betreffen:
- Teamarbeit und Zusammenarbeit als gängige Arbeitsmethoden etablieren (bzw. Verbesserung der bestehenden Teamfähigkeit)
- Steigerung der Kommunikation der horizontalen, vertikalen und diagonalen Hierarchieebenen der Organisation
- Erfüllung der betrieblichen Leistungsaufgaben (ökonomische Ziele)
- Transparenz der Organisationsstruktur (Voraussetzung dafür, dass die Mitarbeiter am Aufbau mitwirken können)
- Schaffung von mehr Selbst- und weniger Fremdkontrolle
- Klare Regelungen von Zuständigkeiten und Arbeitsbereichen (beinhaltet auch Stellenbeschreibungen)

- Optimierung der Kundenbeziehungen
- Qualitätssteigerung der angebotenen Dienstleistungen

Unterziele der Organisationsentwicklung, welche vornehmlich die *Menschen* in der Organisation betreffen:
- Befähigung zur Konflikthandhabung
- Befähigung zur Selbstorganisation
- Steigerung des Problemlösungspotenzials
- Authentizitätsziel (die Menschen innerhalb einer Organisation sollen in die Lage versetzt werden, „eigene" Antworten auf anstehende Probleme zu finden)
- Anerkennung der Organisationsziele (Bereitschaft, Motivation und Möglichkeiten, an diesen Zielen mitzuarbeiten)
- Vertrauensvolles und offenes Arbeitsklima
- Beseitigung konflikthafter Beziehungen
- Entwicklung von Fähigkeiten und Fertigkeiten der Mitarbeiter (permanente Qualifizierungsangebote)

3.5 Anwendungsgebiete

Die Gründe, warum sich eine (Weiterbildungs-)Organisation auf einen OE-Prozess einlässt, sind sehr unterschiedlich. Neben finanziell bedingten Ursachen gibt es noch eine Reihe weiterer Schwachstellen und Problembereiche, die eine Organisation in ihrer Entwicklung hemmen und Konflikte fördern. Es ist aufgrund von stetig neuen exogenen und indogenen Faktoren unabdingbar, dass sich eine Organisation immer neu verändert und entwickelt. Korinek (vgl. 1997, S. 85ff.) benennt drei Bereiche für eine Organisation, aus denen Konflikte entstehen können. Die Notwendigkeit eines OE-Prozesses kann hervorgerufen werden durch u.a. folgende Ursachen:
- *Die sich verändernde Umwelt*: Z.B. technischer Fortschritt, Veränderung des Marktes, Veränderung der menschlichen Bedürfnisse, politische und ökologische Krisen, verschärfter Wettbewerb, Wandel von Werten und Normen, neue Gesetze.
- *Die Organisation ist zu bürokratisch*: Z.B. Machtverteilung, Arbeitsteilung und Spezialisierung, Strukturveränderungen, ungeklärte Aufgaben, Doppelleistungen von Arbeiten.
- *Motivation und Kooperation der Mitglieder ist ungenügend*: Z.B. Desinteresse, Mobbing, innere Kündigung, „Burn-out-Syndrom", Ich-Denken, Existenzangst, mangelnde Identifikation, mangelnde Befähigung.

Die drei Punkte nennen Ursachen für OE-Prozesse. Nun stellt sich die Frage, wo die Probleme einer Organisation deutlich werden. Becker/Langosch (vgl. 2002, S. 65) benennen drei Ebenen, in denen Probleme entstehen können:
- Probleme, welche die Organisation als Ganze berühren
- Probleme, die die sozialen Beziehungen der Organisationsmitglieder betreffen

- Probleme, die das Organisationsmitglied (also das Individuum) betreffen

Die Auflistung möglicher Ursachen und Entstehungsebenen von Problemen einer Organisation ist nicht vollständig, aber sie zeigt recht deutlich, dass eine Organisation permanenten Veränderungen und somit möglichen Schwierigkeiten ausgesetzt ist. Wenn eine Organisation nicht in der Lage ist, auf diese Veränderungen adäquat zu reagieren, hat dies fatale Folgen für die Organisation und die in ihr arbeitenden Menschen. OE kann eine Organisation bei der Lösung von Schwierigkeiten unterstützen und darüber hinaus sie und ihre Mitarbeiter dazu befähigen, kommende Probleme zu bewältigen.

Organisationsentwicklung kann in den unterschiedlichsten Organisationen, unter Berücksichtigung der jeweiligen Besonderheiten, eingesetzt werden. So gibt es OE-Prozesse in Wirtschaftsunternehmen ebenso wie in Non-Profit-Organisationen. Gerade der Bereich der Non-Profit-Organisationen entwickelte sich in den letzten 15 Jahren stetig. Non-Profit-Organisationen waren ebenso wie Wirtschaftsunternehmen immer schon den oben genannten Problemursachen ausgesetzt. Sie erkennen aber zunehmend die Dringlichkeit und Chance externer Beratung und OE; dies geschieht vorwiegend durch die sich verschärfenden ökonomischen Faktoren, die bei den Organisationen einen Veränderungsdruck erzeugen. Viele Non-Profit-Organisationen sind von Mittelkürzungen betroffen, die zudem die Konkurrenz zwischen den einzelnen Organisationen verschärft.

3.6 Menschenbild der Organisationsentwicklung

Die Ziele von OE begründen sich auf ein bestimmtes, der humanistischen Psychologie entliehenes Menschenbild. Dieses Menschenbild prägt die Annahme über den Menschen als Individuum sowie des Einzelnen in der Gruppe und Organisation. Die OE hat in Bezug auf den einzelnen Menschen zwei *grundsätzliche Annahmen*, die aus der humanistischen Psychologie entstanden sind (vgl. French/Bell 1994, S. 90):

> Die erste Annahme besteht darin, dass die meisten Menschen dann ein Bedürfnis nach individueller Entfaltung und Entwicklung haben, wenn Arbeitssituation sowohl als Herausforderung als auch als Ansporn erlebt wird. Fast alle Menschen streben danach, sich entsprechend ihrem individuellen Potenzial zu entwickeln.
> Die zweite Annahme, die mit der ersten verbunden ist, besagt, dass die meisten Menschen einen effektiveren und weitreichenderen Beitrag zu den Zielen der Organisation leisten möchten und können, als dies die jeweilige Organisationssituation in der Regel zulässt.

Die Vergegenwärtigung dieser beiden Grundannahmen ist wichtig, damit OE-Prozesse erfolgreich durchgeführt werden können. Die wichtigste Leistungskraft und eine bedeutende Ressource, die oft ungenutzt bleibt, liegt in den Menschen, die in einer Organisation arbeiten und sich bewegen. Comelli (vgl. 1985, S. 149) sieht den Menschen in der Organisation im wahrsten Sinne des Wortes für „wert-voll" d. h. „Werte in sich tragend" an.

Neben dem *humanistischen Menschenbild* besitzt die Organisationsentwicklung noch eine weitere Grundannahme, die der *„pragmatischen Grundhaltung"* während eines OE-Prozesses. Dieser Pragmatismus entspricht einem wissenschaftlichen Vorgehen, das durch reflektierendes Denken geprägt ist. Nach John Dewey lassen sich fünf Phasen des reflektierenden Denkens feststellen, die das Angehen von Problemen in OE-Prozessen bestimmen:

1) Phase: man begegnet einer Schwierigkeit
2) Phase: die Schwierigkeit wird lokalisiert und präzisiert
3) Phase: aufgrund der vermuteten Ursachen entsteht der Ansatz einer möglichen Lösung
4) Phase: logische Entwicklung der Folgen des Ansatzes
5) Phase: weitere Beobachtung und experimentelles Vorgehen führen zur Annahme oder Ablehnung des Lösungsansatzes (vgl. Corell, 1970, S. 44; zitiert nach Popp o.J., S. 109)

Für die systemische OE werden die Grundannahmen noch erweitert. Baumgartner bemerkt, dass das systemische Verständnis des Menschen „[…] in besonderem Maße betont, dass der Mensch als erlebende und bewältigende Person ständig in kreativer Auseinandersetzung mit seiner Umgebung begriffen ist, die er genauso mitgestaltet wie er auf sie reagiert" (Baumgartner u.a. 2004, S. 35).

Demzufolge geht es hier um den Aspekt der wechselseitigen Beeinflussung und der daraus resultierenden Forderung nach einer ganzheitlichen Sichtweise. Für König/Volmer (1996; ähnlich auch König/Volmer 2008, S. 504-509) ist das Menschenbild der systemischen OE geprägt durch vier Grundbegriffe, die sowohl für die Arbeit und das Handeln der Berater als auch für die Menschen in der betroffenen Organisation gelten:

Autonomie
1) Konsens
2) Professionalisierung
3) Verantwortlichkeit

Autonomie bedeutet hier, die Organisationsentwicklung geht davon aus, dass die betroffenen Menschen das Recht haben sollten, selbst Entscheidungen zu treffen. Organisationsentwicklung gibt keine Lösungsvorschläge vor, sondern hat die Aufgabe, den Klienten bei der Problembewältigung zu unterstützen, aber immer unter der Beachtung, dessen Selbstbestimmung nicht zu unterlaufen.

Eng mit dem Begriff Autonomie verbunden ist der Begriff *Konsens*, denn die Autonomie des Einzelnen in komplexen Systemen und Organisationen hat nur dann auf Dauer Bestand, wenn es gelingt, bei Entscheidungen und Problemen einen weitgehenden Konsens zu erzielen. Bei Konsensentscheidungen gibt es „den Verlierer" nicht; alle Beteiligten können an der Lösung mitwirken (Betroffene werden zu Beteiligten), was u.a. dazu führt, dass Widerstände bei Veränderungen minimiert werden.

Der dritte Begriff ist der der *Professionalisierung*. Zum einen muss die Organisationsentwicklung an sich selbst Standards setzen und ihre Arbeit reflektorisch analysieren. Dabei geht es um Dinge wie fundierte Selbstevaluation. Transparenz und Überschaubarkeit des Prozesses, Anwendung geeigneter Methoden, Strukturierung der Arbeitsschritte, Ergebnisorientierung, Evaluationsstrategien. Professionalisierung bedeutet auch, dass die Beteiligten durch den Organisationsentwicklungs-Prozess sich für ihre Arbeit weiter professionalisieren können.

Qualitativ hochwertige Organisationsentwicklungs-Arbeit führt auch dazu, *Verantwortlichkeit* in der Beratung zu fördern (vierter Begriff). Der Organisationsentwicklungs-Prozess muss es dem Klienten ermöglichen, verantwortlich handeln zu können sowie ihm die Sicherheit geben, diese Verantwortung erproben (erlernen) zu können.

3.7 Merkmale eines Organisationsentwicklungs-Prozesses

Um den Prozess einer systemischen Organisationsentwicklung überhaupt zu ermöglichen, müssen bestimmte methodische Gesichtspunkte erfüllt sein. Diese Gesichtspunkte entwickelten sich im Laufe der praktischen Arbeit der OE und bauen „[...] auf dem Bild eines mündigen, selbstverantwortlichen und entwicklungsfähigen Menschen auf [...]. Der Mensch als treibende bzw. hindernde Kraft steht im Mittelpunkt jeder organisatorischen Handlung und ist Schlüsselpunkt jeder Problemlösung“ (Richter 1994, S. 38).

Dass die Problemlösung von den Menschen innerhalb einer Organisation ausgehen muss, ist nicht nur ein Merkmal der OE, sondern zugleich eine der entscheidenden Erfolgsvoraussetzungen für das Gelingen von OE-Prozessen und steht somit als elementare Grundannahme hinter jedem Merkmal der OE. In der Praxis haben sich im Laufe der Zeit einige Merkmale von OE-Prozessen herauskristallisiert, die man relativ gleichlautend bei verschiedenen Autoren wiederfindet (vgl. u.a. Becker/Langosch 2002; French/Bell 1994; Richter 1994; Schiersmann/Thiel 2009).

Eine ausführliche und die wichtigsten Merkmale von OE-Prozessen beinhaltende Auflistung liefern Becker/Langosch (vgl. 2002, S. 20-46):

- **Gemeinsames Problembewusstsein**: OE-Prozesse werden in der Regel durch Unzufriedenheit mit bestehenden Verhältnissen eingeleitet. Aus dieser Unzufriedenheit resultiert ein Problembewusstsein, welches der Initiator für Veränderungsmaßnahmen ist.
- **Mitwirkung eines Beraters**: Oft fehlt es einer Organisation an der Fähigkeit, Probleme zu erkennen und Lösungsstrategien zu entwickeln. Um diese Aufgabe zu bewältigen, werden (externe) Berater hinzugezogen. Die Hauptaufgabe der Berater ist es allerdings nicht, Lösungen vorzugeben, sondern die Strukturen und Wege aufzuzeigen, die es einer Organisation ermöglichen, anstehende Veränderungen zu bewältigen.

- **Beteiligung der Betroffenen**: Die Menschen innerhalb einer Organisation müssen aktiv an dem Veränderungsprozess teilnehmen, sodass sie als Problemträger zu Problemlösern werden. Durch die Beteiligung der Betroffenen wächst die Chance auf eine positive und langfristige Lösung der Probleme entscheidend mehr, als wenn Lösungen von der Führungsebene oder externen Beratern vorgegeben werden.
- **Klärung von Sach- und Beziehungsfragen**: Da Sachprobleme auch immer einen Bezugsrahmen zu Beziehungs- und Kommunikationsproblemen (darunter fallen u.a. auch menschliche Einstellungen und Emotionen) aufweisen, sind beide Ebenen während eines OE-Prozesses gleichrangig anzusprechen. Hier ist zu beachten, dass im besonderen Maße auch der Faktor Macht und Machtverteilung in Organisationen und bei OE-Prozessen eine gewichtige Rolle spielt.
- **Erfahrungsorientiertes Lernen**: Der Mensch lernt und ändert seine Fähigkeiten am ehesten, wenn er sich bewusst auf die Auseinandersetzung mit der Umwelt einlässt. Hier liegt eine besondere Bedeutung bei der aktiven Beteiligung der Betroffenen in Arbeitsgruppen. Bei OE-Maßnahmen spielen sie eine zentrale Rolle bei der Lösung von Problemen.
- **Prozessorientiertes Vorgehen**: Veränderungen in Organisationen sollten prozesshaft stattfinden. Nicht nur das Ziel, sondern auch der Weg dorthin ist wichtig. Ziel und Weg der Problemlösung besitzen eine starke wechselseitige Beeinflussung. Da Organisationen zu stetigen Veränderungen gezwungen werden, ist die erfolgreiche Problemlösung nur ein Element des Prozesses, auf den die Organisation weiter aufbauen muss, um selbstständig und dauerhaft anstehende Probleme und Konflikte lösen zu können.
- **Systemumfassendes Denken**: Die systemumfassende Denkweise, bei der Individuum, Organisation, Umwelt und Zeit ganzheitlich, d. h. in ihren Wechselwirkungen betrachtet werden, ist eine zentrale Größe bei jeder OE-Maßnahme. Kein Bereich in einer Organisation kann, ohne dass es Auswirkungen auf andere Bereiche gibt, verändert werden. Es ist deshalb sehr wichtig, dass alle Entscheidungen genau auf ihre möglichen Konsequenzen bezüglich des Gesamtsystems reflektiert werden.

3.8 Vorgehensweise und Prozess der Organisationsentwicklung

Organisationen und die in ihnen arbeitenden Menschen befinden sich in permanenten Organisationsveränderungen. Allerdings gibt es einen bedeutsamen Unterschied zu der gezielten Entwicklung wie sie in einem Organisationsentwicklungs-Prozess stattfindet: Er liegt u.a. darin, dass die Entwicklung als ein bewusst geplanter und reflektierter Prozess mit dem Zyklus von

Diagnose, Planung, Durchführung und Kontrolle
erfolgt. Eine stetige Erneuerung der Organisation sowie eine nachhaltige Einstellungs- und Verhaltensänderung bei den beteiligten Menschen verläuft dabei immer langfristig.

Im Laufe der Jahre haben sich etliche, zum Teil sehr differenzierte *Phasenmodelle*, die den Prozess der Organisationsentwicklung beschreiben, herausgebildet (Gebert 1974; Glasl/de la Houssaye 1975; Comelli 1985; Lippitt/Lippitt 1999; Becker/Langosch 2002; Baumgartner u.a. 2004; Schiersmann/Thiel 2009). Das erste von der Organisationsentwicklung adaptierte Modell ist allerdings das *3-Phasen-Modell* von Lewin (1947):

1) Phase: *unfreezing* (Auftauen) → der Ist-Zustand wird infrage gestellt und eine Einsicht und Motivation für eine Veränderung geweckt,
2) Phase: *moving* (Veränderung) → um das angestrebte Ziel zu erreichen, werden Veränderungen mobilisiert (Verhaltensweisen und Arbeitsabläufe werden verändert),
3) Phase: *refreezing* (Einfrieren) → die vollzogenen Veränderungen werden stabilisiert und in einen festen Bezugsrahmen gebettet.

Dieses Phasenmodell von Lewin beschreibt grob das Vorgehen bei OE-Prozessen, obwohl die dritte Phase, das komplette Einfrieren, bei heutigen Prozessen in der Regel nicht mehr so starr ausgeführt wird. Es geht eher darum, die Organisation in einen flexiblen Zustand zu bringen, der eine erneute Veränderung erleichtert.

Die Abbildung 31 verdeutlicht einen idealtypisch verlaufenden Organisationsentwicklungs-Prozess. Das Modell verläuft in den sechs Phasen Orientierung, Falldiagnose, Zielfindung, Maßnahmenplanung, Durchführung und Evaluation. Bedeutsam ist dabei der zyklische Verlauf, der zum einen die klare Abfolge der Phasen regelt und zum anderen es ermöglicht, nach Beendigung der letzten Phase erneut von vorn zu beginnen, falls die Evaluation dafür Bedarf aufgezeigt hat.

Die erste Phase ist die der *Orientierung*. In der Organisation gibt es ein Problembewusstsein, das einen oder mehrere Menschen dazu bringt, eine Veränderung anzustreben. Es findet ein erster Kontakt zu dem Berater statt. In dieser Phase gibt es Informationsgespräche u.a. zu den Möglichkeiten und Chancen, aber auch zu den Risiken und Grenzen von Organisationsentwicklung und darüber, ob Organisationsentwicklung überhaupt die geeignete Strategie ist, das Problem zu lösen.

Der Übergang in die zweite Phase ist wie auch zwischen den anderen fließend. In der Phase der *Falldiagnose* geht es nun darum, genau zu klären, wie sich die Problem-Situation in der Organisation darstellt. Im Zentrum der Arbeit steht, Daten und Fakten zu sammeln sowie Einstellungs- und Verhaltensmuster der Menschen in der Organisation kennenzulernen. Der Berater erkundet mit den Adressaten die wahren Probleme und Ursachen. Neben dem Formulieren des Ist-Zustands werden erste Veränderungsziele benannt.

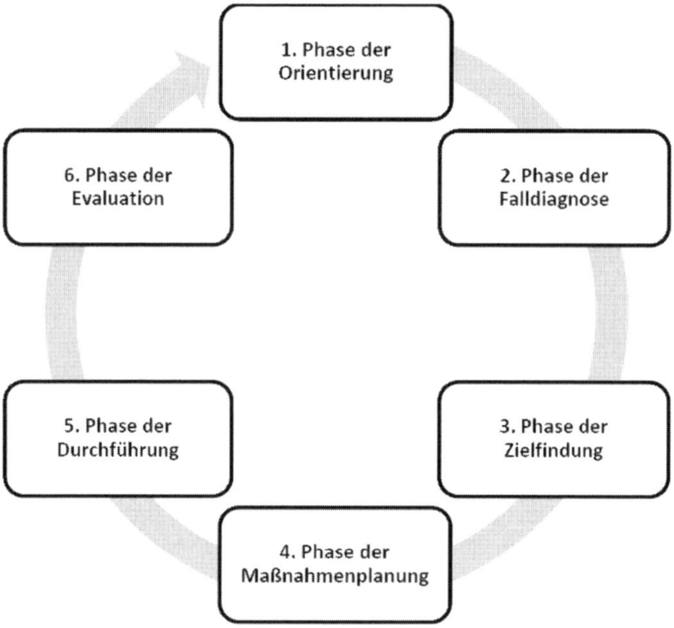

Abbildung 31:
Exemplarisches Phasenmodell eines Organisationsentwicklungs-Prozesses

Diese ersten Veränderungsziele werden in der Phase der *Zielfindung* konkretisiert und gewichtet. Neben dem bereits erstellten Ist-Zustand kommt ein Soll-Zustand dazu, also quasi eine Vision, wie die Organisation in Zukunft aussehen soll.

Diese Vision bildet dann die Grundlage für die nächste und vierte Phase, die *Maßnahmenplanung*. In dieser Phase wird genau festgelegt, welche Veränderungen, Aktionen oder Entscheidungen zur Problemlösung angestrebt werden. Wichtig ist hier noch einmal die Betonung, dass nicht der Berater allein Lösungsstrategien vorgibt, sondern die Menschen in der Organisation dazu befähigt werden sollen, selbst Lösungen für ihre Probleme zu finden. Die Lösungen sollen also aus der gleichberechtigten Kooperation von Berater-System und Adressaten-System entstehen.

In der Phase der *Durchführung* werden die konkreten Lösungspläne und Maßnahmen zur Organisationsentwicklung umgesetzt. Die vorher formulierten Ziele werden angestrebt.

Ob diese erreicht wurden, klärt sich in der letzten Phase des OE-Prozesses, der *Kontroll- und Evaluationsphase*. Hier wird überprüft und bewertet, inwieweit die gewünschten Veränderungen stattgefunden haben. Sollten bestimmte Ziele nicht oder nur unzulänglich erreicht worden sein, so wird in dieser Phase eine Analyse darüber erstellt, warum die Maßnahmen gescheitert sind und welche sich besser eignen würden. Somit beginnt der Prozess wieder mit der Orientierungsphase, da eine neue Situation entstanden ist und neue Informationen vorliegen. Der gesamte OE-Prozess durchläuft also zyklisch immer erneut alle Phasen, bis das gewünschte Ziel erreicht ist.

3.9 Lehr- /Lernprozesse während eines Organisationsentwicklungs-Prozesses

Im Folgenden geht es um die immanenten Lehr- und Lernprozesse während eines Organisationsentwicklungs-Prozesses. Das Besondere ist, dass Entwicklung und damit auch Verbesserung immer auf die Interdependenz des Lernens von Individuum sowie sozialem System beruhen. Auf der einen Seite steht der Mensch mit individuellen Lernerfolgen (z.B. Handlungskompetenz), auf der anderen Seite steht die sogenannte „lernende Organisation“, also eine u.a. eigenständige Veränderung der Organisationskultur (vgl. – falls nicht anders angegeben – für dieses Kapitel Gairing 2007, S. 190-231).

Während eines Organisationsentwicklungs-Prozesses werden zum einen verschiedene Lernebenen angesprochen, sodass zusammengefasst ganzheitliches Lernen stattfindet und zum anderen wird „in der Praxis“ gelernt, also ein hohes Maß an Handlungs- und Erfahrungslernen erzeugt.

„Ganzheitliches Lernen“
Beim ganzheitlichen Lernen geht es vor allem darum, die Lernsituationen während eines Organisationsentwicklungs-Prozesses so zu gestalten, dass verschiedene Lernebenen angesprochen werden. Es geht also dabei nicht bloß um das Erlernen von kognitivem Wissen, sondern (mindestens gleichrangig) auch um die Weiterentwicklung der kommunikativen, personalen und sozialen Kompetenzen.

Nachstehende Abbildung verdeutlicht die drei wichtigsten Lernebenen, die während eines Organisationsentwicklungs-Prozesses angesprochen werden:

Ganzheitliches Lernen		
Fachkompetenz = Summe aller berufsspezifischen Qualifikationen, Fertigkeiten und Kenntnisse, also das, was eine bestimmte Stärke an einem Anforderungsprofil aufweist (z.B. spezielle EDV- Kenntnisse).	**Sozialkompetenz** = Summe aller Qualifikationen, Fertigkeiten und Kenntnisse, die gebraucht werden, um effizient und produktiv mit anderen zusammenarbeiten zu können (z.B. Rhetorik, Toleranz usw.).	**Methodenkompetenz** = Summe aller Qualifikationen, Fertigkeiten und Kenntnisse, die jemandem helfen, benötigte Informationen zu beschaffen und zu präsentieren (z.B. Lerntechniken, Moderationstechniken).

Abbildung 32:
„Ganzheitliches Lernen“ in der Organisationsentwicklung (in Anlehnung an Gairing 2007, S. 199ff.)

Erfahrungs- und Handlungslernen
Beim Erfahrungs- und Handlungslernen während eines Organisationsentwicklungs-Prozesses geht es um Lernen für eine tatsächliche, reale Situation. Die Lerngestaltung ermöglicht den Betroffenen also eine sofortige Verwendbarkeit, die sich auch im Ausprobieren und „Fehler-machen-Dürfen“ widerspiegelt. Durch aktives Einsetzen des neu gewonnenen Wissens und durch den sozialen Austausch in der Gruppe entsteht nachhaltiges Erfahrungs- und Handlungslernen.

Bei Organisationsentwicklungs-Prozessen ist das Lernen auf ständige Reflexionsphasen aufgebaut. Dies beinhaltet, dass in regelmäßigen Zeitabständen der Lerninhalt sowie die Art und Weise, wie gelernt wird, reflektiert und gegebenenfalls verändert werden. Gregory Bateson (2001) spricht in diesem Zusammenhang von „Deutero-Lernen". Nach Bateson ist dies die sogenannte „dritte Form zu lernen", die dadurch charakterisiert wird, dass das Lernen selbst gelernt wird.

Das Reflexionslernen oder auch „Schleifenlernen" besteht aus einem kontinuierlich aufbauenden Wechsel zwischen Arbeitsphase und Reflexionsphase. Im Idealfall führt dieser Schleifen-Prozess zu einer permanenten (Selbst-) Reflexion und dadurch zu einer Verbesserung der Problemlösungsfähigkeit des Systems.

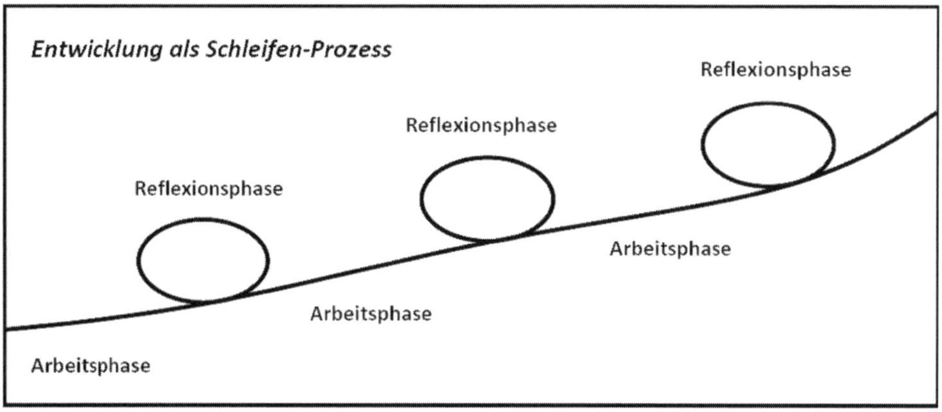

Abbildung 33:
Entwicklung als Schleifen-Prozess zwischen Arbeits- und Reflexionsphase (in Anlehnung an die Abbildung in Gairing 2007, S. 207)

Wie bereits erwähnt, lernen Menschen und Systeme während eines OE-Prozesses interdependent. Allerdings haben beide Seiten auch spezifische Lernergebnisse. Bei den Individuen sind das affektive, soziale und methodische Kompetenzen und bei dem System sind es Informationen über die eigene Organisationskultur sowie Fähigkeit der Selbst-Aufklärung.

Individuelle Lernergebnisse		**Organisationale Lernergebnisse**	
Kompetenz/Thema	**Inhalt**	**Kompetenz/Thema**	**Inhalt**
Selbstverantwortung	Persönliche Standpunkte müssen während eines OE-Prozesses gebildet, reflektiert und kommuniziert werden.	Organisationskultur	Die herrschende Kultur wird offen kommuniziert, hinterfragt und gegebenenfalls verändert.
Offene Kommunikation, Zusammenarbeit, Konfliktklärung	Kommunikation bedeutet insbesondere die Fähigkeit, offen und klar im interpersonalen Diskurs zu interagieren sowie Konflikte konstruktiv zu bearbeiten.	Macht	Machtstrukturen werden durch einen OE-Prozess aufgezeigt sowie die essentielle Bedeutung von Macht für die Sozio-Dynamik diskutiert.
Selbstreflexion	Permanente Selbstkritik und Überdenken des eigenen Handelns bilden die Grundlage für nachhaltige Entwicklung.	Selbst-Aufklärung	Die Organisation ist sich eigener Stärken und Schwächen sowie deren geschichtlicher Einbettung bewusst.

Abbildung 34:
Lernergebnisse durch Organisationsentwicklung (in Anlehnung an Gairing 2007, S. 208ff.)

3.10 Probleme und Grenzen der Organisationsentwicklung

Organisationsentwicklung bietet etliche Chancen und Möglichkeiten, für Organisationen nachhaltige Veränderungen zu entfalten. Allerdings zeigen sich beim Betrachten der Theorie und Praxis auch Grenzen, an die Organisationsentwicklung stoßen kann. Die folgende Auswahl greift die bedeutendsten Problemfelder, die bei einem Organisationsentwicklungs-Prozess entstehen können, auf:

- *Veränderung von bestehenden Machtverhältnissen*: Ein wichtiger Punkt, der oft Probleme hervorruft, ist die bereits angesprochene Frage nach Macht. Machtverteilung sowie der Einsatz von Machtmitteln spielen bei fast jedem Veränderungsprozess eine gewichtige Rolle, da immer auch Ängste um Verlust oder Umverteilung der bestehenden Machtverhältnisse das Handeln der Individuen prägen.
- *Bereitschaft der Leitung/Führung*: Trotz Basisorientierung und Mitarbeiterbeteiligung ist das „Commitment" der Leitung bzw. Führung einer Organisation bei OE-Prozessen eines der wichtigsten Erfolgskriterien. Sollte die Leitung nicht vom Prozess überzeugt sein oder die Ergebnisse und deren Umsetzung ablehnen, sind OE-Prozesse nahezu wirkungslos.
- *Organisationsentwicklung als Alibiveranstaltung*: Wird ein Organisationsentwicklungs-Prozess nur als Vorwand initiiert, um eigene Interessen durchzusetzen

oder verschiedene Parteien innerhalb der Organisation gegeneinander auszuspielen, so ist ein Erfolg im Sinne einer positiven und nachhaltigen Entwicklung der Organisation nicht möglich.

- *Unrealistische Erwartungen*: Leider sind zu hohe Zielvorstellungen an Organisationsentwicklung sehr oft ein Grund für das Scheitern. Oft sind die Probleme bei Organisationsentwicklungs-Prozessen aber nicht unerfüllbare Anforderungen, sondern eine verzerrte Auffassung bei den Adressaten darüber, was Organisationsentwicklung überhaupt ist und leisten kann.
- *Unfähigkeiten des Beratersystems*: Um erfolgreiche Veränderungsprozesse zu begleiten, brauchen der Moderator oder der externe Berater neben Fachkompetenzen auch ein hohes Maß an Sozial- und Handlungskompetenzen. Da es keine verbindlichen Ausbildungsstandards gibt und auch der Begriff „Organisationsentwickler / Organisationsberater“ nicht geschützt ist, erhöht sich die Gefahr an unqualifizierte Berater zu gelangen erheblich.
- *Zu große Widerstände in der Organisation*: Es ist sicherlich utopisch, Veränderungsprozesse durchführen zu können, ohne dass in der Organisation Gegenstimmen aufkommen. Wenn allerdings die Mehrzahl der betroffenen Menschen den geplanten Veränderungen großen Widerstand entgegenbringt, ist ein dauerhafter Erfolg eines OE-Prozesses schwer erreichbar. Besonders wichtig ist es, dass die Personen, die die Schlüsselpositionen in einer Organisation besetzen, von dem Organisationsentwicklungs-Prozess überzeugt sind und ihn unterstützen.

3.11 Methoden der Organisationsentwicklung

In jeder Prozess-Phase bedient sich die Organisationsentwicklung unterschiedlichster Methoden, vornehmlich aus den Sozialwissenschaften, der Pädagogik und der Psychologie. Z.B. gibt es eine ganze Reihe von Methoden zur Organisationsdiagnose, Zielfindung oder Prozess-Auswertung. Die Beraterseite hat bei der Auswahl der Methoden wichtige Überlegungen und Entscheidungen zu treffen, die unmittelbar sowie langfristig das Ergebnis beeinflussen. Die Methoden müssen zum Auftrag, zur Organisation und zur Situation passen. Wenn falsche Methoden gewählt werden oder die Ausführung Mängel offenbart, entstehen nicht selten fatale Folgen für den Gesamtprozess.

Die Methoden lassen sich in drei Bereiche einteilen, allerdings mit fließenden Übergängen:

Abbildung 35:
Methodenspektrum der Organisationsentwicklung (in Anlehnung an die Aussagen von Becker/Langosch 2002, S. 58-62)

Bei den *Methoden der Systemtechnik* geht es darum, Aufgaben und Probleme möglichst effizient zu lösen. Normalerweise sind dies äußerst komplexe Probleme, bei denen unter Berücksichtigung der gesamten Systemumwelt versucht wird, das vorhandene System zu verändern. Die Systemtechnik verwendet u.a. folgende Methoden: Risikominimierung, Analyse potenzieller Probleme, Entscheidungsanalyse, Projektplanung. Die Organisationslehre bietet neben der Systemtechnik Methoden zur Organisationsanalyse (z.B. Survey-Feedback-Methode). Bei der Organisationsanalyse geht es allgemein um eine Datenerhebung sowie Rückkopplung der aufbereiteten Daten an die Organisationsmitglieder, um Problembereiche zu verdeutlichen bzw. frühzeitig zu erkennen und um in einem nächsten Schritt entsprechende Handlungskompetenzen zu entwickeln. Unter den Bereich der Systemtechnik und Organisationslehre fallen auch Methoden der Organisationspsychologie.

Die *Methoden der Gesprächs- und Beratungstechniken* gliedern sich weiter auf in Methoden, die die klientenzentrierte Beratung betreffen, d. h. dies sind Methoden, die zunächst die Beziehung zwischen dem Berater und den Mitgliedern der Organisation herstellen und formen sowie darüber hinaus auch als Problemlösungshilfe eingesetzt werden können. Klientenzentrierte Methoden sind u.a. non-direktive Gesprächsführung, aktives Zuhören, verschiedene Fragetechniken. Weiter fallen unter die Methoden der Gesprächs- und Beratungstechniken die Moderationsmethoden. Sie finden ihren Einsatz z.B. bei der Darstellung von Daten und Ergebnissen sowie Moderation von Tagungen, Gesprächsrunden oder Trainings. Bei den

Moderationsmethoden geht es u.a. um Visualisierungstechniken und Gruppenleitung. Der dritte Methodenbereich, der zu den Gesprächs- und Beratungstechniken gehört, beinhaltet Techniken der Gesprächsführung. Besonders zu nennen ist hier die themenzentrierte Interaktion (TZI) der Psychoanalytikerin Ruth Cohn (1997). Bei der TZI geht es darum, dass sich in zielorientierten Gesprächsgruppen der Einzelne (Ich), die Gruppe (Wir) und das Thema (Es) in einem Zusammenspiel mit der gesamten Umwelt gegenseitig beeinflussen.

Bei den *Methoden der Gruppenpädagogik und Gruppendynamik* geht es um das Anleiten und Fördern von Veränderungsprozessen. Organisationsentwicklung versteht Veränderungsprozesse immer auch als Interaktionsprozesse zwischen den beteiligten Menschen. Daher ist es wichtig, dass die Beteiligten aktiviert werden und an dem entstehenden Interaktionsprozess mitwirken. Eine besondere Bedeutung der Gruppendynamik besteht beim Erkennen und Überwinden zwischenmenschlicher Konflikte sowie bei der Verbesserung der Kommunikation in Organisationen.

Der gezielte Einsatz von gruppenpädagogischen und gruppendynamischen Methoden hat folgende positive Funktionen (vgl. u.a. Franke 1975; Rüttinger/Sauer 2000): Das Verwenden von Methoden der Gruppendynamik fördert die Selbst- und Fremdwahrnehmung, es entsteht eine bessere Information und Kommunikation unter den Beteiligten und es entwickelt sich ein „Wir-Denken", es entsteht Kooperation statt des üblichen Konkurrenzdenkens.

Großgruppenverfahren wie z.B. Zukunftskonferenzen, Appreciative Inquirys, World Cafés oder Real-Time-Strategic-Change-Veranstaltungen (vgl. z.B. Dittrich-Brauner u.a. 2008) lassen sich der Kategorie der Gruppenpädagogik und Gruppendynamik zuordnen. Großgruppenverfahren sind zum einen innerhalb von OE-Prozessen angesiedelt und haben den Charakter einer Methode, um z.B. Veränderungen einzuleiten (Einsatz während der Diagnose-Phase) oder Veränderungsprozesse auszuwerten (Einsatz während der Evaluations-Phase). Zum anderen sind Großgruppenverfahren auch eigenständige Maßnahmen, d. h. sie bilden unter bestimmten Voraussetzungen den Hauptbestandteil eines OE-Prozesses in einer bestimmten Organisation. Eine Großgruppenveranstaltung besteht zwar als eigenständige Methode, integriert allerdings auch unterschiedlichste Methoden, auch aus anderen Methoden-Bereichen (z.B. Gesprächsführung, Moderationstechniken).

Frage zum Themenbereich „Grundlagen der Organisationsentwicklung"

- Das deutsche Bildungssystem – vom Elementar- bis zum Tertiärbereich – ist bereits seit Jahren chronisch unterfinanziert und dabei im internationalen Vergleich unteres Mittelfeld. Gleiches gilt für den gesamten Bereich der Weiterbildung in Deutschland. Entgegen der Notwendigkeit verstärkter Bildungsinvestitionen – insbesondere im Kontext des Lebenslangen Lernens – bei Individuen, Unternehmen und Staat lässt sich empirisch allerdings die Entwicklung erkennen, dass finanzielle Förderungen stetig sinken.

Diskutieren Sie mögliche Auswirkungen sinkender öffentlicher Mittel für Weiterbildung und überlegen Sie, welche Möglichkeiten eine Weiterbildungseinrichtung hat, durch gezielte Organisationsentwicklung auf die Problemlage zu reagieren.

Literatur zur Vertiefung

Schiersmann, C./Thiel, H.-U. (2009): Organisationsentwicklung: Prinzipien und Strategien von Veränderungsprozessen. Wiesbaden. Aktuelles und umfangreiches Lehrbuch über Organisationsentwicklung. Neben der Klärung der Rahmenbedingungen eines OE-Prozesses werden u.a. auch Projekte als Kern organisationaler Veränderungsprozesse, die Optimierung von Ablaufprozessen durch Prozessmanagement oder die strategische Veränderung durch Führungskräfte angesprochen.

von Ameln, F./Kramer, J. (2007): Organisationen in Bewegung bringen: Handlungsorientierte Methoden für die Personal-, Team- und Organisationsentwicklung. Heidelberg. Das Buch beschäftigt sich mit handlungsorientierten Beratungs- und Trainingsmethoden. Vorgestellt und diskutiert werden u.a. das Soziodrama, Planspiel, Outdoor-Training, Organisationsaufstellungen oder Unternehmenstheater. Neben ausführlichen Darstellungen der einzelnen Verfahren durch die Autoren geben namhafte Experten in Gastbeiträgen zusätzliche Tipps für die Praxis und zu spezifischen Anwendungsfragen. Das Buch eignet sich daher gut als Ergänzung zu theoriebasierten Einführungen zur Organisationsentwicklung.

4 Organisationsberatung

Dieses Kapitel befasst sich mit dem Thema Organisationsberatung in der Weiterbildung. Neben einem einleitenden Überblick über Beratung in der Weiterbildung, in dem es vorwiegend darum geht, den Beratungsbegriff zu erfassen, werden die geschichtliche Entwicklung, Beratungsanlässe sowie relevante theoretische Bezüge vorgestellt, bevor dann eingehender das Thema Organisationsberatung erörtert wird. Dargestellt werden zudem konzeptionelle Elemente und praktische Erfahrungen mit der pädagogischen Organisationsberatung. Abschließend werden Kompetenzanforderungen an Berater/innen von Weiterbildungseinrichtungen diskutiert.

4.1 Grundlagen der Beratung in der Weiterbildung

Beratung ist zunächst einmal ein alltäglicher Bestandteil unserer zwischenmenschlichen Interaktionen und wird mehr oder weniger hilfreich ausgeführt. Sie ist heute aber auch eines der am meisten entwickelten und vielfältigsten professionellen Hilfeangebote und ist insbesondere in medizinischen und psychologischen Arbeitsfeldern präsent. Zudem wird Beratung als ein immer größer werdender Bestandteil pädagogischen Handelns gesehen (vgl. Krause 2003a, S. 15). Folgende Abbildung macht deutlich, in welchen Bezügen sich die Beratung als pädagogische Handlungsform bewegt:

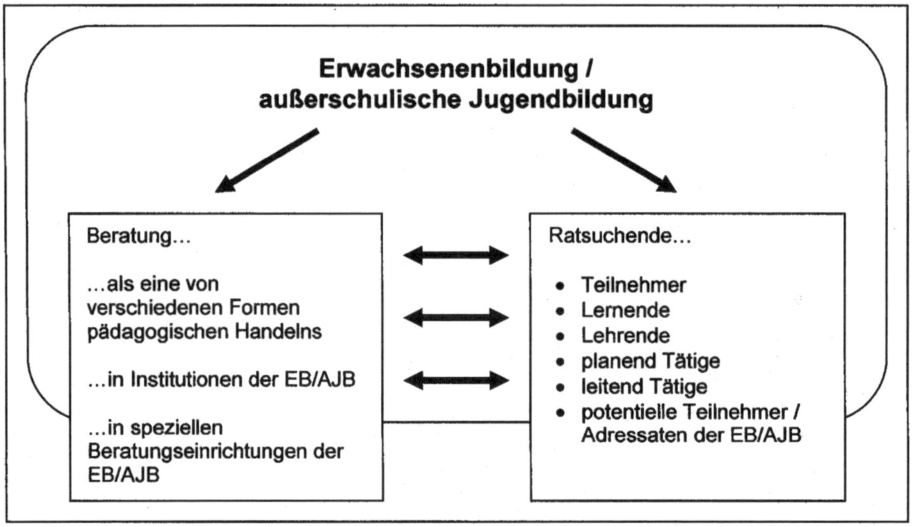

Abbildung 36:
Beratung in der Erwachsenenbildung und außerschulischen Jugendbildung (Sauer-Schiffer 2004, S. 10)

Deutlich wird auch, dass Beratung sowohl in spezifischen Beratungsinstitutionen angeboten wird, als auch integrierter Teil des pädagogischen Handelns im Bereich Erwachsenenbildung /außerschulischer Jugendarbeit ist. Zu beachten wäre, dass Erwachsenenbildung kein klar umgrenzter Bereich ist und oft fließend zu anderen Aufgabenfeldern der Erziehungswissenschaft (z.B. Sozialpädagogik/Sozialarbeit) oder aber auch anderen Fachdisziplinen wie etwa Psychologie oder Soziologie übergeht. Diese Erkenntnis führt dazu, dass eine klare Definition, was Beratung im pädagogischen Handlungskontext ausmacht, sich zuweilen problematisch gestaltet.

Zudem ist es schwierig, aufgrund differenzierter Beratungsansätze eine allgemein gültige Definition von Beratung zu geben. Um den Beratungsbegriff dennoch erfassen zu können, sollen zunächst einmal drei unterschiedliche Definitionen vorgestellt werden:

1) „Beratung ist in ihrem Kern jene Form einer interventiven und präventiven helfenden Beziehung, in der ein Berater mittels sprachlicher Kommunikation und auf der Grundlage anregender und stützender Methoden innerhalb eines vergleichsweise kurzen Zeitraums versucht, bei einem desorientierten, inadäquat belasteten oder entlasteten Klienten einen auf kognitiv-emotionale Einsicht fundierten aktiven Lernprozess in Gang zu bringen, in dessen Verlauf seine Selbsthilfebereitschaft, seine Selbststeuerungsfähigkeit und seine Handlungskompetenz verbessert werden können (Dietrich 1983).

2) Beratung ist eine freiwillige, kurzfristige, oft situative, soziale Interaktion zwischen Ratsuchenden (Klienten) und Berater mit dem Ziel, im Beratungsprozess eine Entscheidungshilfe zur Bewältigung eines vom Klienten vorgegebenen aktuellen Problems durch Vermittlung von Informationen und/oder Einüben von Fertigkeiten gemeinsam zu erarbeiten (Schwarzer/Posse 1986).

3) Beratung ist eine professionelle, wissenschaftlich fundierte Hilfe, welche Rat und Hilfe suchenden Einzelnen oder Gruppen auf der Basis des kommunikativen Miteinander vorbeugend, in Krisensituationen sowie in sonstigen Konfliktlagen aktuell und nachbetreuend, dient. Somit darf Beratung keinesfalls bestimmte Entscheidungen dem Ratsuchenden aufdrängen bzw. diese durch offenen oder versteckten Machtmissbrauch erzwingen. Kennzeichnend für das Spezifische für diesen Kontakt ist, dass die Probleme des Ratsuchenden den Mittelpunkt bilden (Brem-Gräser 1993).

Abbildung 37:
Definitionen von Beratung (vgl. Krause 2003a, S. 22f.)

Fasst man die Kernaussagen der Definitionen zusammen, so sind die wesentlichen Komponenten von Beratung das Vorhandensein eines Beratersystems, eines Klientensystems (mit einem Problem) sowie der Interaktion und Kommunikation zwischen beiden. Im Fokus des Beratungsprozesses steht die Hilfestellung zur Selbsthilfe. D.h. jeder, der ein Problem hat und Rat beansprucht, wird „nur“ von der Beraterseite unterstützt, indem Orientierung und Lösungswege aufgezeigt werden. Die Beraterseite diktiert keine fertigen Lösungen. Entscheiden muss am

Ende der Ratsuchende selbst und in eigener Verantwortung. Als Grundlage dazu ist es allerdings elementar wichtig, dass die Beratung auf Freiwilligkeit aufbaut (vgl. Krause 2003a, S. 23f.).

Es lassen sich demnach zwei übergreifende Ziele von Beratung ausmachen (Kil/Thöne 2001, S. 134):

1. **Förderung der Problemlösefähigkeit**: Der Beratene soll in die Lage versetzt werden, die Konflikthaftigkeit zu erkennen, Ursachen transparent werden zu lassen, den Konflikt effizient und mit möglichst einfachen Mitteln zu lösen.
2. **Hilfe zur Selbsthilfe**: In der Beratung soll der Beratene nicht sein Angewiesensein auf den Berater, sondern die Stärkung seiner eigenen Kräfte zur Problemlösung erfahren.

Zum Zusammenhang von Bildung und Beratung

„Bildung" und „Beratung" beinhalten im Grunde ähnlich aufklärerische und emanzipatorische Leitideen. Sieht man sich die klassischen Bildungstheorien an, bedeutet „Bildung den Prozess und das Ziel

- der Kräftebildung
- der Selbstentfaltung und
- der Selbstverwirklichung jedes Menschen in Auseinandersetzung mit der Welt.

Bildung ist ein Gesamtkonzept zur Erziehung zur Ungleichheit" (Schlutz 2001, S. 48; zitiert nach: Sauer-Schiffer 2004, S. 15).

Beratung richtet genauso seine Blickrichtung auf das Subjekt, folgt man einer der vielen Definitionen pädagogischer Beratung:

„Pädagogische Hilfestellung durch Beratung zielt durch besseres Verstehen des Einzelnen

- auf Aktivierung der Selbstbehauptungskräfte des Einzelnen
- auf Aktivierung seiner Fähigkeiten zur Selbsteinsicht und
- der Fähigkeit zur Neuorientierung seiner Einstellungen und Verhaltensweisen und zur Erkundung möglichst eigenständiger Lösungsmöglichkeiten von Problemen" (Aurin 1984, S. 18; zitiert nach: Sauer-Schiffer 2004, S. 15.)

Bildung und Beratung verbindet zudem, dass sie beide solche Prozesse anstoßen, die es Menschen ermöglichen, autonom, kritisch und in Achtung vor den Mitmenschen und der Natur in der Welt leben (vgl. Sauer-Schiffer 2004, S. 15).

Zur Abgrenzung von Beratung und Therapie

Der Versuch, Beratung gegenüber der (psychologischen) Interventionsform der Therapie abzugrenzen, gestaltet sich schwer. Die Begriffe werden oft synonym verwendet. Gerade psychoanalytische Verfahren werden sowohl zur Beratung als auch zur Therapie gezählt. Wenn eine Unterscheidung zwischen Beratung und Therapie vorgenommen wird, bezieht sie sich vorwiegend auf folgende Punkte:

- Beratung beschäftigt sich (meistens) mit aktuellen Problemlagen und versucht gegebenenfalls auch präventiv zu arbeiten;
- Therapie hingegen setzt vorwiegend bei schweren (Persönlichkeits-)Störungen an und beschäftigt sich tiefer gehend mit dem „Inneren“ des Menschen;
- Therapie dauert in der Regel wesentlich länger als Beratung;
- das Verhältnis zwischen Ratsuchendem und Berater ist meistens auf einer Ebene (Beratung mit unterstützender Funktion). Bei dem Verhältnis zwischen Klienten und Therapeuten kann es zu einer Ebenenverschiebung kommen (Therapie mit aufdeckender und behandelnder Funktion).

Folgende Abbildung verdeutlicht die Schnittstellen und Abgrenzungen der Handlungsformen Beratung und Therapie:

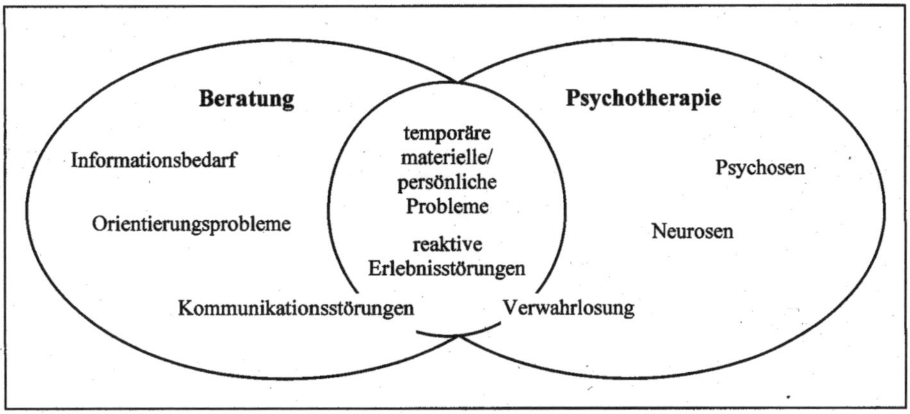

Abbildung 38:
Schnittstellen von Beratung und Psychotherapie (vgl. Sauer-Schiffer 2004, S. 44; in Anlehnung an Mrochen 1999, S. 11)

4.1.1 Theoriebezüge der Beratung

Von einer Beratungstheorie kann begründet kaum gesprochen werden. Beratungskonzepte orientieren sich in der Praxis zumeist an unterschiedlichen theoretischen Grundlagen. Grob vereinfacht lassen sich verschiedene Beratungsansätze auf folgende Theoriebereiche orientieren.

Theoriebereich	**Beratungsansatz (Auswahl)**
Psychodynamische Beratungstheorien	▪ Psychoanalyse ▪ Individualpsychologie
Humanistische Beratungstheorien	▪ Klientenzentrierte Beratung ▪ Gestalttherapie ▪ Psychodrama ▪ Transaktionsanalyse
Lern- und verhaltensorientierte Beratungstheorien	▪ Verhaltenstherapie ▪ Rational-emotive und kognitiv-behavioristische Therapie ▪ Desensibilisierung und Angstbewältigung
Systemtheoretische Beratungstheorien	▪ Systemisch orientierte Einzelberatung ▪ Familienberatung ▪ Systemberatung

Abbildung 39:
Auswahl verschiedener Theoriebezüge von Beratung

Psychodynamische Beratungstheorien
Die psychodynamischen Beratungstheorien beschäftigen sich mit der verborgenen Seite der menschlichen Psyche. Es geht um die versteckte Macht der Triebkräfte, die jeder Mensch in sich hat. Verhalten wird demnach bestimmt durch psychische Energie und frühe Erfahrungen. Unbewusste Motive und Konflikte beeinflussen und lenken das aktuelle Verhalten. Besonders sind es die sexuellen und aggressiven Impulse, die das menschliche Verhalten beeinflussen. Psychodynamische Beratungskonzepte suchen besonders in der frühkindlichen Entwicklung nach Anhaltspunkten und Ursachen für aktuelle Probleme. Diese Grundannahme spiegelt sich auch in den Beratungsmethoden wider, auf die psychodynamisch orientierte Berater zurückgreifen. Traumdeutung, Interpretationen, freie Assoziationen und Fallanalysen gehören zu den gängigsten Techniken während einer Beratungsphase.

Vorrangiges Ziel der psychodynamischen Beratungstheorien ist das Bewusstmachen des Unbewussten, und zwar unter der Bedingung, dass die „normale“ Persönlichkeit des Klienten wiederhergestellt wird.

Humanistische Beratungstheorien
Die humanistischen Beratungsansätze haben die gemeinsame Grundannahme, dass der Mensch als Einheit von Körper-Seele-Geist, eingebunden in ein größeres Ganzes zu betrachten ist. In jedem Menschen wohnt überdies eine Tendenz, sich zu entwickeln und zu entfalten. Und schließlich geht man davon aus, dass die Beziehungen zu und der Dialog mit anderen Menschen und der Umwelt ganz wesentlich sind für die Klärung von Schwierigkeiten und Problemen, die in der Beratung zur Sprache gekommen sind. Kurz: der Mensch ist eine Ganzheit von Körper-Seele-Geist und Spiritualität, er strebt zur Entfaltung, wobei die Beziehungen zu anderen und zur Umwelt grundlegend sind (vgl. Fuhr 2003, S. 104f.).

Das Beratungsziel der humanistischen Beratungstheorien spiegelt sich darin wider, dass der Klient als autonomer Mensch bestimmen kann (und soll) wie er sein und leben möchte. Er soll dabei durch die Beratung unterstützt werden, sodass er selbstständig Entscheidungen treffen und sie reflektieren kann.

Lern- und verhaltensorientierte Beratungstheorien
Die zentrale Grundannahme der Lern- und verhaltensorientierten Beratungstheorien ist die, dass jeder Mensch im Grundsatz lernfähig ist. D.h. in allen Bereichen, sei es Verhalten oder bestimmte Eigenschaften, hat der Mensch die Möglichkeiten, Veränderungen im Sinne einer (Weiter-)Entwicklung zu vollziehen. Hier wird also Verhalten als ein Produkt von Lernen gesehen. Verhalten wird durch Verstärkung und Imitation gelernt, aktuelle Probleme sind Ergebnisse falsch gelaufener Lernprozesse (vgl. Ertelt/Schulz 1997).

Ziel der lern- und verhaltensorientierten Beratungstheorien ist das Reduzieren (bis zum Eliminieren) von fehlangepasstem Verhalten durch das gezielte Initiieren von förderlichen Lernprozessen. Im Mittelpunkt stehen die Einflussfaktoren auf das Verhalten und Möglichkeiten zur Änderung problematischen Verhaltens. Der Mensch spielt dabei eine aktive Rolle, dies vor allem beim Setzen von Handlungszielen und bei der Bewertung, wie gut diese Ziele erreicht wurden.

Systemtheoretische Beratungstheorien
Ausgehend von der Systemtheorie wird das Verhalten (und somit auch aktuelle Probleme) der Menschen immer beeinflusst von den Faktoren Umwelt, Zeit und den Gegebenheiten der Organisation (z.B. Größe, Struktur). Bei angestrebten Verhaltensänderungen sind also immer auch die anderen Faktoren mit ihrem Einfluss auf das individuelle Verhalten hin zu beleuchten und ggf. zu verändern. Geprägt sind die systemtheoretischen Beratungstheorien zudem durch ein systemisches Paradigma, d.h. die Suche nach den Ursachen von Problemen erfolgt nicht linearkausal (Ursache-Wirkungs-Denken) sondern durch eine Betrachtungsweise, die ein komplexes Interaktionsfeld im Blick hat (es gibt immer multikausale Zusammenhänge für Probleme). Zentraler Begriff ist in diesem Sinne die „Zirkularität" (vgl. Krause 2003b, S. 129ff.). Die Betonung des „zirkulären Denkens" ist die grundlegende Prämisse im systemischen Konzept. Die systemische Betrachtungsweise sucht nicht nach Ursachen, sondern nach Regeln (Zusammenhängen) von aktuellen Problemen.

Ziel der systemtheoretischen Beratungstheorien ist eine ganzheitliche Beratung und als Konsequenz daraus die Selbsterhaltung des Individuums im jeweiligen Systemkontext.

4.1.2 Geschichtliche Entwicklung von Beratung in der Weiterbildung

Beratung als eigenständige Handlungsform und neuer Funktionsbereich im Bildungssystem war ein Kind der Bildungsreform der 1960er- und 1970er-Jahre. Sie wurde als dritter Aufgabenbereich neben dem Lehr-/Lern- und dem Organisations-/Planungsbereich etabliert (vgl. Mader 1999).

Diese Etablierung ging einher mit einer zunehmenden Professionalisierung pädagogischer Berufe (vgl. zu folgenden Ausführungen der geschichtlichen Entwicklung der Beratung Sauer-Schiffer 2004, S. 16-29). Im Zuge der Bildungsreform wurde die pädagogische Ausbildung neu geregelt. Es entstanden z.B. Studiengänge, in denen Erziehungswissenschaften auf Diplom studiert werden konnten. Leitideen in der Pädagogik und Erwachsenenbildung waren Emanzipation und Lebenslanges Lernen. Diese Leitideen förderten, dass sich Autonomie, Entscheidungsfreiheit und Freiwilligkeit als Grundlagen der Beratung herausbildeten. Beratung wurde in dieser Zeit als kommunikativer Interaktionsprozess gesehen, bei dem der Ratsuchende um Selbstaufklärung und Problemlösung bemüht ist.

Der Strukturplan des Deutschen Bildungsrats von 1970 bezeichnete dann „Beratung als Strukturelement des Bildungswesens". Zum ersten Mal wurde der Begriff der „Weiterbildungsberatung" durch den Strukturplan erwähnt und festgeschrieben. 1973 wurden dann durch die Kultusministerkonferenz feste Beratungsinstanzen beschlossen (Bund-Länder-Kommission 1973). Daraufhin wird Beratung mit speziellen Ausdifferenzierungen in Schule, Hochschule und der Weiterbildung institutionalisiert. Eine Institutionalisierung von Beratung in der Weiterbildung ist jedoch bis heute nur punktuell geschehen.

Mit der sogenannten „reflexiven Wende" Anfang der 1980er-Jahre wurde in der Erwachsenenbildung die Rolle des lernenden Subjekts stärker betont. Bildung, so wurde verlangt, musste stärker als zuvor auf die einzelnen Individuen Bezug nehmen.

Aus dieser Forderung folgte, dass zahlreiche didaktische Konzepte (z.B. Zielgruppenarbeit oder Teilnehmerorientierung), die bis heute Gültigkeit besitzen, entstanden. Für die Beratung in der Erwachsenenbildung entstanden neue Arbeitsfelder wie Bildungslaufbahnberatung, Lernberatung, Teilnehmerberatung oder Zielgruppenberatung (für Frauen, Arbeitslose, Ausländer usw.). In dieser Zeit wurde auch die Debatte um die Abgrenzungsproblematik zwischen Beratung und (Psycho-) Therapie intensiv geführt.

In den Achtzigerjahren und speziell auch mit der deutschen Einigung ab Anfang der Neunzigerjahren erfuhr die Weiterbildung vor dem Hintergrund sich verändernder Qualifikationsanforderungen auf dem immer defizitärer werdenden Arbeitsmarkt eine zunehmende Bedeutung. Weiterbildung entwickelte sich immer marktförmiger und wurde insgesamt zu einem expansiven Bildungsbereich.

Vor dem Hintergrund von Qualifizierungsanforderungen wurde Beratung in dieser Zeit im wissenschaftlichen Kontext folgendermaßen diskutiert (vgl. Mader 2001):

- Beratung als Entscheidungshilfe für den Weiterbildungsmarkt
- Beratung als „Scharnierstelle zwischen Angebot und Teilnahmeentscheidung" (Gieseke 1997, S. 92)
- Beratung wurde eine „Gelenkstellenfunktion zwischen Anbieter- und Nachfrageseite" zugewiesen (Bauer 1991, S. 382)
- oder Beratung wurde als „Motor in der pluralen Weiterbildungslandschaft" entworfen (Landesinstitut 1997, S. 111)

Beratung hat sich als integraler Bestandteil (erwachsenen-) pädagogischen Handelns etabliert. Im Vordergrund der inhaltlichen Diskussion stand dabei die (Weiter-) Bildungsberatung.

Ab Mitte bis Ende der 1990er-Jahre erlebte die Beratung vor allem in der praxisorientierten Erwachsenenbildung einen regelrechten Boom, deren Ausläufer bis heute reichen. Die zunehmende Ausdifferenzierung in Theorie und Praxis führte dazu, dass Beratung als wichtiger Bestandteil eines professionellen pädagogischen Handelns angesehen wird. Sie wird heute im pädagogischen Kontext in vielen Bereichen nachgefragt und zum großen Teil in professioneller Form angeboten.

Es gibt augenscheinlich kaum einen pädagogischen Handlungsbereich, in dem Beratung, in welcher Form auch immer, nicht Bestandteil des Handelns geworden ist. So steigen auch die Anforderungen an angehende, aber auch bereits im Feld aktive Erwachsenenpädagogen, sich intensiv mit Beratung, gleichermaßen in theoretischen Gefügen aber auch in der praktischen Anwendung auseinanderzusetzen. Dazu gibt es etliche Zusatzausbildungen und nebenberufliche Qualifizierungen. Zudem ist zu bemerken, dass (erwachsenen-)pädagogische Studiengänge das Thema Beratung verstärkt in die Ausbildung integrieren.

Folgende Abbildung fasst die geschichtliche Entwicklung der Beratung in der Erwachsenenbildung und außerschulischen Jugendbildung anhand von sechs Phasen zusammen:

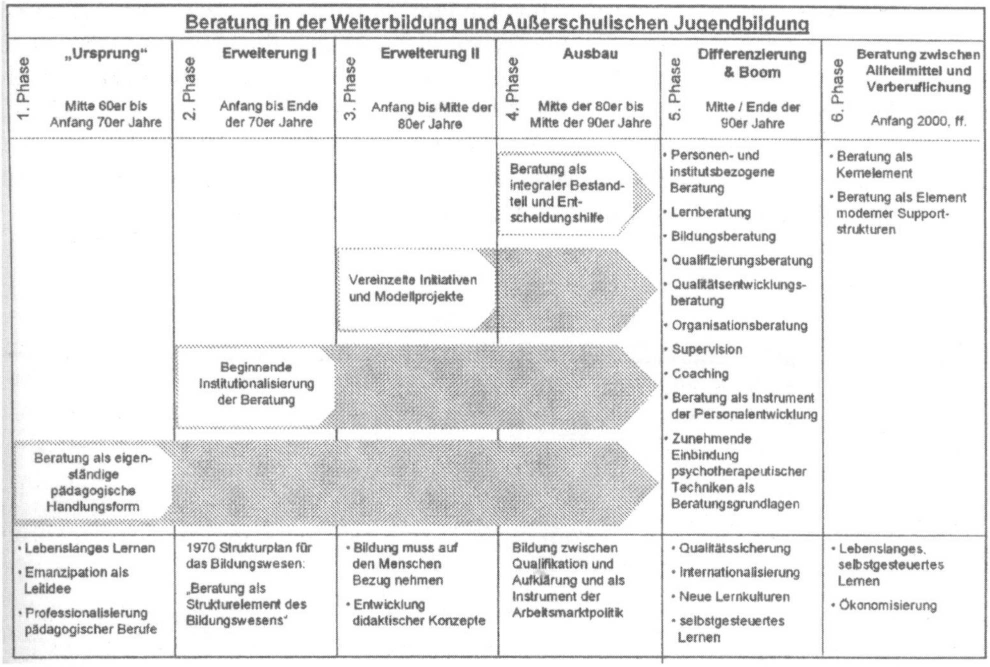

Abbildung 40:
Überblick über die Phasen der Entwicklung von Beratung in der EB/AJB
(Sauer-Schiffer 2004, S. 17)

4.1.3 Beratungsformen in der Weiterbildung

Beratung im Kontext der Weiterbildung ist sehr differenziert. Sie steht dabei für vieles: z.B. für Lernberatung, Qualifizierungsberatung, Problemberatung, psychologische Beratung oder auch Beratung von Organisationen. Beratung findet zum einen in spezifischen (Weiter-) Bildungsberatungseinrichtungen statt und zum anderen ist sie integrierter Teil des pädagogischen Handelns im Bereich der Erwachsenenbildung und außerschulischen Jugendbildung (vgl. Sauer-Schiffer 2004).

Es gibt verschiedene Ansätze, die einzelnen Beratungsformen in der Erwachsenenbildung/Weiterbildung zu strukturieren. So gibt es die Unterscheidung zwischen fünf Anwendungsbereichen, in denen Beratung als pädagogische Arbeitsform erkennbar ist (vgl. Gieseke 2000, S. 10f.):

1) *Beratung zur individuellen Entscheidungsfindung für eine Bildungs- oder Qualifizierungsteilnahme*
   - Beratung als Bildungsberatung unterstützt den „Entscheidungs- und Findungsprozess" (Mader 1996), wobei Motive, Wünsche, Lebensrealitäten und bisherige Bildungswege aufeinander abzustimmen sind. Beratung ist somit eine Hilfe, schwierige Lebenssituationen zu überwinden.
2) *Psychosoziale Beratung in Lebenskrisen, angelegt als sozialpädagogische Intervention*
   - Psychosoziale Beratung findet vor allem in sozialpädagogischen Bereichen statt. In der Beratung geht es darum, Hilfe und Unterstützung anzubieten, um einen Ressourcenverlust beim Ratsuchenden zu verhindern und ihn zu befähigen, selbst auf eigene Ressourcen gezielt zurückgreifen zu können und diese zu erweitern. Mit Ressourcen sind in diesem Zusammenhang alle Dinge gemeint, die zur Lebensbewältigung und Lebensgestaltung benötigt werden (vgl. Ressourcenmodell von Nestmann 1998).
3) *Lernberatung zur Behebung von Lernschwierigkeiten im Prozess*
   - Bei Lernschwierigkeiten und Lernproblemen (z.B. wenn ein Kursabbruch droht) hat die Lernberatung eine besondere Bedeutung. Hier geht es darum, durch gezielte Individualisierung mithilfe von Diagnostik Hilfen anzubieten, die es ermöglichen, Probleme, die den Lernprozess behindern, zu überbrücken (vgl. Fuchs-Brüninghof 2000).
4) *Lernberatung als pädagogische Begleitung in einem sich selbst steuernden Lernprozess*
   - Beratung hat im erwachsenenpädagogischen Diskurs einen positiven Bedeutungshof, der sich mit einem Interesse an neuen Lehr- und Lernkulturen verbindet. Im Beratungsbegriff sammelt sich die Hoffnung auf neue Anregungen über didaktische Ausgestaltungen von Lehr- und Lernarrangements. Fundiert durch theoretische Rezeption und feldspezifische Auslegungen konstruktivistischer Diskurse soll die Orientierung auf das Subjekt in der Weiterbildung über die Teilnehmerorientierung hinaus zum beratenden Lernen als Unterstützung für selbstgesteuertes Lernen ausgeweitet werden (vgl. Arnold/Siebert 1997).

5) Institutionelle Beratung zur Organisationsentwicklung

- Beratung ist hier der Anstoß zu lernen. Meist erfolgt die Beratung als Intervention von außen bei gleichzeitiger Anforderung, selbstreflexiv eine Leistungsbilanz zu ziehen, sich neue Profile zu erarbeiten und Innovationen anzustoßen. Beratung soll aber darüber hinaus auch dazu dienen, Kooperationen anzubahnen und Synergieeffekte zu erzeugen (vgl. z.B. Meisel 2000).

Eine weitere Strukturierung der Beratungsformen in der Erwachsenenbildung/ Weiterbildung erfolgt anhand der Unterscheidung zwischen personenbezogenen und institutionsbezogenen Beratungsanlässen:

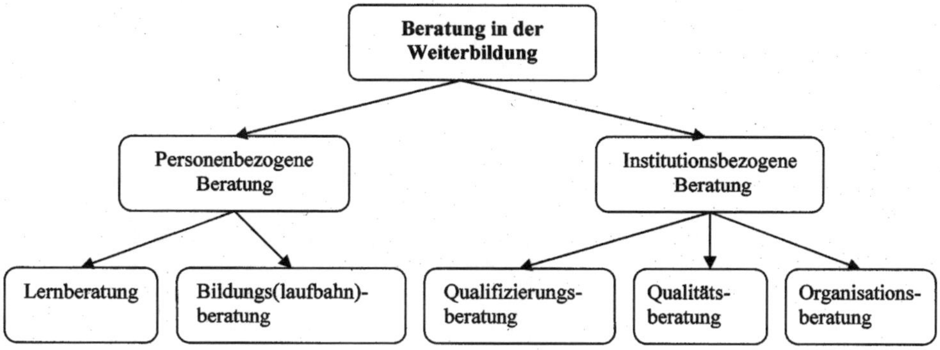

Abbildung 41:
Beratung in der Weiterbildung (Schiersmann 2000, S. 20)

Sauer-Schiffer (2004, S. 32) ordnet die Beratungsformen in der Weiterbildung den klassischen Ebenen didaktischen Handelns zu (vgl. hierzu Weinberg 2000, S. 48ff.). Der Vorteil dieses Modells liegt darin, dass es die Interdependenz in und zwischen den Ebenen deutlich macht:

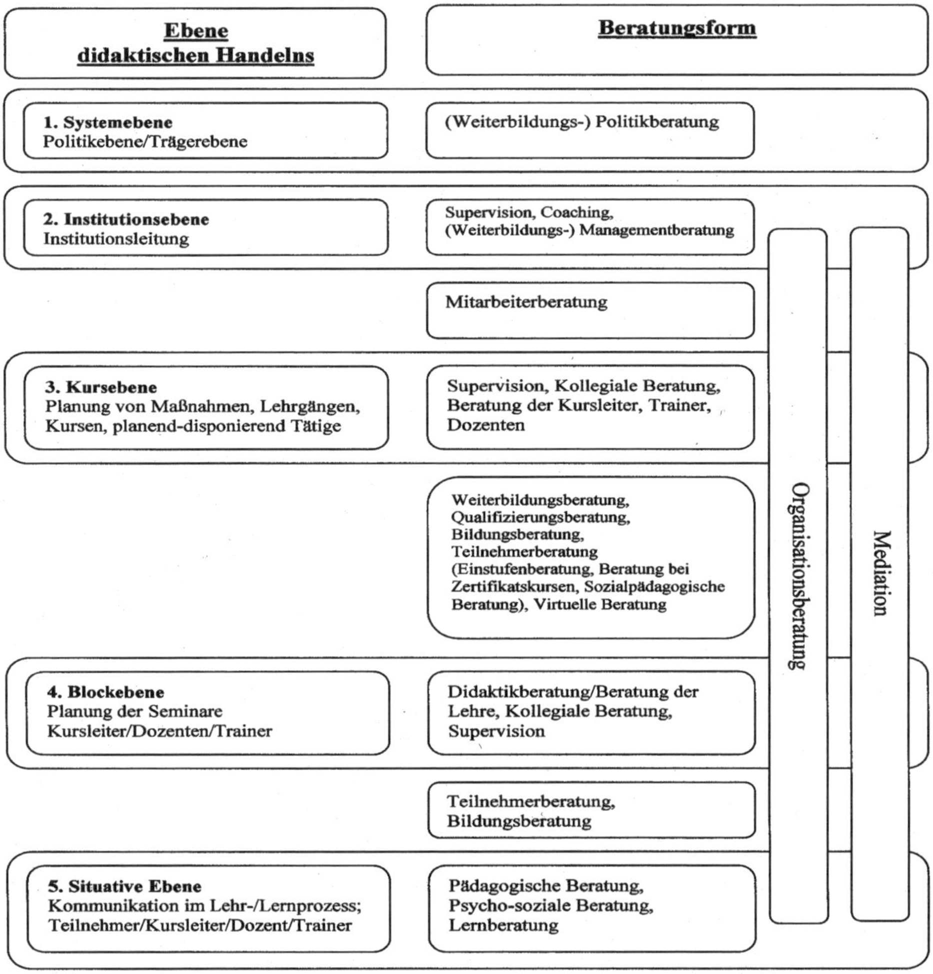

Abbildung 42:
Beratungsformen und didaktische Handlungsebenen in der EB/AJB (vgl. Sauer-Schiffer 2004, S. 32) (Der Balken „Organisationsberatung“ wurde im Gegensatz zur Original-Abbildung auf die Institutionsebene erweitert)

4.2 Organisationsberatung in der Weiterbildung

Weiterbildungseinrichtungen unterliegen – darauf wurde bereits ausführlich hingewiesen – ebenso wie privatwirtschaftliche Unternehmen derzeit einem erheblichen Veränderungsdruck. Sie sind fest in die gesellschaftlichen Gegebenheiten eingebettet und müssen sich schon deswegen auf den beschleunigten gesellschaftlichen und wirtschaftlichen Wandel mit all seinen Unübersichtlichkeiten, Chancen und Schwierigkeiten einstellen und darauf reagieren. Weiterbildungseinrichtungen interpretieren die gesellschaftliche Modernisierung nicht nur als Lernbedarf/

-anlass/-gegenstand und bieten dazu Orientierungshilfen, sondern sie sind gleichzeitig selbst den Modernisierungstrends ausgesetzt und brauchen als Organisation ebenfalls Orientierungshilfen und Beratung.

Der Beratermarkt, der diese Orientierungshilfen liefern kann, boomt: So werden z.B. Hierarchieebenen gecoacht, Reorganisationsprozesse beraten und öffentliche Weiterbildungseinrichtungen bei der Einführung neuer Steuerinstrumente unterstützt.

Der Bedarf an externer Organisationsberatung spiegelt sich u.a. auch im wachsenden Markt an Supervisions-, Consulting- und Organisationsberatungsangeboten wider, die den notwendigen Prozess der Weiterbildung begleiten und vorantreiben (vgl. Sauer-Schiffer 2004, S. 38f.).

4.2.1 Anlässe zur Organisationsberatung

Beratung wird aus unterschiedlichen Gründen in Anspruch genommen. Vom Individuum z.B. wegen Problemen bei der Arbeit, im Privatleben oder in der Beziehung. Von Gruppen z.B. wegen interner Konfliktsituationen und von Organisationen, um z.B. eine strategische Neuausrichtung zu erzielen. Nachfolgende Abbildung zeigt ausgewählte Beratungsanlässe in verschiedenen pädagogischen Handlungsbereichen auf:

Bereich (Auswahl)	Beratungsanlass (Auswahl)
Erziehung	▪ Erziehungsprobleme ▪ Entwicklungsauffälligkeiten ▪ Ehe-/Beziehungsberatung ▪ Lebensberatung (z.B. Berufswechsel)
Schule /Arbeit	▪ Schul-/Berufswahl ▪ Schul- und Ausbildungsprobleme ▪ Berufswechsel ▪ Weiterbildungs-/Qualifizierungsberatung
Hochschule	▪ Allgemeine Studienberatung ▪ Prüfungs-/Lernberatung ▪ Beratung von Lehrenden
Familie	▪ Ehe-/Beziehungsberatung ▪ Familienplanung

Abbildung 43:
Auswahl und Beratungsanlässe in unterschiedlichen pädagogischen Handlungsbereichen

Sondert man gemeinsame Merkmale aus den unterschiedlichen Beratungsanlässen heraus, suchen die zu Beratenden Lösungswege in Konfliktsituationen, Orientierungshilfen in besonderen Problemlagen, konkrete Ratschläge in Ausnahmesituationen, Entscheidungshilfen an Übergangssituationen und Wendepunkten in der Biografie. Immer geht es um die Entwicklung von tragfähigen Zukunftsperspektiven.

Durch den in Kapitel 1 skizzierten Veränderungsdruck infolge anhaltender gesellschaftlicher Modernisierungsprozesse geraten auch immer mehr Weiterbildungsorganisationen in erhebliche Konfliktsituationen oder existenzgefährdende Problemlagen. Sie müssen neue strategische Ausrichtungen diskutieren und geeignete Zielvorstellungen beschreiben. Ihr Programmprofil muss geschärft werden und unter dem Wirtschaftlichkeitsdruck müssen die eigenen Ablauf- und Aufbaustrukturen überdacht werden. Insgesamt geht es darum, die Leistungsfähigkeit zu behalten oder zu optimieren und die Zukunftsfähigkeit der Einrichtung zu gewährleisten.

In der organisationsbezogenen Weiterbildungsforschung wird derzeit registriert, dass die Nachfrage an Organisationsberatungen wie auch die Bandbreite von Beratungsanlässen und Formen der Beratung von Weiterbildungseinrichtungen innerhalb weniger Jahre erheblich angestiegen ist. In der Weiterbildungspraxis wird die Organisationsberatung scheinbar als ein wichtiges Unterstützungssystem bei organisatorischen Problemen und den daraus resultierenden Veränderungsprozessen akzeptiert (vgl. Dollhausen 2003a, S. 83). Aus Interviews mit im Weiterbildungsbereich tätigen Organisationsberatern lassen sich folgende zentralen Problembereiche benennen, die zur Inanspruchnahme von Beratung führen und eine gewisse Vergleichbarkeit mit Beratungsanlässen von Individuen haben:

- „Veränderungskrisen, denen sich insbesondere öffentliche Einrichtungen angesichts von Verwaltungsreform und/oder veränderten Förderungsbedingungen sowie einer verschärften Konkurrenz ausgesetzt sehen,
- Orientierungsprobleme aufgrund einer Vielzahl von zum Teil widersprüchlichen Anforderungen an das Lernen und den Umgang mit Wissen im Umfeld der Weiterbildung,
- die Notwendigkeit, auf Veränderungen im Umfeld Bezug zu nehmen und zugleich einrichtungsspezifisch zugeschnittene Lösungen für die Bearbeitung von je als vordringlich erachtete Problemlagen zu finden,
- Entscheidungsprobleme als Folge einer enormen Beschleunigung von gesellschaftlichen, politischen und wirtschaftlichen Entwicklungen sowie einer einhergehenden Risikosensibilisierung derjenigen, die in Weiterbildungseinrichtungen Zukunftsentscheidungen zu treffen haben“ (Dollhausen 2003a, S. 83).

In der Realität stellen sich Beratungsanlässe noch konkreter und pragmatischer dar. Beispielhaft seien aus der Beratungsrealität genannt:

- Öffentliche Weiterbildungseinrichtungen sehen sich mit erheblichen Kürzungen der institutionellen Förderung konfrontiert und suchen nach Unterstützung für eine mittelfristige Finanzkonsolidierung.
- Einrichtungen ändern ihre Rechtsform und ihre Struktur und fragen nach Beratung.
- Zum besseren Finanzmanagement wollen Einrichtungen eine Kosten- und Leistungsrechnung einführen und damit ihre inhaltliche Planung und Profilierung reflektieren.

- Aufgrund veränderter rechtlicher Vorgaben im Bereich der Sozialgesetzgebung müssen Einrichtungen ein systematisches Qualitätsmanagement einführen und wollen in diesem Zusammenhang ihre Schlüsselprozesse überprüfen und neu organisieren.
- Eine Einrichtung erhält eine neue Leitung, die einen grundlegenden Organisationsentwicklungsprozess initiiert, den sich die Einrichtung extern begleiten lassen will.
- Teamkonflikte und gescheiterte Versuche, diese zu bearbeiten, sind Anlass, um nach Organisationsberatung zu fragen.

Die Beratungsanlässe von Weiterbildungsorganisationen lassen sich nach den ersten systematischen Auswertungen von Organisationsberatungsprozessen auf typische Problemursachen zurückführen, die in den Spezifika der Weiterbildungsorganisation begründet sind (vgl. v. Küchler/Schäffter 1997; Ehses/Zech 1999; Meisel 2000; Zusammenfassung aus Kil, 2003, S. 70f.):

- eine Kombination von externen Übersteuerungsformen (Beiräte, Vorstände, Kuratorien) bei gleichzeitiger interner Untersteuerung (fehlendes Leitbild, nicht vorhandene Entscheidungsstrukturen, unklare Erfolgskriterien, nicht geklärte Zuständigkeiten);
- eine verwaltungsmäßige und rechtliche Einbindung in Strukturen, die Flexibilität verhindern, zeitnahes Handeln nicht bzw. wenig fördern;
- eine innere Struktur, die die Einrichtung als Summe von Teilbetrieben ohne gemeinsame Zielverständigung und Wertorientierung abbildet;
- eine relativ ausgeprägte Hierarchie in den Subsystemen bei gleichzeitiger Nichtakzeptanz der Gesamtleitung (hier werden bei Pädagogen Zielsetzungsschwierigkeiten, unzureichende Kommunikationsprozesse, mangelnde Solidarität und mangelndes Interesse beklagt, die „Verwaltung" vermisst Rückmeldung, Anerkennung und Integrationsfähigkeit);
- ein über viele Jahre tradierter habitueller Konflikt zwischen den „Verwaltenden" und den „Pädagogen";
- innerhalb der Verwaltung herrscht oftmals eine rigide Hierarchie, die zudem geschlechtsspezifisch polarisiert ist (männliche Verwaltungsleitung und weibliche Mitarbeiterinnen in der Sachbearbeitung und Anmeldung);
- eine bezüglich des durchschnittlichen Dienstalters insgesamt „alternde Institution", die aufgrund eines fehlenden Beschäftigungskorridors für Professionskohorten auch kaum eine Möglichkeit hat, Erfahrungswissen weiterzuvermitteln (vgl. auch Kade, 2004);
- Kursleiter mit Lehrtätigkeit als Haupteinnahmequelle empfinden ihren Arbeitsaufwand in Beziehung zum Ertrag und im Vergleich zur Tätigkeit der Festangestellten Pädagogen als ungerechtfertigt und tragen die Unzufriedenheit in die Einrichtung;
- eine Ungleichbehandlung in Bezug auf Entgelt und „organisatorischer Unterstützung" wird von den „klassischen Dozenten" gegenüber den „neuen" Kursleitern z.B. in Blockseminaren empfunden;

- Mitarbeitergruppen wie Verwaltung, Hausmeister/Technisches Personal, Sozialpädagogen und die sogenannten Weiterbildungslehrer empfinden teilweise Ungerechtigkeit, mangelnde Akzeptanz, Anerkennung und Einbindung;
- eine ausgeprägte Binnenorientierung und eingeschränkte Bereitschaft, Umweltveränderungen und veränderte Bedarfslagen als Planungsanforderungen zu begreifen (vgl. Kil/Meisel 2002, S. 17).

4.2.2 Formen der Organisationsberatung

Die zentrale Bedeutung von Beratung in Organisationen liegt dabei in der „gestützten Organisationsentwicklung", also als „Hilfe zur Selbsthilfe" bei der Entwicklung der Organisation. Auf den kleinsten Nenner gebracht hat Organisationsberatung die Aufgabe

- zu analysieren, Probleme der Handlungszusammenhänge zu diagnostizieren,
- Lösungsvorschläge zu erarbeiten, das Entwicklungspotenzial der Organisation auszuschöpfen sowie
- ihre Kompetenzkapazität zu erweitern.

Ein Hauptaugenmerk liegt auf der Gestaltung des Prozesses durch Beratung (vgl. Münsterjohann 2001; zitiert nach: Sauer-Schiffer 2004, S. 38) Die Beratung von Organisationen steht somit im Kontext der Organisationsentwicklung sowie der Personalentwicklung. D.h., die Weiterbildungsorganisation bezieht über die Beratung neues Wissen und Informationen (z.B. Innovationsberatung bei der Einführung von Zertifizierungen) oder sie bekommt konkrete Hilfestellungen bei Krisen (z.B. Verschuldung, demotivierende Arbeitskultur).

Die Weiterbildungsorganisation soll also in ihrem eigenen Lernprozess so unterstützt werden, dass sie von sich aus die Organisationsziele erreichen kann. In einem Satz lässt sich Organisationsberatung wie folgt zusammenfassen:

> Organisationsberatung ist die professionelle Unterstützung und Begleitung von Organisationen in ihren Zielfindungsprozessen und in der Optimierung ihrer Zweckorientierung.
> *(Brunner 2002, S.18)*

Da sich die Anlässe zur Organisationsberatung ausdifferenziert haben, stellen sich heute auch die Beratungsformen variantenreicher dar. Schäffter (1995) klassifizierte bereits Grundformen der Organisationsberatung als

- *Institutionsbezogene Fortbildung*
  Beispiel: Der Beratungsbedarf wird als Fortbildungsbedarf ausgedeutet, entsprechende kollektive Lerninitiativen unterstützt und z.T. durch externe Expertise angereichert. Das erweiterte Wissen wird in der praktischen Weiterentwicklung der Organisation umgesetzt.

- *Begleitende Re-Organisationsberatung*
  Beispiel: Ein Träger macht seiner Einrichtung rigide und unumstößliche Vorgaben, wie viel Zuschussmittel in den kommenden zwei Jahren eingespart werden. Die Einrichtungsleitung muss dies umsetzen, was Konsequenzen für Personalkapazität, Zuständigkeiten und Arbeitsschwerpunkte sowie Belastungen hat. Die Beratung bringt feldkompetenten Sachverstand (z.B. Arbeitsplatzanalysen, Kostendeckungsbeiträge der Bereiche, etc.) und methodische Kompetenz für die Umsetzung ein.
- *Begleitung im Rahmen basaler Organisationsentwicklung*
  Beispiel: Eine Einrichtung will sich grundsätzlich „neu aufstellen“, da sie perspektivisch erhebliche Probleme sieht (Rückgang an Belegungen, erhebliche Einbrüche im EDV-Bereich, mehr Konkurrenz im Umfeld, neue Kooperationsmöglichkeiten mit anderen Bildungs- und Kultureinrichtungen). Die Beratung unterstützt die gründliche Selbstevaluation durch Moderation von Workshops, Mitarbeiterbefragungen und Auswertungen. Sie berät die Schwerpunktsetzung bei den Veränderungsprojekten und leistet Prozessmanagement. Sie gewährleistet den Prozessablauf und hilft bei der Kommunikation mit dem Träger.

Zusätzlich finden sich in der Beratungspraxis

- die *Impulsberatung*
  Beispiel: Eine Einrichtung will ein systematisches Qualitätsmanagement einführen. Nach der Entscheidung für ein Modell gestaltet eine externe Beratung einen Einstiegsworkshop zur Selbstevaluation und berät die Umsetzung der Qualitätsprojekte.
- die *Expertenberatung*
  Beispiel: Eine Einrichtung muss die inhaltlichen Planungen stärker mit der Frage der Wirtschaftlichkeit koppeln. Die Beratung unterstützt die Einrichtung bei der Einführung einer Deckungsbeitragsrechnung, der Definition der Kostendeckungsbeitragsstufen und entsprechender Kennzahlen für das Controlling.
- die *Innovationsberatung*
  Beispiel: Eine Einrichtung richtet ein Selbstlernzentrum ein und lässt sich bei der medialen und lernarchitektonischen Gestaltung beraten. Die Beratung bezieht sich darüber hinaus auf die noch nicht ausgeschöpfte Potenzialentwicklung der Verknüpfung der traditionellen Angebotsbereiche mit dem innovativen Gestaltungsprojekt.

Dollhausen (2003a) hat die unterschiedlichen Beratungsformen wie folgt geordnet:

Organisationsstrukturen und Arbeitsprozesse	**Gruppenkulturen und Kooperations-beziehungen**	**Spezielle Probleme**
Qualitätsentwicklungsberatung	Teamentwicklungsberatung	Programmevaluation
Beratung im Rahmen von Organisationsentwicklung	Krisenberatung	Erstellung von Wirtschaftlichkeitsgutachten
Begleitung von Reorganisationsmaßnahmen	Coaching und Supervision	Fachberatungen (z.B. bei Einführung von Kosten-Leistungsrechnungen
Innovationsberatung (z.B. bei Einführung von neuen Lehr-/Lernarrangements) und institutionenbezogene Fortbildung		

Abbildung 44:
Organisationsbezogene Beratungsformen (Dollhausen 2003a, S. 83)

4.2.3 Konzeptionelle Elemente der Organisationsberatung

Auch wenn pädagogische Organisationsberatungsansätze in der Weiterbildung, „die durch Vergleiche und/oder Evaluation theoretisch fundiert beschrieben werden können, bislang nicht vorliegen" (Kil 2003, S. 69), kann in der Zwischenzeit bereit auf eine mehrjährige Diskussion einer pädagogischen Organisationsberatung zurückgeschaut werden. Eine Vorreiterrolle hat Ortfried Schäffter eingenommen, der ein pädagogisch ausgerichtetes Beratungskonzept programmatisch als „Lernberatung von Organisationen" bezeichnet (vgl. Schäffter 2000; siehe auch Dollhausen 2003a, S. 84f.). Pädagogische Organisationsberatung will die Lernpotenziale in den Einrichtungen entwickeln helfen, was die Förderung der Selbstreflexivität voraussetzt. Unter pädagogischer Organisationsberatung wird ein Beratungsansatz verstanden, bei dem die distanzierte Rolle des Beraters für die Lernende Organisation darin besteht, Wahrnehmungen, Einschätzungen und Expertenbeiträge der Einrichtung zu spiegeln sowie Veränderungswege selbst im Rahmen eines zu initiierenden gemeinsamen Lernens zu erarbeiten.

Hauptaufgabe ist es, die vorhandenen Lernpotenziale so zu entwickeln, dass die „Beratungsfähigkeit" von Weiterbildungseinrichtungen erhöht wird. Die pädagogische Organisationsberatung soll dazu beitragen, die Selbstreflexivität in und von Weiterbildungseinrichtungen in der Weise zu fördern, dass sich die Einrichtungen als Systeme begreifen lernen, die durch das Zusammenspiel unterschiedlicher Bereiche und Funktionen die Gesamtaufgabe „Erwachsenenbildung" erfüllen. Dabei gilt insbesondere:

a) den Risiken einer *strukturellen Verhärtung* entgegenzuwirken, die vor allem dann größer werden, wenn sich Weiterbildungsorganisationen einseitig auf die Erfüllung von politischen und institutionellen Rahmenbedingungen konzentrieren und dabei die Entwicklung von Weiterbildungsangeboten, sich ändernden Teilnehmerinteressen und betriebliche Veränderungsanforderungen aus dem Auge verlieren und

b) eine – in vielen Weiterbildungseinrichtungen beobachtbare – einseitige Entwicklungs- und Innovationsorientierung sowie hieraus resultierende Phänomene der *Fluidität und der Untersteuerung* in Weiterbildungseinrichtungen einzudämmen (vgl. Dollhausen 2003a, S. 85).

Die pädagogische Organisationsberatung setzt also an der Stelle an, wo es darum geht, die Identität von Weiterbildungseinrichtungen als pädagogische Organisationen zu stärken und die Artikulationsfähigkeit der Einrichtung hinsichtlich ihres je spezifischen Beratungsbedarfs zu erhöhen (vgl. Dollhausen 2003a, S. 86).

In den Zusammenhang der pädagogischen Organisationsberatung werden solche Beratungsansätze eingeordnet, „die sich sowohl an Konzepten und Verfahren der Organisationsentwicklung orientieren als auch insgesamt pädagogische Kompetenzen/Konzepte und Feldkenntnisse systematisch in Beratungsprozesse mit einbeziehen. Organisationsentwicklung in der Weiterbildung wird als eine übergreifende Dimension erwachsenenpädagogischer Fortbildung verstanden, mit der sich Fragen der professionellen Selbstvergewisserung und der gesellschaftlichen Funktionsbestimmung mit Bordmitteln des Weiterbildungssystems bearbeiten lassen“ (von Küchler 1995, S. 336).

Soweit beobachtbar, speisen sich die Konzepte der im Feld tätigen Beratungsakteure aus unterschiedlichen theoretischen Referenzsystemen. So lassen Selbstdarstellungen von feldspezifischen Beratungsagenturen den Schluss zu, dass systematische Beratungstheorien als Bezugssystem für die Beratungspraxis handlungsleitend sind (vgl. z.B. Brunner 2002, S. 28ff.; Schiersmann 2000, S. 25 ff.). „Durch die Konzeption einer Organisation als ein System, das sich auf der Grundlage operativer Geschlossenheit autopoietisch reproduziert und sich an den sinnhaft repräsentierten inneren Modellen der Außenwelt orientiert, richtet die Systemtheorie den Blick auf die Grenze gezielter Steuerung. Damit wird einem technokratischen Beratungsansatz, demzufolge eine Organisation von außen verändert und ein Konzept von oben nach unten, ohne Anerkennungsverluste durchgesetzt werden kann, der Rücken gekehrt. Stattdessen werden Veränderungen als systemeigene Leistungen begriffen, die vom Berater angeregt, nicht jedoch unmittelbar gesteuert werden können“ (Hartz 2001, S. 220).

Darüber hinaus speist sich die Beratungspraxis aus unterschiedlichen human- und sozialwissenschaftlichen Theorien einerseits und verschiedenen betriebswissenschaftlichen, organisationssoziologischen bzw. -psychologischen Theorien und Managementkonzepten andererseits. Die wenigen konkreten Falldarstellungen zeigen, dass die Beratungen – sicherlich je nach Thema, konzeptioneller Form und beteiligter Beratungsperson unterschiedlich ausgeprägt – grundsätzlich erwachsenenpädagogischen Handlungsformen entsprechen. Auch wenn aus betriebswirtschaftlicher Perspektive davor gewarnt wird, die Rolle der Beratung ausschließlich als eine pädagogische oder betriebspädagogische zu sehen (vgl. Fatzer 1995, S. 171), verweisen Studien zu Unternehmungsberatungen, dass Berater, die in ihrer Beratungsarbeit mit den Beteiligten als Subjekte des Gestaltungsprozesses arbeiten, immer zu „Pädagogen wider Willen“ (vgl. Harney/Rahn 2001) werden. Befragungen der Leitungen von früher einmal beratenen Weiterbildungseinrichtungen nach den Voraussetzungen der Beratung zeigen, dass zum einen zwar ein „fremder, kompetenter Blick von außen“ gewünscht wird, die Beratung aber gleichzeitig feldkompetent sein muss – also „weiß, um was es geht“.

Unabhängig von der jeweils bedarfsgerechten Form der Beratung folgt die Organisationsberatung, die vom Deutschen Institut für Erwachsenenbildung in Bonn angeboten wird, gemeinsamen Prinzipien (vgl. Meisel 2000, S. 64):

- Der Beratungsansatz geht von einer „distanzierten Rolle“ der Beratung für die „Lernende Organisation“ aus, der Wahrnehmungen und Einschätzungen spiegelt. Ziel ist es, der Organisation zu ermöglichen, eigenständig Veränderungsziele und -wege zu erarbeiten.
- Der Beratungsprozess beginnt im Grunde genommen schon in der Phase der Aushandlung des Beratungskontraktes, in der im Mittelpunkt die Definition des „Problems“ steht und sowohl Schritte des Verfahrens als auch gegenseitige Erwartungen geklärt werden.
- Die Exploration des Beratungsbedarfs wird bereits als Teil der Veränderung begriffen.
- Die Beratung orientiert sich an der konkreten Situation vor Ort. Vor dem Hintergrund der Vielzahl unterschiedlicher Einrichtungsformen in der Weiterbildung klingt das wie eine Selbstverständlichkeit. Verwiesen wird damit aber auch noch einmal pointiert auf den „Respekt vor der Einmaligkeit in der Organisation“ (Baumgartner u.a. 2004, S. 20).
- Die Beratung zielt auf die Mobilisierung und Entwicklung der Kompetenzen der in der Organisation Tätigen, was eine Anerkennung der vorhandenen Kompetenzen voraussetzt (vgl. Schäffter 2000).
- Die Mitarbeitenden werden an der Definition von Veränderungsbedarf und an der Planung und Umsetzung von Veränderungsprojekten beteiligt: „Es wird nicht auf das System eingewirkt, sondern mit dem System gearbeitet“ (Probst/Gomez 1991, S. 5).
- Die Beratungsaufgabe wird vom organisatorischen Alltagsgeschäft der Weiterbildungseinrichtung abgegrenzt und bietet ein temporäres Unterstützungssystem. Für die Organisationsmitglieder selbst ist die Zusammenarbeit mit der Beratung aber keine „Sonntagsveranstaltung“, sondern integrierender Bestandteil der täglichen Zusammenarbeit. „Die wesentlichen Veränderungen finden entweder im betrieblichen Alltag oder gar nicht statt“ (Lauterburg, 1980, S. 51ff.).
- Beratung ist lediglich ein Unterstützungssystem; Entscheidungen müssen im vorhandenen Kompetenzgefüge der Einrichtungen getroffen werden. Neutralität und Allparteilichkeit sowie klare und offene Kommunikation mit dem Auftraggeber sind hierfür die Voraussetzungen (vgl. Brunner 2002, S. 65ff.).
- Auch längerfristige Entwicklungsbegleitung wird nur in Teilkontrakten vereinbart, da sich Organisationsentwicklung und -beratung nur eingeschränkt an idealtypischen Zyklusbeschreibungen von Organisationsentwicklungsprozessen halten kann.

- Eine solche Vorgehensweise trägt auch der Erfahrung Rechnung, dass sich der Beratungsgegenstand nicht selten im Verlauf des Beratungsprozesses aufgrund der Perspektivenverschränkung zwischen dem Berater und der Sicht der Ratsuchenden verändert bzw. neu konstituiert (vgl. Schäffter 2000, S. 58).
- Die Organisationsberatung bezieht sich auf die Organisation als Ganzes und setzt die Bereitschaft der Organisation voraus. Beratungsaufträge von Trägern ohne uneingeschränkte Zustimmung der Einrichtung lehnt das DIE ab.

4.3 Fallbeschreibung: Beratung einer kommunalen Weiterbildungseinrichtung

Die folgende Fallbeschreibung bezieht sich auf einen real abgelaufenen Beratungsprozess, der wissenschaftlich begleitet, ausgewertet und die Ergebnisse sowohl mit der Einrichtung als auch mir, dem Berater, rückgekoppelt wurden. Das Fallbeispiel ist unverändert einem unveröffentlichten Manuskript von Dollhausen (2003b, S. 11-20) entnommen:

Die im folgenden vorzustellende interpretative Analyse der Verlaufsform des beobachteten Beratungsprozesses zielt darauf, Hinweise auf zugrundeliegende *Leitorientierungen* des Beratungshandelns zu gewinnen und diese in einen Bezug zu vorliegenden Erkenntnissen über spezifische Unterstützungsbedarfe in Weiterbildungseinrichtungen zu setzen. Es geht in der Analyse mithin nicht so sehr darum, – wie es in den einschlägigen Handbüchern zur Beratung/Organisationsberatung üblicherweise der Fall ist – den sozialen Beziehungsprozess zwischen Berater und Klient(en) zu verfolgen, um für die Beratung allgemein wichtige Handlungsorientierungen zu sondieren. Vielmehr richtet sich das Untersuchungsinteresse auf die Frage nach dem *spezifischen Kontextbezug* der beobachteten Organisationsberatung.

Im vorliegenden Fall war keine Begleitung des organisatorischen Veränderungsprozesses selbst vorgesehen. Die Beratung wurde daher innerhalb eines relativ kurzen Zeitrahmens von etwa fünf Monaten durchgeführt und abgeschlossen. Das Vorgespräch zwischen dem Leiter der Einrichtung und dem Berater, die vom Berater moderierten Workshops sowie das abschließende Auswertungsgespräch fanden in einem zeitlichen Abstand von jeweils etwa sechs Wochen statt. In den Zeiträumen zwischen den moderierten Veranstaltungen wurden in der Einrichtung Planungs- und Entwurfsaufgaben bearbeitet, die in den Workshops als ‚nächste Schritte' vereinbart wurden. Der Ablauf des Prozesses lässt sich schematisch wie folgt darstellen:

	Anwesenheit des Beraters	**Abwesenheit des Beraters**
„Vorlauf“	Informationsgespräch zwischen dem Leiter der beratenen Einrichtung und dem Berater außerhalb der beratenen Einrichtung; Problemschilderung und erste Abstimmung über das mögliche Vorgehen	
		Mobilisierung mehrerer Mitarbeiter/innen zur Teilnahme am Beratungsgeschehen durch den Leiter der Einrichtung; Organisation eines ersten gemeinsamen Treffens mit dem Berater in der Einrichtung
„Planung“	Erster Workshop mit mehreren pädagogischen Mitarbeiter/innen sowie dem Leiter der Einrichtung zum Thema: Restrukturierung und Profilierung des Programmangebots; Planung des Problembearbeitungsverfahrens und Festlegung der weiteren Arbeitsschritte	
Thema: Restrukturierung		Erstellung von Aufgabenprofilen für die verschiedenen Mitarbeitergruppen (pädagogische Mitarbeiter, Sachbearbeitung, Raummanagement) unter Berücksichtigung der Änderungsvorgaben durch eine Mitarbeiterin der Verwaltung
	Zweiter Workshop mit pädagogischen Mitarbeiter/innen und Sachbearbeiterinnen; Diskussion und Präzisierung der Neuzuschnitte von Aufgabenprofilen	
Thema: Angebotsprofilierung		Workshop der Fachbereichsleiter/innen mit dem Leiter der Einrichtung zur Profilierung des Programmangebots; Anfertigung von Angebotsprofilen durch die Fachbereichsleitenden
	Dritter Workshop mit Fachbereichsleiter/innen zur Präsentation und Diskussion der Neuzuschnitte des Programmangebotes	
		Auswertung der Ergebnisse und Planung des weiteren Vorgehens durch den Leiter der Einrichtung sowie eine Kollegin aus der Verwaltung
„Abschluss“	Auswertungsgespräch mit dem Leiter der Einrichtung sowie einer Kollegin aus der Verwaltung	

Überblickt man den chronologischen Ablauf des Prozesses, dann fällt zunächst seine deutliche Strukturierung in den Blick. Der Prozess gestaltet sich als eine Anordnung von klar unterschiedenen und aufeinander aufbauenden *Arbeitsschritten*. Eine weitere Besonderheit des Prozesses ist in seiner versetzt *arbeitsteiligen Struktur* zu sehen, d.h. der Berater begleitet den Problembearbeitungsprozess in der beratenen Organisation nicht durchgehend, sondern nur zu bestimmten Präsenzveranstaltungen, die ihrerseits in der beratenen Organisation vorbereitet werden. Initiiert wird, so könnte man sagen, ein Wechselspiel zwischen ‚Vorbereitung' und ‚Ergebnispräsentation', wobei die wechselseitige Bedingtheit dieser Komponenten offenbar auch dazu beiträgt, dass in der Einrichtung trotz der sporadischen Anwesenheit des Beraters ein kontinuierlicher Problembearbeitungsprozess ermöglicht wird. In den Ablauf des Beratungsprozesses eingelassen ist zudem eine thematische Strukturierung. Ausgehend von einer Planungssitzung werden im Rahmen des darauffolgenden Prozesses zwei verschiedene Themenfelder behandelt. Das Ausgangsproblem wird somit nicht als eine zu bearbeitende Einheit durchgehalten, es wird vielmehr in *definierte Teilprobleme* ‚zerlegt', die dann nacheinander bearbeitet werden. Dabei wechselt die soziale Besetzung im Laufe des Prozesses. D.h. der Berater arbeitet nicht mit einer feststehenden Gruppe von Mitarbeiter/innen, sondern mit wechselnden Beteiligten, deren Sachverstand jeweils vordringlich zur Bearbeitung der einzelnen Arbeitsschritte benötigt wird. Man könnte in diesem Sinne von einer *bedarfsorientierten Selektion von personengebundenem Fach- und Organisationswissen* sprechen.

Diese konsequente ‚Durchstrukturierung' des Prozesses bringt die vereinbarte Aufgabe der Beratung zum Ausdruck: Es geht explizit *nicht* um die Anregung und Begleitung eines längerfristigen Prozesses. Darüber hinaus lässt der Verlauf des Prozesses erkennen, dass die externe Beratung bzw. Moderation von Workshops keine thematische Präferenz etwa hinsichtlich der Anregung einer bestimmten Gruppendynamik oder von Selbstverständigungsprozessen über kulturell eingespielte Wirklichkeitssichten und -konstruktionen pflegt, wie es auch möglich wäre. Der Ansatzpunkt der Beratung bzw. Moderation ist nicht die – wie immer geartete – beraterische ‚Arbeit am Subjekt', dessen Erfahrungswirklichkeit und/oder Verhalten. Der beobachtete Prozessverlauf weist stattdessen auf ein zugrundeliegendes Konzept einer *sachbezogenen fachlichen* Beratung hin, die auf die

- problembezogene Generierung und Strukturierung eines abgeschlossenen (Teil-) Prozesses im Rahmen der übergreifenden Entwicklung der beratenen Organisation,
- Definition und zeitliche Abfolge von Arbeitsaufgaben,
- Betonung des Sach- bzw. Themenbezugs der Kommunikation,
- funktional bestimmte Einbindung von Personen sowie auf die
- Kooperation mit der beratenen Einrichtung auf der Basis von je definierten Verantwortungsbereichen

ausgerichtet ist.

In die Wahl und Realisierung dieser Verlaufsform fließen spezifische kontext- und fallbezogene beratungsmethodische Erwägungen des Beraters ein. Dies haben die

Vorgespräche und die am Rande der Beratungssitzungen zwischen Berater und Forscherin geführten Informations- und Feedback-Gespräche deutlich gemacht.

Es seien dazu nur zwei Situationen erwähnt: So etwa berichtet der Berater vor Beginn der ersten Beratungssitzung über die Geschichte und Situation der Einrichtung; er verweist dabei auch auf den nicht realisierten Organisationsentwicklungsprozess und auf mögliche, damit einhergehende „Ressentiments" in der Einrichtung. Nach der zweiten, stark konfliktgeladenen Beratungssitzung, betont der Berater mit Nachdruck die unbedingte Notwendigkeit, die Perspektivendifferenz zwischen Berater und Beratenen aufrecht zu halten, um nicht ‚in das System' zu fallen bzw. die Problemsichten der Klienten zu übernehmen und sich als Berater handlungsunfähig zu machen. Dabei spielt er kommentierend und erklärend auf sein stark sachbezogenes Kommunikationsverhalten an.

Vor diesem Hintergrund ist die sich in dem arbeitsschrittigen wie auch arbeitsteiligen Vorgehen vermittelnde Leitorientierung einer sachlich-ergebnisorientierten Problembearbeitung durchaus als ein *beratungsstrategisches Moment* zu begreifen. Mit diesem wird dann verhindert oder zumindest erschwert, dass an dem zu bearbeitenden Problem die normativen Sinnzuschreibungen und Wertsetzungen, ethische und moralische Haltungen, Schuldzuweisungen und Opfermentalitäten, mikropolitische ‚Gefechtslagen' usw. ankristallisieren, die dann eine effektive Problembearbeitung und – darin eingeschlossen – veränderungsbezogene Entscheidungen unwahrscheinlich werden lassen. Statt dessen stellt die Beratung in ihrer Verlaufsform symbolisch wie praktisch klar, dass es unabhängig von möglichen Ausdeutungen der schwierigen Lage der Einrichtung in erster Linie darum geht, in sachlich-rationaler Perspektive die Problembearbeitung voranzutreiben.

Die Beratung erzeugt mit Bezug auf qualitative Sinnbestimmungen des Problems mithin bewusst einen ‚blinden Fleck'; sie ‚baut' dort, wo Sinn- und Wertbestimmungen in Szene zu setzen versucht werden, eine Kommunikationssperre zwischen Berater- und Klientenkommunikation ein (vgl. Luhmann 1989; Baecker 1999, S. 226). Das Augenmerk der Beteiligten wird so auf ein sachliches, iteratives Problemlösungsverfahren gelenkt. Dies wird – so ist hinzuzufügen – keineswegs allein durch die Verlaufsform der Beratung, sondern auch im konkreten beraterischen Handeln konsequent zum Ausdruck gebracht.

Die folgende Kommunikationssituation während des ersten Workshops in der beratenen Einrichtung belegt dies: Nachdem zunächst der Leiter der Einrichtung und sodann die anwesenden Organisationsmitglieder ihre Problemsichten und Vorschläge zum Umgang mit der geforderten Restrukturierung und Profilierung der Einrichtung vorgebracht haben, und nachdem der Leiter der Einrichtung nochmals auf Einzelheiten der Entstehungsgeschichte des Problems eingegangen ist, meldet sich der Berater erstmals mit einer Informationsfrage zu Wort: „Nur noch zum Verständnis. Die Papiere, also was mir vorgelegen hat, ist das Papier .... in erster und zweiter Fassung; da ist noch von einem Strategiepapier der Einrichtung die Rede, das immer wieder zitiert wird." – Zu diesem Zeitpunkt liegen dem Berater bereits eine ganze Reihe von Anknüpfungspunkten bzw. kommunikativen ‚Fäden' vor, die aufgegriffen und weiter bearbeitet werden könnten. Die Anwesenden haben inhaltliche Problemaspekte benannt, das Entscheidungsproblem des

Leiters der Einrichtung ist kommuniziert worden, ebenso die Unsicherheiten der anderen Anwesenden, und nicht zuletzt ist das offenbar prekär gewordene Verhältnis der Anwesenden untereinander deutlich gemacht worden. Das beraterische Handeln könnte mithin an den Wirklichkeitswahrnehmungen und am Verhalten der Beteiligten oder auch an ihren Kommunikationsweisen und Beziehungskonstruktionen ansetzen. Man könnte die Rolle des Leiters behandeln usw. Mit all dem würde die Beratung an der aktuellen *sozialen* Situation ansetzen. All dies ist jedoch nicht der Fall. Der Berater greift die ihm bislang angebotenen Sinn- und Deutungsangebote nicht auf; er zeigt sich gewissermaßen ‚blind' für die ihm angebotenen Problem- und Krisenmitteilungen. Statt dessen betont er implizit, worum es in der laufenden Kommunikation gehen sollte: Im Verweis auf die ihm vorliegenden, schriftlichen Informationen hebt der Berater vor allem den *Sachbezug der Kommunikation* hervor, den es weiter zu verfolgen gilt.

Es mag sein, dass die hier zu beobachtende, deutliche Ausklammerung von Wertungen, normativen Ansichten wie auch von divergierenden Problemsichten und Interessen in vielen anderen organisatorischen Kontexten als wenig hilfreich oder gar als dysfunktional erfahren werden kann und wird. (Nicht zuletzt lebt ein ganzer Zweig der Beratungsbranche davon, gerade die Sachlichkeit und Rationalität in und von Organisationen als Quelle von Effizienzverlusten offen zu legen). In der hier beratenen Weiterbildungseinrichtung scheint dagegen die Betonung und Verwirklichung eines problembezogenen, sachlichen Vorgehens bereits Teil der Lösung des gegebenen Planungsproblems zu sein. Die Unterstützungsleistung der Beratung erfolgt im vorliegenden Fall also überraschenderweise nicht in Richtung auf die Öffnung der Kommunikation für Sinn-, Wert- und Beziehungsfragen und -probleme, sondern – im Gegenteil – in Richtung *Schließung der Kommunikation gegenüber allen nicht sachbezogenen Beiträgen*.

Zugleich werden die Beteiligten so auf ihre *professionelle, inhaltliche* Verantwortung und Kompetenz hin angesprochen und als *selbstständig problembearbeitende Akteure* geachtet. Dies belegt die Verlaufsform mit ihrer geradezu paritätischen Verteilung der Prozessverantwortung zwischen Berater und beteiligten Organisationsmitgliedern deutlich. Man könnte hier von einer Programmatik der Beratung als einer Programmatik der *balancierten Fremd- und Selbststeuerung* des Problembearbeitungsprozesses sprechen. Die Fremdsteuerung des Prozesses durch den Berater wird vor allem dann deutlich, wenn es darum geht, Planungsprozesse anzustoßen und die folgerichtige Verkettung von aufeinander aufbauenden Planungsergebnissen zu gewährleisten. Die Selbststeuerung des Prozesses setzt vor allem an den Stellen ein, wo es darum geht, vereinbarte Planungsaufgaben inhaltlich zu füllen und zu präzisieren. D.h. die ‚Beratung' im Sinne eines konkreten kommunikativen Handelns bezieht sich im vorliegenden Fall auf die Gewährleistung eines kontinuierlichen Problembearbeitungsprozesses selbst, wohingegen alle einrichtungsspezifischen inhaltlichen Präzisierungen in der Eigenverantwortung der beratenen Einrichtung belassen werden.

Mit diesen beratungsstrategischen Vorkehrungen knüpft die beobachtete Beratung an ein Verstehen von Weiterbildungseinrichtungen als organisatorischen Kontexten an, die gerade nicht – wie z.B. Organisationen des Wirtschaftssystems oder der Verwaltung – durch ein ‚Zuviel' an Rationalität und Sachlichkeit gekennzeichnet sind, das einer effektiven Problembearbeitung im Wege steht. Vielmehr scheint in der Beratung ein Verständnis von Weiterbildungseinrichtungen wirksam zu werden, das

- die Präferenz der organisatorischen Kommunikation für die Behandlung von Sinn-, Wert- und Beziehungsfragen sowie
- eher diskursive, partizipative und konsensorientierte Orientierungen, denn pragmatische und ergebnisorientierte Orientierungen

in Rechnung stellt. Damit nimmt die beobachtete Organisationsberatung nicht zuletzt wichtige Erkenntnisse aus der erwachsenenpädagogischen Organisations- und Beratungsdiskussion auf, wie sie etwa Ehses und Zech (1999, S. 49) formulieren:

> „... neigen Volkshochschulen dazu, die individuellen Interessen der Beteiligten informell zu harmonisieren – oft zum Schaden der Leistungsfähigkeit der Gesamteinrichtung. Deshalb wird Beratung gegen die Dominanz informaler Steuerung auf gewisse Formalisierung der Entscheidungen und Absprachen sowie entsprechende Kontrollen achten. Klarheit und Eindeutigkeit von Entscheidungen werden organisationsintern gern vermieden. Das ist für die Subjekte funktional, lässt es doch allen Beteiligten die jeweils genehmen Interpretationsmöglichkeiten offen. Geplantes Handeln der Gesamtorganisation wird so jedoch verunmöglicht. Eine gezielte Entwicklung der Gesamtorganisation braucht hingegen eindeutige Entscheidungen, die unter Beteiligung der Betroffenen von den zuständigen Instanzen gefällt und transparent und überprüfbar kommuniziert werden."

Vor diesem Erkenntnishintergrund zeichnet sich die Bedeutung des gewählten Vorgehens in der beobachteten Organisationsberatung noch schärfer ab: Es geht nicht einfach darum, ein in der Weiterbildungseinrichtung auftretendes Problem möglichst effektiv zu bearbeiten. Es geht darüber hinaus auch darum, die in der Einrichtung eingelebten Kommunikationspraktiken und -routinen sowie übliche kommunikative Umgangsweisen mit Problemen zu unterbrechen. Es geht – vermittelt über die gewählte Verlaufsform des Beratungsprozesses – darum, die im organisatorischen Geschehen häufig abgedunkelten und vernachlässigten (sachlichen) Handlungsorientierungen hell zu stellen, die notwendig sind, um den *Status quo* verabschieden und die anstehenden Restrukturierungs- und Profilierungsprozesse faktisch angehen zu können.

4.3.1 Die Struktur der Weiterbildungseinrichtung als Bedingung des Beratungshandelns

Bei der beratenen Einrichtung handelt es sich um eine Weiterbildungseinrichtung, die als ‚Amt für Weiterbildung' in die kommunale Verwaltungsstruktur eingebunden ist. Diese strukturelle Einbindung der Einrichtung bedeutet zunächst, dass alle Entscheidungen, die finanzielle Auswirkungen haben oder Personalfragen berühren, *außerhalb der Einrichtung* in den dafür zuständigen Dienststellen und/oder kommunalen Behörden getroffen werden. Die Einrichtung kann somit in ihren Struktur- und Entwicklungsentscheidungen nicht souverän agieren, sondern ist abhängig von Entscheidungen, die anderswo in der öffentlichen Verwaltung getroffen werden (vgl. Nuissl/Schuldt 1993, S. 13). Zugleich bedeutet die Einbindung der Einrichtung in die Struktur der öffentlichen Verwaltung aber auch, dass es eine klare, funktionale Begrenzung des Zuständigkeitsbereichs der Einrichtung und mithin einen pädagogischen ‚Kernaufgabenbereich' gibt, der von der Einrichtung selbst getragen und verantwortet wird. In dieser Struktur nun scheint zumindest auch *eine* Problemquelle zu liegen, die letztlich zu der Inanspruchnahme der Organisationsberatung führt.

Im vorliegenden Fall arbeitet und entwickelt die Einrichtung nicht aus sich selbst heraus Änderungs- und Entwicklungsorientierungen, sondern wird mit quasi ‚externen' Änderungsanforderungen konfrontiert, die sie legitimerweise nicht ignorieren kann. Die Einrichtung kommt also nicht umhin, den an sie gestellten Restrukturierungs- und Profilierungsanforderungen nachzukommen, denn als Teil der öffentlichen Verwaltung ist die Einrichtung zunächst und vor allem ein *Vollzugsorgan kommunaler Richtungsentscheidungen*. Zugleich aber garantiert die öffentliche Verwaltung der Einrichtung in Bezug auf die Behandlung pädagogischer Aufgaben aber eine *relative Autonomie*. D.h. der ‚Arm' der Verwaltung reicht – zumindest formal – nicht bis in den Kern der Einrichtung hinein, sondern beschränkt sich auf die Festsetzung vor allem der finanziellen und rechtlichen Rahmenbedingungen, unter den sich die erwachsenenpädagogische Arbeit vollzieht. Im vorliegenden Fall wird diese Bereichstrennung und Autoritätsbeschränkung der Verwaltung gegenüber der Einrichtung jedoch in der Weise durchbrochen, dass die Aufforderung zur Profilierung des Angebotsspektrums nicht rein quantitativ, sondern unter dem Gesichtspunkt der Nähe/Ferne der Angebote zum „Bildungsauftrag" der Einrichtung erfolgt. Es werden zum Teil sehr dezidierte, auf ganz bestimmte „freizeitorientierte" Angebote bezogene, Kürzungsanforderungen sowie umgekehrt neue Programm*ausbau*anforderungen (z.B. für Hochbegabte) formuliert.

Diese Befürchtung eines Eingriffs der Verwaltung in das ‚Kerngeschäft' der Einrichtung wird auf dem ersten Workshop von einem pädagogischen Mitarbeiter deutlich gemacht. Der Leiter der Einrichtung bemerkt an einer Stelle: „Was unser Programm angeht, da ist gefordert, dass wir grundsätzlich über dieses Profil nachdenken. Gleichwohl ist in der Einrichtung jetzt sehr wenig Neigung da, das Programm zu sichten und zu gucken, was man denn an dem Programmprofil ändern kann unter Umständen." Daraufhin der Mitarbeiter: „Ich frage mich, ob wir da Spielräume haben, ob das gegeben ist. Denn die Signale, die da kommen, das hat ja eine bestimmte Philosophie und die weicht nämlich von dem, was wir bisher machen, ab. Das ist ja kein ganz massiver Eingriff in die Programmgestaltung, aber es ist für mich die Frage, ob wir da [bei der Programmgestaltung, Verf.] noch so frei sind." Der Leiter der Einrichtung spielt die Befürchtung seines Mitarbeiters zunächst herunter, in dem er lediglich „Akzentverschiebungen" sieht. Im weiteren Verlauf wird in inhaltlich zwar konstruktiver, doch mit Bezug auf die Art der geforderten Profilierung deutlich skeptischer Haltung die Frage der Programmgestaltung diskutiert. Der Aspekt des Eingriffs in die curriculare Selbstbestimmung der Einrichtung wird in der weiteren Kommunikation mehr oder weniger deutlich mitgeführt.

Vor diesem Hintergrund wird deutlich, dass offenbar nicht allein die geforderten Strukturänderungen und Einsparungen die Einrichtung in eine dramatische Problemlage treiben; vielmehr begründet das Faktum des Eingebundenseins der Einrichtung in die öffentliche Verwaltung eine besondere Problemdimension, die das *Spannungsverhältnis zwischen Abhängigkeit und Autonomie der Einrichtung* betrifft. Die an die Einrichtung gestellten Änderungsanforderungen werden vonseiten der Einrichtung deshalb auch nicht nur als Ausdruck einer – sowieso problematischen – Rationalisierungsabsicht gelesen, sondern berechtigterweise auch als eine Gefährdung der Autonomie der Einrichtung hinsichtlich der pädagogisch planerischern und gestalterischen Arbeit angesehen. Die Beratung ist an dieser Stelle in besonderer Weise gefordert, die *ambivalente Position der Einrichtung* als Vollzugsorgan der Verwaltung *und* als relativ autonome pädagogische Organisation sowie die hieraus resultierenden, widersprüchlichen Anforderungen an die eigene beraterische Vorgehensweise im Blick zu behalten. Hinsichtlich der geforderten Restrukturierungsmaßnahmen steht die Beratung vor der Aufgabe, die Einrichtung bei der Planung und konsequenten Umsetzung des Struktur- und Personalabbaus zu unterstützen. Im Hinblick auf die geforderte Programmprofilierung hat die Beratung – als ‚peer' der Einrichtung – aber auch die Aufgabe, das Bestreben der Einrichtung nach pädagogischer Selbstbestimmung und Abgrenzung gegenüber der öffentlichen Verwaltung zu unterstützen.

Im vorliegenden Fall richtet sich das Augenmerk des Beraters daher zunächst einmal auf die Erstellung eines „Konsolidierungsprogramms". Er resümiert: „Was Ihnen bevorsteht, ist aus meiner Sicht alles andere als eine Organisationsentwicklung. Und ich würde auch jetzt schon ganz spontan anraten, den Begriff der Organisationsentwicklung für den Prozess, der Ihnen jetzt bevorsteht, nicht so zu benutzen. Weil Organisationsentwicklung wirklich einen sehr hohen Partizipationsgrad beinhaltet, von den Mitarbeitern, wo alles noch einmal überdacht und vielleicht auch das eine oder andere tatsächlich geträumt und auf Realisierbarkeit überprüft wird. Was Ihnen bevorsteht, ist ein Konsolidierungsprozess, der in erster Linie ökonomisch bedingt ist. [...] Aus meiner Sicht ist jetzt ein Konsolidierungsprogramm zu entwickeln, d.h. es gilt, Personalfluktuation, Personalabbau auf Zeitlisten einzutragen, ab wann und mit welcher Kostenwirksamkeit etwas wirksam wird. [...] Und der erste Schritt wäre aus meiner Sicht für Sie, für so eine Gruppe, die Grundlagen für einen solchen Konsolidierungsplan zu entwickeln, und zwar mit einer Vorgabe der Leitung." Mit Bezug auf die Profilierung drängt der Berater hingegen zunächst auf die Klärung der Rahmenbedingungen, unter denen das neue Programm gestaltet werden kann, denn erst unter der Voraussetzung, dass die Verbindlichkeit der inhaltlichen Änderungsanforderungen sowie die zukünftig zur Verfügung stehenden Personalkapazitäten geklärt sind, so betont er, kann die Einrichtung für sich klären, wie sie die geforderte Profilierung angehen kann.

Die hier beobachtete Auflösung des Problems in zwei verschiedene Aufgabenstellungen, den Entwurf eines Konsolidierungsprogramms einerseits und einer anschließenden Neuprofilierung des Programms unter veränderten und geklärten Rahmenbedingungen andererseits, trifft in der beratenen Einrichtung jedoch auf ein weiteres, der Strukturbesonderheit der Einrichtung geschuldetes Problem: Es erscheint zwar sinnvoll, in der Einrichtung die sequenzielle Bearbeitung von verschiedenen Aufgaben anzuregen und dabei auf die Verwirklichung einer neuen Struktur und eines neuen Programmprofils unter den veränderten Rahmenbedingungen zu achten. Allerdings setzt ein solches Vorgehen voraus, dass präzise benannt werden kann, wie viel Geld, Personal und Raumkapazität der Einrichtung zukünftig *de facto* zur Verfügung stehen wird. Gerade solche Angaben aber scheinen in der beratenen Einrichtung nicht bzw. noch nicht vorzuliegen. Vielmehr scheint es so, dass an die Einrichtung Änderungsanforderungen im Rahmen eines übergreifenden kommunalen Entwicklungs- und Entscheidungsprozesses gestellt werden, der seinerseits in vielen Hinsichten noch unabgeschlossen ist. Ebenso ist zu vermuten, dass sich die Kommune ihrerseits in der Weise wichtige Entscheidungsspielräume offen hält, indem sie die einzelnen Einrichtungen, so auch die beratene Weiterbildungseinrichtung, gerade nicht mit (vorschnellen) präzisen Angaben über zukünftige Budgets versorgt, sondern im Sinne zukünftiger Entscheidungsfähigkeit, Unschärfen über noch zu vergebende bzw. zu streichende Mittel beibehält. Ein ‚Durchgriff' seitens der beratenen Einrichtung auf übergreifende Planungen und Festsetzungen scheint mithin kaum möglich; entsprechend erfolgen die Planungen und Änderungsentwürfe in der Einrichtung unter unhintergehbaren Unsicherheitsbedingungen.

Im beobachteten Beratungsprozess wird die mangelnde Einsicht der Einrichtung in den tatsächlichen Stand der Neufestlegung von Rahmenbedingungen seitens der Stadt durchgehend zum Problem. Verschärft wird diese Situation zudem noch dadurch, dass diese Unklarheit in den Beratungsveranstaltungen nicht als ein strukturell bedingtes Problem kommuniziert wird, sondern zunächst und vor allem dem Leiter der Einrichtung zugerechnet wird: Unter Verweisen auf die Notwendigkeit von „klaren Vorgaben seitens der Leitung" machen die anwesenden Mitarbeiter/innen auf das uneindeutige Aussageverhalten des Leiters aufmerksam, der sich seinerseits immer wieder auf seine vergleichsweise schwache Position in den „Verhandlungen" mit der Stadt zurückzieht. Erst im Laufe des Beratungsprozesses werden vom Leiter nach und nach konkrete Zahlen und Zeitangaben benannt, die jedoch kaum das Bild eines klar umrissenen ‚Rahmens' abgeben, als vielmehr das Bild von verstreuten, wenngleich wichtigen ‚Eckdaten' für die anstehenden Veränderungen. Nicht kommuniziert und damit eben auch unklar bleibt im Beratungsprozess die Frage, ob und inwieweit der Leiter der Einrichtung überhaupt Einsicht in die übergreifenden Planungsprozesse der Stadt hat. So wird selbst noch auf dem dritten Workshop zur Profilierung des Programms die mangelnde Klarheit über die tatsächlichen Rahmenbedingungen, unter denen die Änderungsmaßnahmen in der Einrichtung in die Wege geleitet werden sollen, mit Blick auf das Raummanagement der Einrichtung problematisiert.

In der gegebenen Situation übernimmt der Berater weder die Aufgabe, die gegebenen Unsicherheiten ‚wegzureden' und vermeintliche Sicherheiten zu erzeugen, noch bewertet er die Vermeidung konkreter Aussagen durch den Leiter der

Einrichtung. Angesichts der (auch) strukturell bedingten Unsicherheiten, unter denen in der Einrichtung organisatorische Veränderungen vorbereitet und geplant werden müssen, macht es sich der Berater vielmehr zur Aufgabe, die Beteiligten darin zu bestärken, den Handlungsspielraum zu bestimmen, innerhalb dessen die Einrichtung auch unter sich möglicherweise noch ändernden Bedingungen planen und entscheiden *kann*. D.h. es geht um die Erhöhung der Handlungsfähigkeit der Einrichtung unter Unsicherheitsbedingungen.

Im vorliegenden Fall regt die Beratung hierzu in der beratenen Einrichtung eine Planungsdiskussion an, wobei zunächst mögliche zukünftige Aufgabenprofile und in einem weiteren Schritt mögliche Schwerpunktverlagerungen und Neustrukturierungen im Programmangebot in den Mittelpunkt gerückt werden. Im zweiten Workshop sind pädagogische Mitarbeiter/innen sowie Sachbearbeiterinnen zugegen. Im Mittelpunkt der Diskussion stehen mögliche Aufgabenverlagerungen, die mögliche Neukonzeption von Aufgabenzuschnitten sowie damit einhergehende Veränderungen der Kooperationsbeziehungen zwischen den verschiedenen Bereichen und Mitarbeitergruppen in der Einrichtung. Im dritten Workshop werden die Fachbereichsleiter/innen zur Präsentation und Diskussion der ‚alten' und ‚neuen' Programmprofile ihres jeweiligen Fachbereichs unter Berücksichtigung der Frage, an welchen Stellen eine Verschlankung möglich ist, angehalten. Der augenscheinliche Effekt der beiden Workshops ist zunächst und vor allem die Sensibilisierung der Belegschaft für die in der Einrichtung anstehenden Veränderungen. Die Beteiligten werden gefordert, sich mit ihrem jeweiligen Arbeitsbereich auseinander zu setzen, und zwar a) im Hinblick auf seine Einordnung in die Gesamtprozesse der Einrichtung und b) im Hinblick auf seine mögliche Veränderung. Die Beratung unterstützt in dieser Weise, so könnte man sagen, die Entwicklung des ‚Möglichkeitssinns' der Mitarbeiter/innen. Parallel dazu macht der Berater den Leiter der Einrichtung konsequent auf seine Steuerungsaufgabe aufmerksam, so etwa indem er ihn zur schriftlichen Formulierung von Vorgaben über das weitere Vorgehen im Beratungsprozess und zur mündlichen Formulierung der „weiteren Schritte" am Ende der Präsenzveranstaltungen anhält.

Zusammenfassend lässt sich sagen, dass die strukturelle Einbindung der beratenen Einrichtung in die öffentliche Verwaltung im beobachteten Fall das Beratungshandeln vor allem in der Hinsicht konditioniert, dass die Beratung die ambivalente Bedeutung der Einrichtung als Vollzugsorgan der öffentlichen Verwaltung und als relativ autonome pädagogische Organisation in Rechnung zu stellen und das beraterische Handeln daraufhin abzustimmen hat. Die Beratung kann insofern nicht auf ‚die' Einrichtung Bezug nehmen, sondern ist gehalten, bei ihrer Prozess- und Interventionsplanung unterschiedliche Referenzrahmen zu berücksichtigen. Dabei mag es in der Beratung – wie es vermittelt im vorliegenden Fall auch zu beobachten ist – durchaus zu einer zweigleisigen Beratungsstrategie kommen, wobei eine Strategie auf die Offenlegung der begrenzten Einsichts-, Entscheidungs- und Handlungsmöglichkeiten, mithin auf die reaktive, ausführende Rolle der Einrichtung, die andere Strategie hingegen auf die Stärkung der Eigenverantwortung und Handlungsfähigkeit, mithin auf die aktive und gestaltende Rolle der Einrichtung ausgerichtet ist.

Soweit diese zweifache Bedeutung der Organisationsberatung in den Einrichtungen der öffentlich geförderten Weiterbildung als typisch angesehen werden kann, ergibt sich hieraus nicht zuletzt ein spezifisches Problem der Beratung selbst, das man als ein ‚beratungsstrategisches Oszillieren' bezeichnen könnte. Um dieses Oszillieren beraterisch ‚in den Griff' zu bekommen, bedarf es nicht zuletzt der Entwicklung entsprechend differenzierter Wissensgrundlagen und Formen der Selbstbeobachtung und -beschreibung, die zu vermeiden helfen, dass unkenntlich wird, auf welche organisatorische Dimension von Weiterbildungseinrichtungen sich das jeweilige beraterische Handeln bezieht – auf die administrative oder aber die pädagogische Dimension.

4.3.2 Die Kultur der Weiterbildungseinrichtung als Bedingung des Beratungshandelns

Es wurde bereits darauf hingewiesen, dass die Beratung im vorliegenden Fall auf eine sachliche Problembearbeitung drängt und damit Sinn- und Wertediskussionen auszuklammern sucht. Ebenso wurde angesprochen, dass diese beraterische ‚Strategie' auf der Erwartung einer ausgeprägt wertbezogenen Kommunikations- und Diskussionskultur in der Einrichtung fußt. Insofern ist bereits aus dem Verlauf der Beratung ersichtlich, dass und wie die kulturellen Eigenarten der beratenen Einrichtung das Beratungshandeln beeinflussen. Im Folgenden soll dieser Punkt nochmals genauer in Augenschein genommen werden. Zuvor jedoch noch ein paar allgemeine Anmerkungen zum hier zugrunde gelegten Kulturbegriff.

Unter ‚Kultur' werden im vorliegenden Beitrag die in Organisationen, so auch in Weiterbildungseinrichtungen kommunikativ erzeugten und eingelebten *symbolischen Ordnungen* gefasst, die dem alltäglichen organisatorischen Kommunikationsgeschehen Sinn und Bedeutung verleihen und es von Anderem abgrenzen (vgl. Bardmann 1994). In dieser Sicht wird Kultur auf der Basis von sozialen Deutungs-, Interpretations-, Darstellungs- und Reflexionsleistungen erzeugt und erhalten. Die Kultur einer Organisation schlägt sich dabei in typischen Kommunikationsformen und -weisen, in sozialen Beziehungen, ritualisierten Handlungen und in Artefakten nieder.

Kultur im hier vorgeschlagenen Sinn bezieht sich auf die zur Selbstverständlichkeit geronnenen und dem Reden, Handeln und Entscheiden in der Einrichtung zugrunde gelegten Deutungen dessen, was als *wertvoll* und als *wertlos* erachtet wird. Die Funktion der Kultur besteht also vor allem darin, in der Organisation Wertentscheidungen zu ermöglichen, die unterstreichen, was man sowieso tun will und was man ablehnt. Die Kultur der Organisation stellt so den ‚Normallauf' eines sich selbst als sinn- und bedeutungsvoll beschreibenden organisatorischen Geschehens sicher. Im hier zugrunde gelegten Verständnis darf Kultur aber nicht mit einem starren Wertesystem verwechselt werden, das der Organisation dauerhaft und unveränderbar Entscheidungs- und Handlungsprämissen vorgibt. Die Kultur selbst ist vielmehr beweglich, d.h. sie konstituiert, entwickelt und artikuliert sich selbst *in der Zeit* und zwar als mitlaufende Beobachtung des organisatorischen Geschehens. In diesem Sinne ermöglicht die Kultur auch selbstkritische Beobachtungen der Organisation; die Kultur macht die Organisation im Extremfall sogar gegenüber selbst getroffenen Entscheidungen ablehnungsfähig, wenn gesehen wird, dass man dort, wo man Wertakzente gesetzt hat, keine ausreichenden Resultate mehr einfährt – seien es ökonomische Vorteile, seien es hohe Teilnehmerzahlen, sei es die Verständigung und Kooperation der Mitarbeiter usw. (vgl. Baecker 1999, S. 240). Die Kultur der Organisation ist m.a.W. eine permanent mitlaufende ‚Verrechnung' des organisatorischen Geschehens unter der Leitunterscheidung wertvoll/wertlos.

Vor dem Hintergrund dieses Kulturverständnisses kann für die beratene Weiterbildungseinrichtung zunächst gesagt werden, dass in ihr Werthaltungen und Orientierungen gepflegt werden, die auf zugrunde liegende soziale Ideale humanistischer Provenienz verweisen. In der Kultur der beratenen Einrichtung dominieren – schlagwortartig zusammengefasst – Werte, wie etwa informationelle Offenheit, Konsensorientierung, Gleichheit, Partizipation und Solidarität. Während des Beratungsprozesses werden diese Orientierungen insbesondere durch

- die frühzeitige Information der pädagogischen Mitarbeiter/innen über bevorstehende Änderungen und damit einhergehende Planungsaufgaben,
- das explizierte Interesse an der Erhaltung von Personalkapazitäten,
- einen offenen, verständigungsorientierten Kommunikationsstil zwischen Leitung und pädagogischen Mitarbeiter/innen,
- das Bekenntnis zum „Partizipationsprinzip",
- einen hoch kontrollierten Umgang der pädagogischen Mitarbeiter/innen mit offener und/oder persönlicher Kritik

deutlich gemacht und unterstützt. Entsprechend kann gesagt werden, dass in der Einrichtung vor allem solche Kommunikations- und Handlungsweisen als ‚wertvoll' angesehen werden, die kenntlich machen, dass sie auf

- sozialen Zusammenhalt,
- die Harmonisierung von Interessensunterschieden,
- Beteiligung und
- wechselseitige Achtung von Personen

mithin auf die Stiftung sozialer Einheit hin ausgerichtet sind. Als ‚kulturfremd' werden hingegen all solche Kommunikations- und Handlungsweisen erachtet, die soziale Differenzen und Unterschiede betonen. Besonders sensibel beobachtet man in der beratenen Einrichtung daher *Machtasymmetrien* etwa zwischen der öffentlichen Verwaltung und der Einrichtung, *Statusdifferenzen* etwa zwischen Leitung und pädagogischem Personal, Zugehörigkeiten von Personen zu den *unterschiedlich organisierten Arbeitskontexten* von ‚Pädagogik' vs. ‚Verwaltung'. Diese Erscheinungen werden offenbar als tendenziell ‚gefährlich' angesehen, weil sie die kulturell erwünschte und gewollte soziale Einheit stören oder gar zerstören könnten. Dabei scheint die ‚öffentliche Verwaltung' in der beratenen Einrichtung geradezu sinnbildlich als Kontrastfolie zu den in der Einrichtung gepflegten Werthaltungen und Orientierungen herangezogen zu werden:

Während des ersten Workshops mit dem Leiter der Einrichtung und ausgewählten pädagogischen Mitarbeiter/innen wird zunächst das zu bearbeitende

Problem beschrieben, erläutert und durch die Anwesenden kommentiert. Gewissermaßen mitlaufend zu den Informationen über Art und Inhalt des zu bearbeitenden Problems wird im Reden der Beteiligten immer wieder die Abgrenzung der Einrichtung gegenüber der öffentlichen Verwaltung und ihren Vertretern verdeutlicht. In den Fokus der Kritik gerät dabei insbesondere der – strukturell zwar begründete und mithin zu beachtende, kulturell jedoch kaum zu akzeptierende – *Autoritätsanspruch* der kommunalen Verwaltung gegenüber der Einrichtung. Wiederkehrende Floskeln, wie etwa die „oberste Heeresleitung", „die ziehen uns die Hammelbeine lang" oder „die da oben" lassen keinen Zweifel daran, dass man sich in der Einrichtung und als Einrichtung dem Autoritätsanspruch der Verwaltung und deren Vertretern zwar beugt, dies allerdings in ironisierender und keineswegs wertschätzender Haltung.

Die in der Einrichtung vertretenen Werte und Orientierungen beinhalten zugleich eine scharfe Ablehnung der Verwaltungsumgebung und ihren bürokratisch und politisch gefärbten Kommunikations- und Handlungsweisen. In dem Maße, wie sich die Verwaltung als entscheidende und zuwendungsgebende Instanz in der Einrichtung bemerkbar macht – und dies tut sie im vorliegenden Fall ja unübergehbar – scheint daher das kulturelle Bedeutungsgeflecht der Einrichtung herausgefordert zu werden, sich zu artikulieren und expressiv in Szene zu setzen. Dies geschieht zunächst und vor allem mit Blick auf die Position des Leiters der Einrichtung:

Auf dem ersten Workshop wird im Kreis der anwesenden pädagogischen Mitarbeiter/innen sowie dem Leiter der Einrichtung zunächst die gemeinsame Sorge um die von den bevorstehenden Änderungen betroffenen Mitarbeiter/innen geäußert. Ebenso signalisiert der Leiter der Einrichtung sein Verständnis für Motivationsverluste und mögliche Abwehrreaktionen seiner Mitarbeiter. Diese zum Ausdruck gebrachte Empathie des Leiters wird umgekehrt mit einem gewissen Verständnis für die prekäre Situation des Leiters ‚belohnt'. Eine Fachbereichsleiterin weist nicht nur auf die Sorgen des Amtsleiters hin; sie souffliert den Leiter der Einrichtung geradezu: „Wie soll man die Kollegen denn daran beteiligen? Sollen die denn ihren eigenen Abgang planen? Sollen die denn planen, wie sie überflüssig werden? So, das ist ganz schwierig. Was verlangt man denn da von denen? Und werden die nicht völlig verständlicherweise ihre Kraft da reinsetzen, um genau das zu verhindern? Und das kommt ja dann auch ... die Rolle des Leiters ... der ja nicht derjenige ist, der die Todes-, das ‚Todesurteil' äh der Vollstrecker ... also in welche Rolle kommt der denn dann?" Auf diese Äußerung reagiert der Leiter sofort und zustimmend: „Sie haben natürlich genau den Punkt genannt, der mich schon ereilt hat ..."

Deutlich wird an der genannten Situation, dass in der beratenen Einrichtung auftretende Interessensdivergenzen und schwelende Konflikte registriert und auch zum Thema gemacht werden, dass dies jedoch in der Gruppe der pädagogischen Mitarbeiter nicht in der Form einer Konfrontation geschieht. Vielmehr dominiert eine Semantik der Sorge und des Verständnisses, die sowohl von der Leitung gegenüber den betroffenen Mitarbeitern wie auch von den Mitarbeitern gegenüber der Leitung in Anschlag gebracht wird. Auffallend ist allerdings, dass insbesondere die Sorge über einen möglichen Rollenwechsel des Leiters von einem mitbetroffenen ‚Teil des pädagogischen Personals‘ hin zur ‚Ausführungsinstanz kommunaler Entscheidungen‘ deutlich zum Ausdruck gebracht wird. Es scheint so, dass die strukturell bedingte ‚Nahtstellenposition‘ des Leiters an der Grenze zwischen öffentlicher Verwaltung und pädagogischer Einrichtung auch als potenzielle ‚Gefährdung‘ der Binnenkultur der Einrichtung angesehen wird. D.h. der Leiter scheint in der gegebenen Problemsituation sehr genau darauf hin beobachtet zu werden, ob sich sein Verhalten *für oder aber gegen die Einrichtung und die hier gepflegten Werte und Orientierungen* richtet. Die pädagogischen Mitarbeiter artikulieren sich in der gegebenen Situation also nicht nur als ‚Betroffene‘, sondern auch als ‚Kulturträger‘ der Einrichtung, die die Einrichtung vor möglichen Ein- und Übergriffen der Verwaltung (und deren ‚Befehlskultur‘) schützen. Die sofortige Zustimmung des Leiters bzgl. der Rede der Fachbereichsleiterin kann dann auch als *explizite Selbstzuordnung des Leiters zum pädagogischen Personal* und als Anerkennung der von ihm ‚getragenen‘ Kultur der Einrichtung verstanden werden. Mit dieser Prozedur nimmt sich der Leiter der Einrichtung jedoch auch die Möglichkeit, als Ausführungsinstanz von Verwaltungsentscheidungen zu praktizieren und die in der Einrichtung notwendig werdenden Planungs- und Umsetzungsschritte wirklich zu entscheiden. Als eindeutiger ‚Insider‘ kann der Leiter der Einrichtung m.a.W. nicht mehr im Sinne der öffentlichen Verwaltung operieren, ohne zum ‚Verräter‘ der in der Einrichtung gepflegten Haltungen, Orientierungen und Werte zu werden.

In dieser Situation setzt der externe Berater weder auf eine offensichtliche moralische Unterstützung des Leiters, noch macht er auf die – durch den Leiter kommunikativ selbst miterzeugte – Handlungs- und Entscheidungsblockade aufmerksam. Eine moralische Unterstützung würde hier möglicherweise nur zur Unwahrscheinlichkeit einer tatsächlichen Problembearbeitung beitragen; ein Drängen auf die Ausführungs- und Entscheiderrolle des Leiters könnte die kulturelle Anerkennung des Leiters untergraben und stattdessen harte Konfrontationslinien zwischen Leitung und pädagogischem Personal hervorrufen. Der Berater ‚benutzt‘ stattdessen seine eigene Position als ein in das Geschehen eingeschlossener und in kultureller Hinsicht zugleich ausgeschlossener ‚Dritter‘:

Der Berater verfolgt während des ersten Workshops die laufende Kommunikation weitgehend schweigend. Er nimmt zu den Deutungen und Interpretationen, vor allem auch zu den Selbst- und Fremdthematisierungen des Leiters nicht Stellung. Erst als alle Beteiligten ihre Einschätzung der Problematik abgegeben haben, ergreift der Berater das Wort. Und dabei übernimmt er ein Stück weit genau den Rollenanteil, den der Leiter der Einrichtung zuvor von sich gewiesen hat, d.h. der Berater präsentiert sich zwar in seiner Beraterrolle, folgt in seiner Kommunikation jedoch *der Logik des Ausführenden von Verwaltungsentscheidungen*. So macht der Berater in deutlichen Worten auf die Art des zu erwartenden Änderungsprozesses aufmerksam: „Es wird im Rahmen dieses Prozesses ganze Abteilungen, ganze Hierarchieebenen geben, die zu den Prozessverlierern gehören. Da kann man einfach nicht erwarten, dass die Kolleginnen und Kollegen sich motiviert wegrationalisieren. Das ist einfach nicht zu erwarten, das muss man ganz offen und direkt ansprechen. Es ist eine knallharte Konsolidierungs- und Rationalisierungspolitik, die sie hier durchführen müssen." Auf diese Bemerkungen hin erfolgt in der Gruppe zunächst eine längere ‚Murmelpause'. In diese Situation hinein fragt eine anwesende Mitarbeiterin dann: „Und wie machen wir das?" Daraufhin macht sich zunächst Gelächter breit; im nachfolgenden Verlauf der Sitzung wird das weitere Vorgehen schrittweise geplant, wobei der Berater die entscheidenden Anregungen gibt. D.h., der Berater schlägt vor, wie die Planung der Restrukturierung weiter vorangetrieben werden kann und welche Personen hierbei zu berücksichtigen sind; der Berater gibt vor, welche Produkte zu erstellen sind – darunter die Beschreibung von Aufgabenprofilen sowie ein Zeitmaßnahmenplan. Nicht zuletzt wird vom Berater festgehalten, welche Aufgaben bis wann zu erfüllen sind, um den Prozess weiter voranzutreiben.

Der Berater ‚restituiert' in der akuten und hochsensiblen Problemsituation gewissermaßen die kulturell ungewünschte und prekäre Rolle des Leiters als Ausführungsinstanz von Verwaltungsentscheidungen. Dadurch eröffnet der Berater dem Leiter zunächst einmal, seinen kulturell anerkannten Status als ‚Teil' des pädagogischen Personals beizubehalten, der notwendig ist, um in der Einrichtung von den pädagogischen Mitarbeitern den nötigen Rückhalt angesichts der bevorstehenden Veränderungen zu gewinnen. Zugleich kann der Berater in der ihm zugeschriebenen Rolle als *fremder* Helfer und Unterstützer aufseiten der Beteiligten die notwendige Aufmerksamkeit für anstehende Änderungen herstellen, ohne in die gleichen kulturellen Zugzwänge zu geraten, wie der Leiter der Einrichtung.

Mit Blick auf die öffentliche Verwaltung versteht man sich in der beratenen Einrichtung offenbar als eine zwar abhängige, doch resistente ‚Sub- und Gegenkultur'. In diesem Selbstverständnis *kann* man sich in der beratenen Einrichtung nicht einfach auf die Änderungsvorgaben seitens der Verwaltung einlassen; es wird – im Sinne Abschirmung und Befolgung der eigenen kulturellen Handlungs- und Entscheidungsprämissen – den Beteiligten geradezu zur Pflicht, die nicht-sachliche, genauer: die *politische Dimension* des Problems zu belichten und nach Resistenzmöglichkeiten zu fahnden.

Besonders deutlich wird diese Suche nach Resistenzmöglichkeiten im Rahmen des ersten Workshops. Als es um die Frage geht, wie die Einrichtung auf die an sie gestellten Änderungsanforderungen reagieren kann, wird von einer Anwesenden der Vorschlag aufgebracht, eine eher symbolische, denn effektiv auf Veränderung setzende Kommunikation in Gang zu bringen: Man solle doch zunächst einmal einige kleinere, leicht zu verwirklichende ‚Änderungen' vornehmen und diese der Verwaltung als ‚Beginn' des Restrukturierungs- und Profilierungsprozesses vorführen. Man solle „nur ein Signal an die Politik" geben, denn, so betont die Anwesende, das „muss man ja machen, man muss die ja irgendwie füttern".

Dieser Vorschlag wird im weiteren Verlauf des Workshops zwar wieder verworfen, er zeigt aber, dass und vor allem *wie* in der Einrichtung Resistenzmöglichkeiten sondiert werden. Insbesondere scheint man dabei auf die Unterscheidung von ‚talk' und ‚action' bzw. auf die ‚Poesie von Reformen' (vgl. Luhmann 2000) im Unterschied zu tatsächlicher Veränderung zu setzen. D.h. es wird anvisiert, ein Reden *über* Veränderungen in Gang zu setzen bzw. eine

,Geräuschkulisse' zu erzeugen, die dann die Notwendigkeit einer wirklichen Änderung – zumindest eine Zeit lang – aus dem Blickfeld rücken soll.

Ganz ähnlich wird diese ,Taktik' des Zeigens von Veränderungsbereitschaft bei gleichzeitiger Nicht-Änderung auf dem dritten Workshop mit nahezu allen Fachbereichsleiter/innen der Einrichtung beobachtbar: Die Anwesenden sind gebeten worden, ihre jeweiligen Fachbereiche vorzustellen und dabei die Möglichkeiten für Programmverschlankungen kenntlich zu machen. Zwar wird von den Anwesenden die Möglichkeit zur Darstellung der jeweiligen Programmbereiche beinahe durchgehend begrüßt. Doch stehen hier offenbar eher die Aspekte der wechselseitigen Kenntnisnahme und Wertschätzung sowie der Verständigung über die Leistung der VHS im Vordergrund. Ebenso wird die Präsentation als willkommene Gelegenheit zur Formulierung von bereits heute bestehenden finanziellen und personellen Defiziten genutzt. Bezogen auf die Aufgabenstellung ,Profilierung/Verschlankung des Angebots' scheinen sich die Beteiligten nicht nur ihrer je spezifischen Betroffenheit bewusst, sondern vor allem auch ihrer Rolle als ,Aktive' in einem äußerst problematischen Konsolidierungsprozess. Die Präsentationen lassen durchweg eine ,Diplomatie' des Zeigens von hohem Engagement und des Verdeckens von wirklichen Einschnittsmöglichkeiten in das bestehende Programm erkennen. Diese Tendenz bestätigen auch die an die jeweiligen Präsentationen anschließenden Diskussionen. Hier dominieren Fragen und Kommentare, die – zusammengenommen – eher auf den *Erhalt*, wenn nicht sogar den *Ausbau des Bestehenden* gerichtet sind, als auf die Verschlankung des Programmangebots. Vor allem wird davor gewarnt, Angebote pauschal infrage zu stellen. Man ist sich einig darüber, dass jedes Angebot erst einer genaueren Prüfung bedarf, bevor eine Entscheidung über den Erhalt/den Wegfall des Angebotes gefällt wird.

In dieser Lage ist der Berater, der ja geholt wurde, um in der Einrichtung die Umsetzungsplanung von Änderungsvorgaben in Gang zu bringen, in besonderer Weise gefordert: Ihm wird es zur Aufgabe, die in der Einrichtung offenbar eingespielte Taktik, über die Belebung des ,talk' der ,action' aus dem Wege zu gehen, aufzubrechen und so den Boden für wirkliche Veränderungen zu bereiten. Dabei muss der Berater auf die eine oder andere Weise die Handlungsprämissen, die das Beharren der Einrichtung auf dem *Status quo* unterstützen, soweit verunsichern, dass sie von Beteiligten ablehnbar werden. Erst unter dieser Voraussetzung wird es möglich, dass die Beteiligten sich auf ein anderes Handeln bzw. auf eine wirkliche Arbeit an der Problemlösung einstellen können.

Im vorliegenden Fall umgeht der Berater ein direktes Ansprechen der zu beobachtenden, resistenzförderlichen Taktik, d.h. er spricht nicht an, dass er sieht, wie sich die Beteiligten aus ihrer Aufgabe der Planung von Veränderungen ,herauszureden' versuchen. Damit würde er sich nicht zuletzt zum offiziellen ,Gegenspieler' der Einrichtung machen und sich – wie dann auch dem Leiter der Einrichtung – die Möglichkeiten zur weiteren Kooperation womöglich abschneiden. Statt dessen konstruiert der Berater die Situation dahin gehend um, dass er die ihm dargebotenen ,Desinformationen' wie Anzeichen für Missverständnisse und fehlendes betriebswirtschaftliches Know-how behandelt.

In dieser Weise ermöglicht der Berater zunächst ein scheinbar ‚symmetrisches' Verhältnis (vgl. Watzlawick u.a. 1969) zu den Beteiligten: In den Situationen, in denen die Mitarbeiter/innen der Einrichtung mehr oder weniger augenscheinlich auf dem *Status quo* beharren, antwortet der Berater ebenfalls mit Beharrlichkeit. Er weist einfach immer wieder auf die Notwendigkeit hin, dass bei allen Planungen und Überlegungen zur Programmprofilierung *wirkliche Einsparungen* erzielt werden müssen, dass „die Kostenwirksamkeit" der vorgeschlagenen ‚Veränderungen' nachweisbar sein müsse. Auf diese Weise umgeht der Berater die offensichtliche Problematisierung der Veränderungsresistenz, erreicht aber dennoch eine schrittweise ‚Kanalisierung' der Kommunikation auf die zu behandelnde Problematik hin. Dabei erzeugt er auf ‚seiner Seite' allerdings einen leichten ‚Deutungsüberhang', indem er sich in den Workshops stets in deutlicher Nähe zum Leiter der Einrichtung und mithin zur formalen (nicht: kulturell erwünschten) Machtstellung positioniert.

Vor dem Hintergrund, dass die Organisationsberatung immer mit mehr oder weniger deutlichen Veränderungsresistenzen in den beratenen Organisationen sowie mit Strategien und Taktiken der Vermeidung von Änderungen zu rechnen hat (vgl. Wimmer 2001, Ehses/Zech 1999), erscheint der vorliegende Fall zunächst als typisch. Seine Besonderheit gewinnt er allerdings durch die spezifische Einfärbung der ‚Resistenz' in der beratenen Weiterbildungseinrichtung. Denn in ihrem Selbstverständnis als Sub- bzw. Gegenkultur zur Kultur der öffentlichen Verwaltung scheint die Resistenz gegenüber vonseiten der Verwaltung auferlegten organisatorischen Änderungen eher positiv, als ‚kulturelle Leistung' besetzt zu sein. D.h. in der beratenen Einrichtung geht es nicht einfach um eine *Veränderungs*resistenz und um deren ‚Brechung' im Beratungsprozess; es geht um weit mehr, nämlich um die Frage des Erhalts oder die (zumindest zeitweilige) Verabschiedung einer in der Einrichtung entwickelten und im *Selbstbild der Einrichtung verankerten, kulturellen Kompetenz*. Entsprechend gerät die Beratung im vorliegenden Fall in das Dilemma, einerseits gegen die in der Einrichtung offenbar werdenden Resistenzen operieren zu müssen, sie andererseits aber – um den Preis der Erhaltung einer tragfähigen Arbeitsbeziehung zur Klientenorganisation – nicht einfach offen angreifen zu können. Die kulturelle Herausforderung der Beratung besteht mithin darin, die Ablehnung von gewohnten und vertrauten Handlungsprämissen, darunter vor allem die Prämisse der ‚kulturellen Selbstverteidigung' der Einrichtung gegenüber wie immer gearteten Eingriffen und Änderungsansprüchen der öffentlichen Verwaltung, zu erreichen, ohne dabei zugleich *selbst* zum Anlass und Anreger von kulturellen Selbstverteidigungsmaßnahmen und mithin – als Beratung ineffektiv zu werden.

Soweit unterstellt werden kann, dass in den Einrichtungen der öffentlich geförderten Weiterbildung zumindest eine kulturelle Differenz zu der Kultur der öffentlichen Verwaltung gepflegt wird, dass man sich in den Einrichtungen also als ‚anders' gegenüber der Verwaltung versteht, dann ergibt sich hieraus für die Beratung dieser Einrichtungen auch das Problem, die besonders in Problemsituationen mitlaufende kulturelle Selbstverständigung und Abgrenzung im Blick zu behalten und ‚in den Griff' zu bekommen. Dabei scheint die Beratung wohlberaten zu sein, wenn sie sich dem kulturellen Selbstverständnis und den darin enthaltenden Abgrenzungsmechanismen der jeweils beratenen Einrichtung eben gerade nicht (z.B. in Form einer pädagogischen Organisationsberatung) einseitig verpflichtet. Es geht offenbar nicht darum, die Probleme der beratenen Einrichtung so zu verstehen, wie sie in der beratenen Einrichtung verstanden und kommuniziert werden. Es scheint brauchbarer zu sein, als Berater in kultureller Hinsicht eine Art Inside/Out-Position einzunehmen, die einerseits den Einblick in die kulturellen Selbstverständigungs- und Verteidigungsmechanismen der beratenen Einrichtung erlaubt, die andererseits aber auch eine ‚Kulturblindheit' beratungsstrategisch einzusetzen erlaubt, wenn es um die Öffnung der beratenen Einrichtungen für einen konstruktiven Umgang mit Ansprüchen und Interessen des öffentlichen Zuwendungsgebers geht. Voraussetzung hierfür ist ein entsprechendes ‚Kulturwissen' der Beratung, das eine rasche Erfassung sowie eine distanzierte und flexible Bezugnahme auf die Kultur der jeweils beratenen Einrichtung ermöglicht.

4.4 Erfahrungen mit Organisationsberatungen in der Weiterbildung

Während bei der Entwicklung und Erprobung didaktischer Innovationen nur in wenigen Fällen auf eine wissenschaftliche Begleitung verzichtet wird, ist auffallend, dass in der Profession zwar im Rahmen des kollegialen Austausches oder in Fachkonferenzen über Organisationsberatung gesprochen wird, aber bis vor Kurzem nur äußerst wenige dokumentierte und reflektierte Erfahrungen vorlagen (z.B. von Küchler 2004; Ehses/Zech 2004, Kil 2004). So stellte Meisel (2000) fest, dass im Rahmen der Organisationsberatung des DIE so gut wie nie nach Qualifikation bzw. Ausbildung der Berater gefragt wurde. Angesichts dessen, dass in der Profession Weiterbildung mittlerweile eine ganze Reihe von Mitarbeitenden selbst über eine beratungsorientierte Zusatzausbildung verfügen, ist dies zumindest auffällig.

Im Weiteren werden aus drei unterschiedlichen Perspektiven Beratungserfahrungen dargestellt:

1) Aus der Perspektive eines Beraters; Grundlage ist ein Referat in einem Seminar zur Organisationsentwicklung.
2) Aus der Perspektive von beratenen Einrichtungen; Grundlage ist die Auswertung einer Gruppendiskussion mit Vertretern (Mitarbeiterinnen und Leitungspersonal) dieser Einrichtungen nach Beendigung des Beratungsprozesses.
3) Aus der Perspektive des Leitungspersonals von beratenen Einrichtungen; Grundlage ist die Auswertung von 27 Interviews (Kil 2004).

1. Ein Berater reflektiert über seine Erfahrungen

Vorbereitung der Beratung: „Vor dem Abschluss eines Beratungsvertrages finden im Allgemeinen vorbereitende Gespräche statt. Die Einrichtung will etwas über das Beratungskonzept wissen und natürlich die Berater kennen- und einschätzen lernen. Umgekehrt ist es für den Berater wichtig auszukundschaften, ob es sich überhaupt um einen „Beratungsfall“ handelt, konkreter: ob die Beratung die Einrichtung überhaupt für beratungsfähig hält. Ist eine Offenheit für Beratung, zumindest eine Bereitschaft vorhanden, die eigene Berufs- und Organisationsrealität selbstkritisch zu prüfen und alternative Vorgehensweisen einmal zu bedenken?“

Kontraktgestaltung: „In der Beratungsliteratur steht überall, wie wichtig der Kontrakt ist, dass man diesen möglichst genau formulieren und dabei auch die gegenseitigen Verpflichtungen klar beschreiben soll. Dies ist einerseits unbedingt zu unterstreichen. Andererseits: Die Beratung sollte auf alle Fälle weiterhin kritisch prüfen, ob nicht geheime oder unbewusste Beratungsaufträge mitvergeben werden. Hat die Leitung ein bestimmtes strategisches Entwicklungskonzept im Kopf und will sie es mithilfe der Beratung durchsetzen? Sollen strukturelle oder gar personelle Entscheidungen über das Beratungshandeln legitimiert werden? Oder stößt Beratung deshalb auf Akzeptanz, weil man sich erhofft, es endlich einmal der „schlechten Leitung“ zeigen zu können?“

Bestandsaufnahme: „Pädagogische Einrichtungen sind oft sehr kompetent in der Ausgestaltung von Pinnwänden bei der Beschreibung von Stärken und Schwächen. Gleichwohl bleibt oft ein Gefühl, dass die wichtigen Probleme der Einrichtung noch nicht so richtig auf den Tisch gekommen sind. Hier muss die Beratung mit geeigneten Methoden nachfassen und Tabufragen bearbeitbar machen: Dazu gehören beispielsweise Fragen nach Machtverhältnissen in der Organisation, nach Konkurrenzen zwischen Abteilungen und Ähnliches.“

Mehrbelastung: „Organisationsentwicklungsprozesse bedeuten für die Einrichtung eine Mehrbelastung. Quasi neben der Regelarbeit finden zahlreiche Termine statt, muss man sich mit Konflikten beschäftigen, werden neue Organisationsmodelle entwickelt (u.ä.). Das ist nicht nur eine Belastung der Arbeitskraft, es sind auch Belastungen für die Personen, weil Veränderungen immer auch Veränderungen für das eigene berufliche Handeln bedeuten.“

Festlegung von Veränderungsschwerpunkten: „Nach der Phase der Bestandsaufnahme herrscht häufig eine richtig gute und engagierte Aufbruchstimmung. Diese nun in die Veränderungsplanung so mitzunehmen, ohne die Einrichtung zu überfordern, ist manchmal schwierig. Die Beratung muss auch die Ressourcen der Einrichtung einschätzen können und möglicherweise sogar den Prozess bremsen, damit nicht zu viele Baustellen bearbeitet werden und dann der ganze Prozess gefährdet wird.“

Umsetzungsphase: „Wenn man einmal die einzelnen Phasen der Organisationsentwicklung aus der Beratungsperspektive Revue passieren lässt, dann ist oft bis zum Ende der Veränderungsplanung eine richtig gute Stimmung. Dann geht es aber an die Substanz. Es wird ja nicht nur eine Einrichtung verändert. An die einzelnen Mitarbeiter werden z.T. neue Anforderungen gestellt. Teams werden neu zusammengesetzt. Man muss vertraute Arbeitsbereiche verlassen und mit Menschen zusammenarbeiten, denen man bislang nur auf dem Flur begegnete. Einwände gegen bestimmte Veränderungen sind nicht selten vorgeschobene Einwände. In einer solchen Phase sind die Kategorien „Machtveränderungen“ und „Beziehungen“ von großer Bedeutung...“

Modernisierungsverlierer: „Entsprechend den Grundlagen der Organisationsentwicklung sollten möglichst Veränderungsverlierer vermieden werden. Man muss sich aber eingestehen, dass dies nicht immer zu leisten ist. Wenn Strukturveränderungen umgesetzt werden sollen, dann werden Positionen neu besetzt, da geht es um Eingruppierungen und Machtverteilung. Jede Veränderung hat Auswirkungen auf die informellen Machtstrukturen einer Einrichtung. Diejenigen, die Macht verlieren werden dies nicht immer mit Begeisterung aufnehmen...".

Unzureichende Personalentwicklung: „Manchmal hat man den Eindruck, Mitarbeitende in Weiterbildungseinrichtungen könnten ohne Fortbildung in kurzer Zeit vollständig neue Arbeitsbereiche übernehmen. Dass Organisationsentwicklung immer auch Personalentwicklung bedeutet, dieser Aspekt wird von den Einrichtungen oft zu wenig gesehen. Unproblematisch ist die Bereitschaft der Teilnahme an gemeinsamen Workshops. Problematisch wird es aber, wenn es darum geht, die Mittel für die gezielte Fortbildung von Mitarbeitenden bereitzustellen."

Rolle der Leitung: „Für die Leitung ist das eine schwierige Situation. Plötzlich kommen Menschen von außen, die von der Sache eine Ahnung haben und Fehler aus der Vergangenheit unverblümt ansprechen. Gleichzeitig wird die Leitung nicht aus der aktuellen Entscheidungssituation entlastet. Da werden Prozesse initiiert, in der die Leitung ständig ihre Führungskompetenz unter Beweis stellen muss."

Rolle der Beratung: „Die Beratung muss absolut unparteiisch sein. Ohne die Leitung hinter dem Prozess zu wissen, kann man eigentlich aber nicht gut beraten. Also wird die Beratung immer mit der Leitung intensiv kommunizieren. Nur gibt es Einrichtungen, in denen schon diese Kommunikation als einseitige Parteinahme verstanden wird...".

Ende der Beratung: „Die Beratung stellt ein zeitlich befristetes Unterstützungssystem dar. Dem Ende der Beratung sollte deshalb ausreichende Aufmerksamkeit zukommen. Kurz vorher sollten keine neuen „Fässer" geöffnet werden. In dieser Phase geht es nicht nur um eine gemeinsame Auswertung und gegenseitiges Feedback, sondern auch um eine realitätsnahe Perspektivenentwicklung für die Einrichtung. Gute Erfahrungen wurden mit einem „Nachberatungstermin" gemacht."

2. Mitarbeitende aus beratenen Einrichtungen diskutieren ihre Erfahrungen

Mit der Methode der Gruppendiskussion wurden im Deutschen Institut für Erwachsenenbildung die Beratungen evaluiert. Die Methode wird heute zunehmend auch für die Exploration und im Bereich der Evaluation eingesetzt, „da sie eine weites Spektrum verschiedener Perspektiven gewährleistet und es so ermöglicht, ein facettenreiches Gesamtbild zu ermöglichen" (Lamnek 1999, S. 33). An der Diskussion waren 12 Teilnehmende aus 10 Einrichtungen beteiligt. Bei der Frage nach einer kritischen Einschätzung der Beratung wurde von verschiedenen Teilnehmenden *die mangelnde Dokumentation* des Prozesses genannt. In der Tat ist dies eine wichtige Aufgabe, um die notwendige begleitende Transparenz zu gewährleisten. Aus dieser Rückmeldung wurde die Konsequenz gezogen, diese Frage zukünftig im Kontrakt eindeutig zu regeln. Ein weiterer kritischer Punkt, der innerhalb der Gruppe auch kontrovers diskutiert wurde, war die Frage nach dem Umgang mit dem *„Aufdecken" von Beziehungskonflikten*. Einige Diskussionsteilnehmer vertraten die Auffassung, dass es für eine Einrichtung schon eine richtige Irritation sei, wenn die Beratung bei der Sache bliebe und die Beziehungsprobleme nicht in den Vordergrund stelle. Andere Positionen gingen davon aus, dass solche Konflikte schnell offenzulegen seien, damit sie einer konstruktiven Bearbeitung zugeführt werden könnten. Wiederum andere Positionen empfahlen, dass die Beratung andere Supportstrukturen wie z.B. Supervision empfehlen könne. Auf weitgehende Zustimmung traf die Einschätzung, dass es im Grunde genommen um ein *Kunstwerk Beratung* gehe. Die Beratung müsse einschätzen, wie bedeutend ein Konflikt sei, ob die Veränderungsfähigkeit der Einrichtung davon abhänge, wann ein geeigneter Moment sei, den Konflikt zu thematisieren. Ein weiteres Thema der kritischen Auseinandersetzung war das der *„Ungleichzeitigkeit" der Veränderungsprojekte*. Entgegen der Vorstellung von logisch aufeinander aufbauenden Phasen des Organisationsentwicklungsprozesses überlagern sich in der Realität unterschiedliche Bearbeitungsgeschwindigkeiten von Veränderungsprojekten. Es kommt auch vor, dass sich im Prozess aufgrund von Umfeldveränderungen Prioritäten verschieben. Der Beratung wurde empfohlen, noch stärker darauf zu achten, dass alle begonnenen Veränderungsprojekte konsequent zu Ende geführt werden, auch wenn Zwischenschritte eingeschoben werden müssen.

Neben diesen eher kritischen Aspekten wurden auch eine ganze Reihe von *positiven Erfahrungen* hervorgehoben. Gefragt nach den positiven Erfahrungen mit der Beratung wären eigentlich die konkreten Ergebnisse erwartbar gewesen, etwa ein erarbeitetes Leitbild, die Umsetzung des Qualitätsmanagements, die Einführung von Mitarbeitergesprächen oder die erfolgte Implementation einer Deckungsbeitragsrechnung. Davon war aber überhaupt nicht die Rede. Es ist anzunehmen, dass sich die Einrichtungen diese Leistungen zu recht auf ihre eigenen Fahnen schreiben. Positiv beschrieben wurden eher die sozialen Wirkungen der Beratung. Hierzu gehörte, dass es der Beratung gelungen sei, alle Mitarbeitenden ernst zu nehmen und dass deren unterschiedliche Kompetenzen und Potenziale sichtbar gemacht wurden. Damit war institutionellen Stigmatisierungsprozessen entgegengewirkt worden. Die Beratung wurde als *„inszenierter Dialog"* empfunden. Allein dass die Beratungstermine die Zustimmung aller gefunden hatten, wurde positiv erlebt. Von anderen wurde hervorgehoben, dass es mithilfe der Beratung gelungen sei, selbst wieder miteinander ins Gespräch zu kommen. Diese Einschätzungen wurden als Voraussetzung dafür gesehen, dass die Einrichtung wieder in die Lage versetzt wird, ihre Probleme eigenständig zu bearbeiten: *„Jetzt sind wir wieder in der Lage, Veränderungsprozesse selbst zu steuern"*. Ein anderer Gesprächspartner betont: „Die Beratung hat erreicht, dass wir uns wieder selbst beraten."

Ein weiteres Thema bei der Besprechung eher positiver Beratungserfahrungen wurde in der Unterstützung der *Rollen- und Interessenklärungen* gesehen. „Konflikte und Interessen wurden transparenter". Oder: „Die größte Veränderung war bei uns die Klärung der Rollen, der veränderten Rolle bei veränderten Rahmenbedingungen." Letztlich wurde die Beratung als eine Art Medium wahrgenommen, das es der Organisation wieder ermöglicht, offen für Veränderungen zu werden. Die Wahrnehmung für die Umweltveränderungen wurde geschärft. Die systematischen Bestandsaufnahmen wurden als Ausgangspunkt zielgerichteter Veränderung wert geschätzt. Die mit dem Abschluss der Beratung erzielten Entwicklungen wurden nicht als Ende der Veränderung begriffen: *„Veränderungen bringen uns nur in den Zustand nächstmöglicher Stabilität."*

3. Erfahrungen aus der Perspektive des Leitungspersonals von beratenen Einrichtungen

Folgende Aussagen basieren auf der Auswertung von Interviews mit dem Leitungspersonal von 28 Weiterbildungseinrichtungen, die ihre unterschiedlichen Veränderungsprojekte extern beraten lassen haben (zu folgenden Ausführungen vgl. Kil 2004). Feststellen lässt sich, dass zurzeit noch nicht von einem eigenständigen erwachsenenpädagogischen „Organisationsberatermarkt" mit bestimmten Beratungsformen, -schulen und -themen gesprochen werden kann. Dies wurde u.a. dadurch deutlich, dass von der Einrichtungsseite keine Angaben gemacht wurden zur gewünschten (einschlägigen) Qualifikation der Berater. Für die Auswahl der Berater waren vielmehr persönliche Kenntnisse, Empfehlungen und das Vertrauen in die Projektträger von Bedeutung.

Folgende beraterischen Interventionen wurden eingesetzt: Ganztagsworkshop zu Bestandsaufnahme und Leitbildentwicklung, Arbeitsplatzanalysen, Büroorganisationsberatung, Durchführung von „OE-Tagen", Einführung in ein Qualitätsmanagementsystem, fachliche Hilfen bei der Einführung von Kostenrechnungssystemen, Hilfen/Moderation von Selbstevaluation, Konfliktberatung, Konfliktworkshop, Mitarbeiterinterviews, Moderation von Teamsitzungen und Durchführung von Zielworkshops, Qualitätsentwicklungsprozess-Begleitung, Qualitätsworkshop im Verbund, Supervision, Supervision für die Leitung, Teamentwicklungsmaßnahmen, temporäre „Qualitätszirkel" moderieren sowie temporäre Begleitung des OE-Prozesses.

Deutlich wird bei den eingesetzten Interventionen, dass der Schwerpunkt der beraterischen Kompetenz auf einem Methoden- und Verfahrenswissen beruht, welches aber ohne Feldkenntnis nur schwer vermittelbar ist. Auffallend ist zudem, dass die Mehrzahl der Interventionen auf eine am Prinzip der Teilnehmerorientierung ausgerichtete Erwachsenenbildungspraxis anschlussfähig ist, da sie moderierende, gruppenbezogene und partizipative Komponenten beinhaltet.

Mit den Beratungen waren 15 von 28 Organisationen – also über die Hälfte – insgesamt zufrieden, 11 Organisationen hatten jedoch etwas an der Leistung einzuschränken, und 4 Organisationen waren überhaupt nicht zufrieden. Dieses Ergebnis deckt sich übrigens mit Bewertungen von Organisationsberatungen in der Wirtschaft. Dort wurden bei Nachbefragungen die renommierten großen Beraterfirmen berücksichtigt, die bereits auf langjährige Beratungserfahrungen verweisen können und bei Weitem höhere Personalkosten veranschlagen als Berater für den Weiterbildungsbereich. Aber auch hier kam es nur zu eher durchschnittlichen, d.h. befriedigenden Bewertungen. Folgende Abbildung zeigt im Prozess identifiziertes positives bzw. negatives Beraterverhalten:

Positiv wahrgenommen wurden	Negativ wahrgenommen wurden
▪ Impulse bzw. Anstöße geben ▪ Schwachstellen aufzeigen ▪ beschleunigen ▪ zusammenführen ▪ überwinden ▪ den Faktor „Personal" bewusst machen ▪ Fortbildungsbedarf ermitteln ▪ im Betrieb zum „Schulterschluss" führen ▪ „den Zaun um die Schreibtische knacken" ▪ „anschubsen" ▪ Konfliktlösungen und den Umgang miteinander verbessern ▪ einen „Startpunkt" setzen ▪ Verbesserungen in der organisationsinternen Kommunikation erreichen ▪ nicht nur Defizite in den Blick nehmen ▪ kostenbewusst sein ▪ den Blick „schärfen" ▪ Akzeptanz erhöhen	▪ mangelnde Aufbereitung qualitativer Daten ▪ Arroganz ▪ ein „Sich-nicht-einlassen" ▪ mangelnde Auswertungen ▪ mangelnde Rotation der Beteiligten ▪ Rückmeldungen wurden vergessen ▪ es konnte im operativen Bereich nicht mitgeplant und ausprobiert werden ▪ es wurde von der Beraterseite die Illusion verbreitet, dass der Veränderungsprozess ohne zusätzliche Ressourcen zu schaffen sei ▪ der Beteiligtenradius wurde zu groß angesetzt ▪ individuelle Inkompetenzen wurden tabuisiert ▪ mit den Interventionen nicht dort abgeholt, wo die Organisation steht ▪ zu viel, zu breit angesetzt ▪ nicht strukturiert genug und am Anfang zu groß dimensioniert ▪ Dokumentation des Prozesses war nicht ausreichend ▪ ein Berater stieg mittendrin aus

Abbildung 45:
Positive und negative Einschätzungen des Beraterverhaltens (vgl. Kil 2004)

Beratung erzeugt bei jedem einzelnen Betroffenen „Gewinne" und „Verluste", die bei Bilanzierung eines Veränderungsprozesses beachtet werden sollten. So kann es für den Einzelnen durch den Prozess zu Aufstiegsmöglichkeiten durch Profilierung, Imagegewinn oder Kompetenzgewinn kommen. Zudem können Job-Enrichment und Verbesserungen im Arbeitsablauf Motivationsschübe erzeugen. Für andere hingegen bedeuten Veränderungsprozesse Einbußen in der Arbeitsqualität, z.B. wenn sie sich in einer „Sandwich-Position" (z.B. mittlere Führungsebene) befinden und sich Erfolg nicht zuschreiben können, Machtverlust hinnehmen müssen, Überlastungen tragen oder in ihren Erwartungen enttäuscht werden.

Neben dem Problem der „Prozessverlierer" können weitere Belastungen dadurch entstehen, dass die Verantwortlichen in der Organisation die Kontrolle über den Prozess verlieren, indem sie Verantwortung an Externe abgeben. Der dadurch möglicherweise entstehende Teufelskreis hat für Führungskräfte und Betroffene enorme psycho-physische Kosten zur Folge:

1. Es besteht ein „*Erkenntnisdruck*". Die Anforderungen der weiteren und inneren Umwelt sind so groß geworden, dass sich die Notwendigkeit, etwas zu tun bzw. zu ändern, nicht mehr verleugnen lässt.
2. Es entwickelt sich ein „*Mitmachdruck*". D.h. durch das Erleben von „Vorbildern", Modellprojekten, bildungspolitischen Anfragen und Anforderungen können

Angebote zur Beteiligung nicht mehr ausgeschlagen werden. Es beginnt eine Form sozialer Kontrolle, dabei sein zu müssen, sich neuen Entwicklungen anzupassen, damit die bisherigen Ressourcen (wenigstens) erhalten bleiben.
3. Der nur temporäre Aufenthalt des Beraters in der Organisation fördert einen „*Aktionsdruck*". Möglichst schnell müssen alle informiert werden, Betroffene zu Beteiligten gemacht werden, Arbeitsgruppen eingesetzt sowie Veränderungen umgesetzt werden usw.
4. Aufgrund der Ressourcenfokussierung auf das Veränderungsprojekt entsteht „*Erfolgsdruck*". D.h., was so viel Arbeit macht, muss auch etwas bringen.
5. Der Zeitpunkt kommt, das Projekt nicht als einmalig „versanden" zu lassen. Der Berater ist bald nicht mehr in der Organisation und das Projekt muss dringend zur Etablierung von „sichtbaren" Ergebnissen führen, dadurch entsteht „*Implementierungsdruck*".
6. Nach Beendigung des Projekts bzw. nach Ablauf der Förderung müssen sich nun die Ergebnisse im Alltag der Organisation bewähren und sind damit dem „*Traditionsdruck*" ausgesetzt.

4.5 Anforderungsprofil an Berater

Die Organisationsberatung in Weiterbildungseinrichtungen ist ein noch neues Arbeitsfeld in der Weiterbildung. Erst seit Beginn der 1990er-Jahre nehmen Weiterbildungsorganisationen aufgrund des gestiegenen Veränderungsdrucks vermehrt Beratung in Anspruch. Da es sich oftmals um sehr komplexe Probleme handelt (an deren Lösung nicht selten das Überleben der Einrichtung hängt), ist es für die Organisationen von großer Bedeutung, qualifiziert beraten zu werden. Eine einheitliche Ausbildung mit praxis- und theoriebegründetem Curriculum gibt es nicht. Vielmehr speist sich das Beraterfeld aus Personen mit den unterschiedlichsten Ausbildungshintergründen. Beraten wird von Pädagogen, Sozialwissenschaftlern, Psychologen, Wirtschaftswissenschaftlern, Praktikern und von vielen anderen mehr. Die Uneinheitlichkeit des Beraterfelds hat zum einen den Vorteil, dass für spezielle Probleme gezielt Berater mit Fachwissen hinzugezogen werden können. Zudem ist es bei manchen Problemlagen von Vorteil, wenn jemand von „außen" (eventuell zudem ein Fachfremder) versucht, die Weiterbildungseinrichtung zu unterstützen. Zum anderen führt das uneinheitliche Beraterfeld aber dazu, dass die Qualität der Beratung nicht einheitlich gemessen werden kann. Die uneinheitliche Ausbildung führt dazu, dass die Weiterbildungseinrichtungen bei der Wahl geeigneter Berater im besonderen Maße auf die angebotene Qualität achten müssen.

Auf der Grundlage einer kritischen Selbstevaluation von Beratungsfällen mit Einrichtungen in den neuen Bundesländern wurden erstmals Empfehlungen zur Auswahl der Berater formuliert. In einer Checkliste dokumentiert (vgl. Meisel 1997). Zwei qualitätsbezogenen Kriterien wurde dabei eine besondere Bedeutung zugewiesen:

- Schlägt die Beraterseite eine Evaluation des Beratungsprozesses vor?
- Kann die Beraterseite eine abgeschlossene einschlägige Beraterausbildung vorweisen?

Die Frage nach der Evaluation des Beratungsprozesses impliziert die Frage, an welchen Kriterien eigentlich erfolgreiche Beratung festgemacht wird. Die Frage nach der Beratungsausbildung bezieht sich auf den Grad der Professionalisierung.

Praxiserfahrungen haben gezeigt, dass sich seriöse und professionelle Berater für Weiterbildungseinrichtungen von „learning by doing"-Experten u.a. durch Folgendes unterscheiden (vgl. Kil 2004):

- Sie besitzen lernwissenschaftliches Know-how.
- Sie haben eine Beratungs-/Hochschulausbildung absolviert, die reflexive Elemente der Selbsterfahrung und Erfahrungen der eigenen Wirkungen und Begrenzungen enthält.
- Sie wissen um die Machtposition, die sie während einer Beratungssituation einnehmen (z.B. Zugang zu Organisationswissen).
- Sie besitzen Feldkenntnis in einer „geronnenen" und übergreifenden Art und Weise.
- Ihre Beratungskompetenz ist dokumentierbar/nachweisbar. Sie haben selbst das „Übertragen" und „Ertragen" von Beratungsprozessen geübt und sind mit Senior-Beratern vernetzt bzw. beanspruchen selbst kollegiale Supervision.
- Sie arbeiten auch „gescheiterte" Fälle auf und können auch „Altes/Bewährtes" bewahren.
- Sie verstehen etwas von Evaluation, lassen sie zu oder schlagen sie sogar vor.
- Sie lösen die an den Kunden adressierte Selbstreflexivität und kontinuierliche Weiterentwicklung auch für sich selbst ein (z.B. „curriculare" Veränderungen der Beraterleistungen).
- Sie binden die Organisationsmitglieder in Szenarien mit ein und besprechen systemische Auswirkungen.

Erfreulich ist, dass zunehmend die Universitäten das Thema Beratung und im Speziellen die Organisationsberatung und Organisationsentwicklung aufgreifen. Mit der erste war hier der 1997 eingerichtete postgraduale Studiengang „pädagogische Organisationsberatung" an der Universität Jena zu nennen. Der drei Semester umfassende Aufbaustudiengang ist für Absolventen von erziehungswissenschaftlichen Studiengängen gedacht und soll dazu befähigen, Institutionen und Organisationen in den Arbeitsfeldern des Erziehungs-, Sozial- und Gesundheitssystems beratend zu begleiten (vgl. Brunner 2002). Weitere Master- oder Aufbaustudiengänge zum Themenfeld finden sich z.B. an den Universitäten in Heidelberg, Hildesheim oder Kassel.

Trotz der uneinheitlichen Ausbildungswege lässt sich anhand der Praxisanforderungen ein allgemeines Kompetenzprofil für Berater wie folgt zusammenstellen (vgl. Schiersmann 2000, S. 27f.):

- *Beraterische Grundhaltung und interaktive Kompetenz*
  Hierzu zählen die insbesondere durch die humanistische Psychologie herausgearbeiteten Haltungen wie die Akzeptanz des „Klienten“, die Selbstreflexion sowie Kenntnisse und Fähigkeiten einer aktivierenden Gesprächsführung.
- *Kenntnis psycho- und gruppendynamischer Prozesse*
  Für die Beratung von Personen, Gruppen und Institutionen ist die Kenntnis von psychodynamischen Mechanismen und der Phase von Gruppenverläufen unerlässlich.
- *Kenntnis des sachlogischen Ablaufs eines Beratungsprozesses*
  Hierbei geht es um die Grundlagen, wie ein Beratungsprozess geplant und gesteuert wird.
- *Moderationstechniken sowie Konfliktmanagement*
  Insbesondere für die Arbeit mit Gruppen ist die profunde Kenntnis von Moderationstechniken zentral. Dies gilt in besonderer Weise für die Konfliktmoderation.
- *Pädagogisch-didaktische und lernpsychologische Kenntnisse*
  Für die Lernberatung sowie für die Beratung im Hinblick auf die Ausgestaltung eines Weiterbildungsangebots sind lernpsychologische und didaktische Kenntnisse vonnöten.
- *Feldkompetenz über die Institutionalisierungsform sowie rechtliche und finanzielle Rahmenbedingungen im Weiterbildungsbereich*
  Feldkompetenz zeichnet sich als herausgehobenes und verknüpfendes Kompetenzbündel ab, das die Organisationsberatung in Weiterbildungseinrichtungen gegenüber anderen Formen von Organisationsberatung abgrenzt und auszeichnet (vgl. Dollhausen u.a. 2003a).
- *Organisationstheoretische Kenntnisse*
  Wo immer beim Beratungsprozess institutionsbezogene Aspekte eine Rolle spielen, müssen die Berater Kenntnisse über die geschichtliche Entwicklung von Organisationen, ihre Strukturmerkmale, Formen der Arbeitsorganisation sowie kulturelle Aspekte besitzen.
- *Arbeitsmarktbezogenes Wissen*
  Insbesondere für die Bildungsberatung, aber auch für die Beratung von Betrieben in Qualifizierungsfragen ist es erforderlich, Kenntnisse über Qualifikationsanforderungen des Arbeitsmarkts bzw. zu erwartende Verwertbarkeit der zu vermittelnden Qualifikationen zu besitzen.
- *Kenntnisse über Rahmenbedingungen der Weiterbildung*
  Hierzu zählen u.a. Kenntnisse der Institutionsprofile von Weiterbildungseinrichtungen, der Qualitätsdebatte, rechtlicher und finanzieller Rahmenbedingungen.

Im Rahmen einer Projektarbeit am Deutschen Institut für Erwachsenenbildung diskutierten sechs Beratungsexperten die Frage nach dem erforderlichen Kompetenzprofil von Organisationsberatern in der Weiterbildung. Zusätzlich zu einer Fachkompetenz und einer Beratungskompetenz wurde „Feldkompetenz" von dem Berater erwartet. Die Beratung sollte einerseits ausreichend Distanz zur beratenen Organisation haben, um das System durch „fremde Blicke" und „alternative Wahrnehmungen" ausreichend irritieren zu können, sie benötigt aber auch ausgewiesene Feldkompetenzen, um ausreichend anschlussfähig zu sein. Feldkompetenz umfasst theoretisches wie erfahrungsorientiertes und handlungsorientiertes Wissen über

- *Strukturgesetzlichkeiten der Weiterbildung*: Weiterbildungsorganisationen als rekursive Entscheidungsnetzwerke, Tendenz zur Untersteuerung, kein ausgeprägtes Controlling etc.
- *Institutionelle Kontexte*: Weiterbildungsorganisationen sind häufig rechtlich unselbstständig und in Abhängigkeiten und normativen Prägungen mit größeren Organisationen verwoben.
- *Besondere rechtliche Bedingungen*: Hierzu gehören neben den Weiterbildungsgesetzen insbesondere die Sozialgesetzbücher als auch das europäische Förderrecht.
- *Träger*: Weiterbildungsorganisationen sind in der Regel nicht nur Einzelorganisationen, sondern auch in Trägerbereiche und Verbände einbezogen, in deren Rahmen Entwicklungskorridore für die Einrichtungen programmatisch diskutiert werden.
- *Finanzierung*: Die Beratung benötigt ausgewiesene Kenntnisse in der besonderen Finanzierungsstruktur der Weiterbildung auf europäischer, Bundes-, Landes- und kommunaler Ebene.
- *Profession*: Die Beratung sollte Kenntnisse über die Entwicklung der Profession und die Situation – auch die soziale Situation – der Mitarbeitergruppen (Manager, Planer, Trainer/Lehrer, Selbstständige, Ehrenamtliche, Verwaltung etc.) haben.
- *Kulturwissen*: Die Beratung wird mit einer spezifischen professionsgeschichtlich bedingten Organisationskultur konfrontiert sein, die sich je nach Trägerzugehörigkeit, nach Alter der Organisation, nach Schwerpunkten im Angebot und der Mitarbeiterstruktur unterscheiden wird.
- *Spezifische mikropolitische Konstellationen*: Berater müssen mit spezifischen mikropolitischen Konstellationen rechnen wie „Kontrollaversionen", Ablehnung jeglicher Hierarchie, Nicht-Entscheiden, informelle Machtstrukturen, Personalisierung sachlicher Probleme.

Frage zum Themenbereich „Organisationsberatung"

In der Fallbeschreibung (Kapitel 4.3) agiert die Beratung für die Einrichtung an einigen Stellen ungewohnt.

Diskutieren Sie das dort beschriebene Beratungsverhalten und beurteilen Sie es vor dem Hintergrund Ihrer eigenen Erfahrungen in Bildungseinrichtungen. Versuchen Sie im Kontext der Fallbeschreibung und des eigenen Einrichtungshintergrunds auch das angeführte Beratungsprofil kritisch zu hinterfragen. Gibt es bestimmte Kompetenzen, Wissensbestände oder Anforderungen, die noch fehlen?

Literatur zur Vertiefung

König, E./Volmer, G. (2008): Handbuch Systemische Organisationsberatung. Weinheim und Basel. Das Handbuch vermittelt verständlich und zugleich wissenschaftlich abgesichert die Grundlagen der Organisationsberatung unter besonderer Beachtung des systemischen Ansatzes. Vor dem Hintergrund der Systemtheorie und gestützt auf langjährige Erfahrung der Autoren wurde das Buch konzipiert, das die Grundlagen des systemischen Ansatzes, die einzelnen Schritte im Beratungsprozess sowie mögliche Vorgehensweisen umfassend und zugleich konkret darstellt. Beraterinnen und Berater finden hier das methodische Rüstzeug, das sie benötigen, um einzelne Personen, Teams oder komplexe Organisationen erfolgreich beraten zu können.

Nestmann, F./Engel, F./Sickendiek, U. (Hrsg.) (2007): Das Handbuch der Beratung: Disziplin und Zugänge (Band 1), Ansätze, Methoden und Felder (Band 2). 2. Aufl., Tübingen. Zentrales Standardwerk zum Themenbereich der Beratung. Die beiden Bände geben einen umfassenden (interdisziplinären) Überblick über das aktuelle Beratungsgeschehen und seinen Kontext. Abgewogenes Verhältnis von theoretischen Grundlagen und praxisorientierten Bezügen.

5 Stichwortverzeichnis

6 Glossar

Ablauforganisation
koordiniert den Arbeitsprozess sachlich, zeitlich und räumlich.

Aufbauorganisation
zerlegt und verteilt Aufgaben und Kompetenzen und koordiniert Aufgaben und Aufgabenträger. Das Ergebnis ist die formale Organisationsstruktur der Unternehmung.

Beratung
Beratung ist ein gezielter Prozess der Kommunikation zwischen einem Klienten(-system) mit einem Problem und einem Berater(-system), welches versucht, Ressourcen zur Lösung anzubieten.

Bildung
Im Kontext der klassischen Bildungstheorien bedeutet Bildung den Prozess und das Ziel der Kräftebildung, Selbstentfaltung und Selbstverwirklichung jedes Menschen in Auseinandersetzung mit der Umwelt.

Ganzheitliches Lernen
Lernprozesse, die kognitive, psycho-motorische und affektive Lernziele gleichermaßen ansprechen.

Kernkompetenzen
sind hervorgehobene, dauerhafte Fähigkeiten oder Eigenschaften einer Organisation, die zentral dazu beitragen, individuelle und kollektive Lernprozesse zu realisieren. Charakteristisch für eine Kernkompetenz ist ihr kombinierter Beitrag für die Erzeugung organisationalen Lernens sowie für das Herausbilden von Wettbewerbsvorteilen gegenüber der Konkurrenz. Kernkompetenzen lassen sich zudem abgrenzen als organisationale Querschnittsaufgabe, was bedeutet, dass in der Regel alle organisatorischen Bereiche die Kernkompetenz aufweisen und integrieren. Beispiele für Kernkompetenzen sind die Reflexionsfähigkeit oder das Qualitätsbewusstsein.

Lernen
ist ein Prozess, der zu relativ stabilen Veränderungen im Verhalten oder im Verhaltenspotenzial führt und auf Erfahrung aufbaut.

Lernende Organisation
bezeichnet auf einer übergeordneten Ebene eine anpassungsfähige, auf äußere und innere Einflussfaktoren reagierende sowie proaktiv agierende Organisation. Der Begriff stellt eine konzeptionelle Erweiterung der klassischen Organisationsentwicklung dar.

Organisation
Ein gegenüber der der Umwelt offenes System, das zeitlich überdauernd existiert, spezifische Ziele verfolgt, sich aus Individuen bzw. Gruppen zusammensetzt und somit ein soziales Gebilde ist, das eine bestimmte Struktur aufweist, die meist durch Arbeitsteilung und eine Hierarchie von Verantwortung gekennzeichnet ist.

Organisationales Lernen
kann charakterisiert werden als ein Prozess zur Verbesserung des Problemlösungspotenzials der Organisation bezüglich eines auftretenden Veränderungs- und Anpassungsdrucks.

Verstanden wird dieser Prozess dabei als eine kontinuierliche Reflexion des organisatorischen Handelns durch die Organisationsmitglieder, der zur Herstellung von überdauernden Veränderungen der Denk- und Handlungsmuster der Mitglieder führt, was sich wiederum in einer qualitativen Erhöhung der Veränderung unterschiedlicher Organisationsbereiche (z.B. Kultur, Handlungen und Routinen, Wissensbasis, Strategie, Struktur etc.) widerspiegelt.

Organisationsberatung
Organisationsberatung ist die professionelle Unterstützung und Begleitung von Organisationen in ihren Zielfindungsprozessen und in der Optimierung ihrer Zweckorientierung (Brunner 2002, S.18).

Organisationsentwicklung
Die GOE versteht Organisationsentwicklung als einen langfristig angelegten, nachhaltigen Entwicklungsprozess von Organisationen und der in ihr tätigen Menschen. Die Wirkung dieses Prozesses beruht auf dem gemeinsamen Lernen aller beteiligten Personen durch direkte Mitwirkung bei der Bearbeitung und Lösung betrieblicher und unternehmerischer Probleme. Das Ziel besteht in der Verbesserung der Leistungsfähigkeit und Wirtschaftlichkeit der Organisation [Produktivität] und der Verbesserung der Qualität des Arbeitslebens [Humanität] (Leitlinien der GOE 2003).

Organisationskultur
ist die Gesamtheit der im Laufe der Zeit in einer Organisation entstandenen und zu einem bestimmten Zeitpunkt wirksamen Werte, Normen und Einstellungen, die sich in den drei Manifestationsebenen Artefakte, öffentlich propagierte Werte und grundlegende, unausgesprochene Annahmen widerspiegeln. Die Kultur einer Organisation wird durch Sozialisation weitergegeben und wirkt im enormen Maße handlungsleitend.

Organisationsprofil
setzt sich aus den vier Bereichen Organisationsstrategie, Organisationskultur, Organisationsstruktur und Ressourcen einer Weiterbildungseinrichtung zusammen. Das Zusammenspiel dieser vier Bereiche ist ausschlaggebend für die Lern- und Leistungsfähigkeit der Organisation

Organisationsstrategie
Die Organisationsstrategie bezeichnet die grundsätzliche, langfristige Ausrichtung des Unternehmens, um damit die Überlebens- und Leistungsfähigkeit der Organisation sicherzustellen. Die Strategie bringt zum Ausdruck, welche Verhaltensweisen des Unternehmens gegenüber den Marktteilnehmern gezeigt werden und welche Ressourcen innerhalb und außerhalb des Unternehmens aufgebaut und eingesetzt werden müssen, um die langfristigen Unternehmensziele verwirklichen zu können.

Organisationsstruktur
Die Organisationsstruktur bildet ein System von generellen Regelungen für die Verteilung von Zuständigkeiten auf organisatorische Einheiten und die Gestaltung der Handlungsbeziehungen zwischen den Organisationseinheiten, die das Verhalten der Einheiten auf die übergeordneten Ziele des Systems hin ausrichten sollen. Bestandteil der Organisationsstrukturen sind u.a. die Ablauf- und Aufbaustruktur sowie das Kommunikations- und Informationssystem.

Soziale Systeme
ist ein zentraler Begriff der soziologischen Systemtheorie. Mit ihm wird eine Grenze markiert zum Ökosystem, zum Organismus, zum psychischen System sowie zu Maschinen. Sie alle bilden die Umwelt sozialer Systeme. Mindestvoraussetzung für ein soziales System ist die Interaktion mindestens zweier personaler Systeme oder Rollenhandelnder.

7 Literaturverzeichnis

Achtenhagen, F./Lempert, W. (2000) (Hg.): Lebenslanges Lernen im Beruf – seine Grundlegung im Kindes- und Jugendalter. Opladen.

Alheit, P./Dausien, B. (2002): Bildungsprozesse über die Lebensspanne und lebenslanges Lernen. In: Tippelt, R. (Hg.): Handbuch Bildungsforschung. S. 565-585.

von Ameln, F./Kramer, J. (2007): Organisationen in Bewegung bringen: Handlungsorientierte Methoden für die Personal-, Team- und Organisationsentwicklung. Heidelberg.

Arnold, R. (2001): Von Lehr-/Lernkulturen – auf dem Weg zu einer Erwachsenendidaktik nachhaltigen Lernens? In: Heuer, U./Botzat, T./Meisel, K. (Hg.): Neue Lehr- und Lernkulturen in der Weiterbildung. a.a.O., S. 101-107.

Arnold, R./Siebert, H. (1997): Konstruktivistische Erwachsenenbildung. Baltmannsweiler.

Aurin, K. (Hrsg.) (1984): Beratung als pädagogische Aufgabe. Bad Heilbrunn.

Bardmann, T. M. (1994): Wenn aus Arbeit Abfall wird. Aufbau und Abbau organisatorischer Realitäten. Frankfurt/M.

Barz, H./Tippelt, R. (Hrsg.) (2004): Weiterbildung und soziale Milieus in Deutschland. Band 1 und 2. Bielefeld.

Bateson, G. (2001): Ökologie des Geistes. A. o. Aufl., Frankfurt/M.

Bauer, G. (1991): Weiterbildungsberatung. In: Mitteilungen aus der Arbeitsmarkt- und Bildungsforschung. Heft 2.

Baumgartner, I./Häfele, W./Schwarz, M./Sohm, K. (2004): OE-Prozesse: Die Prinzipien systemischer Organisationsentwicklung. 7. Aufl., Bern u.a.

Bea, F. X./Göbel, E. (2006): Organisation. 3. Aufl., Stuttgart.

Beckhard, R. (1972): Organisationsentwicklung: Strategien und Modelle. Baden-Baden, Bad Homburg.

Beer, W. (2002): Vision und roter Faden – Leitbildentwicklung. In: Bastian, H./Beer, W./Knoll, J. (Hg.): Pädagogisch denken – wirtschaftlich Handeln. Bielefeld, S. 44-56.

Baecker, D. (1999): Organisation als System. Frankfurt/M.

Becker, H./Langosch, I. (2002): Produktivität und Menschlichkeit: Organisationsentwicklung und ihre Anwendung in der Praxis. 5. Aufl., Stuttgart.

von Bertalanffy, L. (1976): General systems theory: Foundation, development, application. New York.

Bittelmeyer, A. (2005): Überraschungen strategisch einplanen: Zukunftsmanagement. In: Manager Seminare. Heft 8, S. 20-26.

Bosetzky, H./Heinrich, P./Schulz zur Wiesch, J. (2002): Mensch und Organisation: Aspekte bürokratischer Sozialisation. 6. Aufl., Stuttgart.

Breloer,G./Dauber, H./ Tietgens, H. (1980): Teilnehmerorientierung und Selbststeuerung in der Erwachsenenbildung. Braunschweig.

Brem-Gräser, L. (1993): Handbuch der Beratung für helfende Berufe. Band 1. München, Basel.

Brunner, E. J. (2002): Organisationsberatung lernen. Freiburg im Breisgau.

BLK (1973) – Bund-Länder-Kommission für Bildungsplanung (Hg.): Bildungsgesamtplan. Band 1. Stuttgart, S. 79-82.

BLK (2004) – Bund-Länder-Kommission für Bildungsplanung und Forschungsförderung (Hg.): Strategie für lebenslanges Lernen in der Bundesrepublik Deutschland. Materialien zur Bildungsplanung und zur Forschungsförderung. Heft 115, Bonn.

BMBF (2001) – Bundesministerium für Bildung und Forschung (Hg.): Aktionsprogramm: Lebensbegleitendes Lernen für alle. Bonn.

BMBF (2004a) – Bundesministerium für Bildung und Forschung (Hg.): Lernende Regionen – Förderungen von Netzwerken – Programmdarstellung. Bonn.

BMBF (2004b) – Bundesministerium für Bildung und Forschung (Hg.): Die Strategie für das Lebenslange Lernen verwirklichen. Ausstellungskatalog zur Konferenz „Regionale Netzwerke für Lebenslanges Lernen“ (08./09.11.2004), Berlin.

BMBF (2006) – Bundesministerium für Bildung und Forschung (Hg.): Berichtssystem Weiterbildung IX. Integrierter Gesamtbericht zur Weiterbildungssituation in Deutschland. Bonn.

BMBF (2008) – Bundesministerium für Bildung und Forschung (Hg.): Empfehlungen des Innovationskreises Weiterbildung. Bonn.

Burmeister, K./Neef, A./Beyers, B. (2004): Corporate Foresight: Unternehmen gestalten Zukunft. Hamburg.

Burr, W. u.a. (2005): Unternehmensführung. München.

Cohn, R. (1997): Von der Psychoanalyse zur themenzentrierten Interaktion: Von der Behandlung Einzelner zu einer Pädagogik für alle. Stuttgart.

Comelli, G. (1985): Training als Beitrag zur Organisationsentwicklung. München, Wien.

Deutscher Städtetag (Hg.) (1986): Stadt und Kultur: Arbeitshilfen des Deutschen Städtetages zur städtischen Kulturpolitik. Stuttgart.

Deutscher Städtetag (Hg.) (1996): Empfehlungen des Kulturausschusses des deutschen Städtetages. 24./25 Oktober 1996.

Dewey, J. (1938): Logic: The theory of inquiry. New York.

Dewey, J. (1930): Demokratie und Erziehung. Breslau.

DIE-Trendanalyse (2008): Trends der Weiterbildung. Hrsg. vom Deutschen Institut für Erwachsenenbildung. Bielefeld.

Diettrich, G. (1983): Allgemeine Beratungspsychologie. Göttingen, Toronto, Zürich.

Dietrich, S. (2001) (Hg.): Selbstgesteuertes Lernen in der Weiterbildungspraxis. Bielefeld.

Dittrich-Brauner, K./Dittmann, E./List, V./Windisch, C. (2008): Großgruppenverfahren: Lebendig lernen – Veränderungen gestalten. Heidelberg.

Dohmen, G. (1996): Das lebenslange Lernen: Leitlinien einer modernen Bildungspolitik, hrsg. vom Bundesministerium für Bildung, Wissenschaft, Forschung und Technologie. Bonn.

Dollhausen, K. (2003a): Organisationsberatung in der Weiterbildung als pädagogisches Arbeitsfeld?: In: Der pädagogische Blick: Zeitschrift für Wissenschaft und Praxis in pädagogischen Berufen, Heft 2, S. 79-91.

Dollhausen, K. (2003b): Organisationsberatung in einer kommunalen Weiterbildungseinrichtung – eine interpretative Fallbeschreibung (unveröffentlichtes Manuskript), Bonn.

Döring, O. (2004): Nachhaltige Organisationsentwicklung von Bildungsträgern. In: Hessische Blätter für Volksbildung. Heft 2, S. 130-139.

Ehses, C./Zech, R. (1999): Professionalität als Qualität in der Erwachsenenbildung: Zur Organisationsentwicklung von Volkshochschulen im Spannungsfeld diversifizierter Lernmilieus und wirtschaftlicher Marktanforderungen. In: Zech, R./Ehses, C. (Hg.): Organisation und Lernen. Hannover, S. 13-57.

Ehses, C./Zech, R. (2004): Gute Organisation – ein Beitrag zum Selbstverständnis der Weiterbildungsprofession. In: Report: Literatur- und Forschungsreport Weiterbildung. Heft 2, S. 75-83.

Ertelt, B. J./Schulz, W. E. (1997): Beratung in Bildung und Beruf: Ein anwendungsorientiertes Lehrbuch, Leonberg.

Euler, D. (2002): E-Learning – eine neue Modewelle oder eine neue Chance für das Bildungsmanagement? In: Götz, K. (Hg.): Bildungsarbeit der Zukunft. München u.a., S. 105-122.

Expertenkommission Finanzierung Lebenslangen Lernens (2004): Abschlussbericht. Bonn.

Faulstich, P. (2002): Lernen braucht Support: Aufgaben der Institutionen beim "selbstbestimmten Lernen". In: Kraft, S. (Hg.): Selbstgesteuertes Lernen in der Weiterbildung. Hohengehren, S. 144-158.

Faulstich, P./Vespermann, P./Zeuner, C. (2000): Abschlussbericht: Bestandsaufnahme regionaler und überregionaler Kooperationsverbünde/Netzwerke im Bereich lebensbegleitenden Lernens in Deutschland. Hamburg.

Fayol, H. (1916): Administration industrielle et générale. Paris.

Fatzer, G. (1995): Die lernende Organisation und die Rolle des Organisationsberaters. In: Arnold, R./Weber, H. (Hg.): Weiterbildung und Organisation zwischen Organisationslernen und lernender Organisation. Berlin.

Feld, T. C. (2008): Anlässe, Ziele, Formen und Erfolgsbedingungen von Netzwerken in der Weiterbildung. DIE-Report zur Weiterbildung. Online: http://www.die-bonn.de/doks/feld0801.pdf [Stand 02.06.2009].

Field, J. (2000): Lifelong learning And The New Educational Order. Stoke on Trent.

Franke, H. (1975): Das Lösen von Problemen in Gruppen. München.

French, W. L./Bell, C. H. (1994): Organisationsentwicklung. Bern, Stuttgart, Wien.

Friebel, H. u.a. (1993): Der gespaltene Weiterbildungsmarkt und der Lebenszusammenhang der Teilnehmer/innen. In: Friebel, H. u.a.: Weiterbildungsmarkt und Lebenszusammenhang, Bad Heilbrunn, S. 74-77.

Frieling, E./Cristante, O./Le Mouillour, I. (Hg.) (2002): Kompetenz- und Organisationsentwicklung im Non-Profit-Organisationen. Münster.

Fuchs-Brüninghof, E. (2000): Lernberatung – die Geschichte eines Konzepts zwischen Stigma und Erfolg. In: Meisel, K. (Hg.): Report: Literatur- und Forschungsreport. Bielefeld, S. 81-92.

Fuhr, R. (2003): Humanistisch-psychologische Beratungsansätze. In: Krause, C./Fittkau, B./Fuhr, R./Thiel, H.-U. (Hg.): Pädagogische Beratung: Grundlagen und Praxisanwendung. Paderborn, S. 104-119.

Fürst, D. (2003): „Lernende Region" aus der Sicht der Regionalwissenschaft. In: Mathiesen, U./Reutter, G. (Hg.): a. a. O., S. 13-34.

Gairing, F. (2007): Organisationsentwicklung als Lernprozess von Menschen und Systemen: Zur Rekonstruktion eines Forschungs- und Beratungsansatzes und seiner metadidaktischen Relevanz. 2. Aufl., Weinheim, Basel.

Gebert, D. (1974): Organisationsentwicklung. Stuttgart u.a.

Geißler, R. (2006): Die Sozialstruktur Deutschlands: Zur gesellschaftlichen Entwicklung mit der Bilanz zur Vereinigung. 4. Aufl., Wiesbaden.

van Geldern, M. (1997): Organisation: Ein anwendungsorientiertes Lehrbuch mit Fallbeispielen. Frankfurt/M., New York.

Giesecke, W. (1997): Weiterbildungsberatung als Scharnierstelle zwischen Angebot und Teilnahmeentscheidung. In: Nuissl, E./Schiersmann, C./ Siebert, H. (Hg.): Pluralisierung des Lehrens und Lernens. Bad Heilbrunn. S. 92-103.

Gieseke, W. (2000): Beratung in der Weiterbildung: Ausdifferenzierung der Beratungsbedarfe. In: Nuissl, E./Schiersmann, C./Siebert, H. (Hg.): Literatur- und Forschungsreport Weiterbildung. Bielefeld, S. 10-17.

Glasl, F./de la Houssaye L. (1975): Organisationsentwicklung: Das Modell des NPI und seine praktische Bewährung. Bern, Stuttgart.

GOE e.V. (2003): Leitbild und Grundsätze der Gesellschaft für Organisationsentwicklung. Langenfeld.

Gomez, P./Zimmermann, T. (1993): Unternehmensorganisation: Profile, Dynamik, Methodik. Frankfurt/M., New York.

Göhler, G./Kühn, R. (1999): Institutionenökonomie, Neo-Institutionalismus und die Theorie politischer Institutionen. In: Edling, T./Jann, W./Wagner, D. (Hg.): Institutionenökonomie und Neuer Institutionalismus: Überlegungen zur Organisationstheorie. Opladen, S. 17-42.

Graf-Götz, F./Glatz, H. (2007): Handbuch Organisation gestalten. Neue Wege und Konzepte für Organisationsentwicklung und Selbstmanagement. 4. Aufl., Weinheim, Basel

Grant, R.M./Nippa, M. (2006): Strategisches Management: Analyse, Entwicklung und Implementierung von Unternehmensstrategien. 5. Aufl., München.

Harney, K./Hochstätter, H.-P./Kruse, W. (2007): HESSENCAMPUS Lebensbegleitendes Lernen – ein struktureller Fortschritt im Bildungssektor? Zur Begründung eines strategischen Projekts der Hessischen Landesregierung. In: Hessische Blätter für Volksbildung. Heft 2, S. 126-140.

Hagedorn, F./Meyer. H. H. (1996): Kooperation und Vernetzung in der Erwachsenenbildung. Chancen für Partizipation und öffentliche Kommunikation. In: Filla, W. u.a. (Hg.): Wissenschaft und Erwachsenenbildung. Jahrbuch Volkshochschule. Wien.

Hartz, S. (2001): Der Gewinn einer pädagogischen Perspektive im Kontext von Organisationsberatung. In: Dewe, B./Wiesner, G./Wittpoth, J. (Hg.): Professionswissen und erwachsenenpädagogisches handeln – Beiheft zum REPORT. Bielefeld, S. 220-223.

Hartz, S./Meisel, K. (2004): Qualitätsmanagement. 2. Aufl., Bielefeld.

Harney, K.; Rahn, S. (2001): Reflexionsprobleme im „Beratungssystem". In: Supervision. Heft 3, S. 27-32.

Illich, J. (1970): Deschooling Society. Harper/Row, New York.

Jones, G. R./Bouncken, R. B. (2008): Organisation: Theorie, Design und Wandel. 5. Aufl., München.

Kade, J. (1997): Entgrenzung und Entstrukturierung – Zum Wandel der Erwachsenenbildung in der Moderne. In: Beiheft zum REPORT: Enttraditionalisierung der Erwachsenenbildung, Frankfurt/M., S. 13-31.

Kade, S. (2004): Alternde Institutionen: Wissenstransfer im Generationenwechsel. Bad Heilbrunn, Recklinghausen.

Kade, J./Seitter, W. (2007): Lebenslanges Lernen. In: Göhlich, M./Wulf, C./Zirfas, J. (Hg.): Pädagogische Theorien des Lernens. Weinheim und Basel, S. 133-141.

Kals, E. (2006): Arbeits- und Organisationspsychologie. Weinheim, Basel.

Kerres, M./De Witt, C. (2002): Quo vadis Mediendidaktik? Zur theoretischen Fundierung von Mediendidaktik. Online: http://www.medienpaed.com/02-2/kerres_dewitt1.pdf [Stand 03.06.2009].

Kieser, K./Eberts, M. (Hg.) (2006): Organisationstheorien. 6. Aufl., Stuttgart.

Kieser, A./Kubicek, H. (1992): Organisation. 3. Aufl., Berlin u.a.

Kieser, A./Walgenbach, P. (2007): Organisation. 5. Aufl., Stuttgart.

Kil, M. (2003): Organisationsveränderungen in Weiterbildungseinrichtungen. Bielefeld.

Kil, M./Thöne, B. (2001): Pädagogische Beratungsarbeit: Eine Feldsondierung. In: Der pädagogische Blick: Zeitschrift für Wissenschaft und Praxis in pädagogischen Berufen. Heft 3, S. 132-146.

Kil, M./Meisel, K. (2002): Organisationsforschung: Ergebnisse für die Erwachsenenbildungspraxis. In: Grundlagen der Weiterbildung: Praxishilfen. Kap. 8.130, S. 1-32.

Klein, H. (1990): Grenzen der Organisationsentwicklung: Systemisches und Strategisches Überdenken aus der Basis von Fallstudien. Dissertation der Universität-Gesamthochschule Kassel.

Kommission der europäischen Gemeinschaft (2000): Memorandum über lebenslangen Lernen. Brüssel.

Korinek, W. (1997): Struktur und Verhalten: Zur Begründung und Durchführung systemischer Organisationsentwicklung in der Schule unter dem Blickwinkel erkenntnistheoretischer Ansätze. Tübingen.

König, E./Gerda V. (1996): Systemische Organisationsberatung: Grundlagen und Methoden. 4. Aufl., Weinheim.

König, E./Volmer, G. (2008): Handbuch Systemische Organisationsberatung. Weinheim und Basel.

Königswieser, R./Hillebrand, M. (2008): Einführung in die systemische Organisationsberatung. Heidelberg.

Kraft, S. (1999): Selbstgesteuertes Lernen – Problembereiche in Theorie und Praxis. In: Zeitschrift für Pädagogik, Heft 6, S. 833-845.

Kraft, S. (2002): Beiheft zum Report : Medienkompetenz und Medienkompetenzerwerb für Weiterbildner/Innen. Bielefeld, S. 163-173.

Kraus, K. (2001): Lebenslanges Lernen – Karriere einer Leitidee. Bielefeld.

Krause, C. (2003a): Pädagogische Beratung: Was ist, was soll, was kann Beratung. In: Krause, C./Fittkau, B./Fuhr, R./Thiel, H.-U. (Hg.): Pädagogische Beratung: Grundlagen und Praxisanwendung. Paderborn, S. 15-31.

Krause, C. (2003b): Systemische Beratungsansätze. In: Krause, C./Fittkau, B./Fuhr, R./Thiel, H.-U. (Hg.): Pädagogische Beratung: Grundlagen und Praxisanwendung. Paderborn, S. 127-150.

Kröhnert, S./Medicus, F./Klingholz, R. (2006): Die demografische Lage der Nation: Wie zukunftsfähig sind deutsche Regionen? Hrsg. vom Berlin-Institut für Bevölkerung und Entwicklung. München.

Kultusministerkonferenz (KMK) (1996): Online: www.kmk.org [Stand 10.10.2004].

von Küchler, F. (1995): Organisationsberatung für Weiterbildungseinrichtungen: zwischen Trends und Notwendigkeiten. In: Hessische Blätter für Volksbildung. Heft 4, S. 331-339.

von Küchler, F. (2004): Erprobung von Innovation und Entwicklung der pädagogischen Professionalität des Beratersystems. In: Report: Literatur- und Forschungsreport. Bielefeld, S. 64–74.

von Küchler, F./Schäffter, O. (1997): Organisationsentwicklung in Weiterbildungseinrichtungen. Studientext für Erwachsenenbildung. Frankfurt/M.

Küpper, W./Felsch, A. (2000): Organisation, Macht und Ökonomie. Opladen.

Lamnek, S. (1999): Gruppendiskussion – eine empirische Methode mit Zukunft. In: Zeitschrift für Soziologie der Erziehung und Sozialisation. Heft 3, S. 328-332..

Landesinstitut für Schule und Weiterbildung (Hg.) (1997): Evaluation der Weiterbildung. Soest.

Landscheidt, P. (1994): Rechtsformen und betriebliche Strukturen. In: Handbuch der Weiterbildung. Landesverband der Volkshochschulen von Nordrhein-Westfalen, S. 534-540.

Laske, S./Meister-Scheytt, C./Küpers, W. (2006): Organisation und Führung. Münster.

Lauterburg, C. (1980): Vor dem Ende der Hierarchie. 2. Aufl., Düsseldorf, Wien.

Lewin, K. (1975): Die Lösung sozialer Konflikte: Ausgewählte Abhandlungen über Gruppendynamik. Bad Nauheim.

Lewin, K. (1963): Feldtheorie in den Sozialwissenschaften. Bern.

Lewin, K. (1947): Frontiers in group dynamics: 1. Concept, method, and reality in social science; social equilibria and social change. In: Human Relations. Band. 1, S. 5-41.

Lippitt, G./Lippitt, R. (1999): Beratung und Prozess: Was Berater und ihre Kunden wissen sollten. Leonberg.

Luhmann, N. (1989): Kommunikationssperren in der Unternehmensberatung. In: Luhmann, N./Fuchs, P. (Hg.): Reden und Schweigen. Frankfurt a. M., S. 209-227.

Luhmann, N. (2000): Organisation und Entscheidung. Opladen, Wiesbaden.

Luhmann, N. (2001): Soziale Systeme: Grundriss einer allgemeinen Theorie. 9. Aufl., Frankfurt/M.

Mader, W. (1996): Pädagogik und Psychotherapie im Konfliktfeld der Modernen. In: Ahlheim, K. u.a. (Hg.): Lernziel Konkurrenz? Opladen, S. 211-222.

Mader, W. (1999): Weiterbildung und Beratung. In: Tippelt, R. (Hg.) (1999): Handbuch der Erwachsenenbildung/Weiterbildung. Opladen.

Mader, W. (2001): Beratung. In: Arnold, R./Nolda, S./Nuissl, E. (Hg.): Wörterbuch Erwachsenenpädagogik. Bad Heilbrunn, S. 39-40.

Meisel, K. (Hrsg.) (1997): Organisatorischer Wandel an Volkshochschulen/DIE Materialien für Erwachsenenbildung. Nr. 10, Frankfurt/M.

Meisel, K. (2000): Beratung von Weiterbildungseinrichtungen. In: Nuissl, E./Schiersmann, C./Siebert, H. (Hg.): Report: Literatur- und Forschungsreport Weiterbildung. Bielefeld, S. 61-70.

Meisel, K. (2001): Managementprobleme in öffentlichen Erwachsenenbildungseinrichtungen. Baltmannsweiler.

Meisel, K. (2006): Gelernte Flexibilität als Vorteil öffentlicher Weiterbildungsorganisationen im gegenwärtigen Strukturwandel. In: Meisel, K./Schiersmann, C. (Hg.): Zukunftsfeld Weiterbildung. Bielefeld, S. 129-140.

Mrochen, S. (1999): Beratung aus sozialpädagogischer Sicht. In; Milton Erikson Gesellschaft für Klinische Hypnose. Heft 30, S. 10-11.

Münsterjohann, A. (2001): Organisationsberatung. In: Zeitschrift für Supervision. Heft 1, S. 5-15.

Nestmann, F. (1998): Beratung als Ressource. In: PÄD Forum, Heft 5, S. 419-424.

Nestmann, F./Engel, F./Sickendiek, U. (Hg.) (2007): Das Handbuch der Beratung: Disziplin und Zugänge (Band 1), Ansätze, Methoden und Felder (Band 2). 2. Aufl., Tübingen.

Nittel, D./Moos-Czech, E. (2005): Die demographische Herausforderung an die Erwachsenenbildung. In: Hessische Blätter für Volksbildung. Heft 3, S. 193-195.

Nordsieck, F. (1968): Betriebsorganisation, Betriebsaufbau und Betriebsablauf. 3. Aufl., Stuttgart.

Nuissl, E./von Rein, A. (1995): Corporate Identity. Studientexte für Erwachsenenbildung. Frankfurt/M.

Nuissl, E. u.a. (1997): Pluralisierung des Lebens und Lernens. Bad Heilbrunn.

Nuissl, E. (1999): Bildungsinstitutionen, Staat und selbstorganisiertes Lernen. In: Arnold, R./Gieseke, W. (Hg.). Die Weiterbildungsgesellschaft. Band 2: Bildungspolitische Konsequenzen. Neuwied, S. 3-15.

Nuissl, E. (2006): „Lernende Regionen – Förderung von Netzwerken" – das untersuchte Programm. In: Nuissl, E. u.a. (Hg.): Regionale Bildungsnetze. Bielefeld, S. 34-38.

Nuissl, E./Pehl, K. (2004): Porträt Weiterbildung, 3. aktualisierte Auflage. Bielefeld.

Nuissl, E./Schuldt, H. J. (1993): Betrieb statt Behörde, Frankfurt/M.

Otto, V. (2007): Systemumbau der Erwachsenenbildung II: Lernen in neuen Zentren. In: Hessische Blätter für Volksbildung. Heft 2, S. 103-105.

Pfeffer, J./Salancik, G.R. (1978): The external control of organizations. New York.

Popp, M. (o.J.): Einführung in die Grundbegriffe der Allgemeinen Psychologie. München, Basel.

Probst, G. J. B./Gomez, P. (1991): Die Methodik des vernetzten Denkens zur Lösung komplexer Probleme. In: dies. (Hg.): Vernetztes Denken. Ganzheitliches Führen in der Praxis. Wiesbaden.

Rehn, G. (1979): Modelle der Organisationsentwicklung. Bern, Stuttgart.

Reichart, E./Huntemann, H. (2008): Volkshochschul-Statistik 2007 – Zahlen in Kürze. Online: http://www.die-bonn.de/doks/reichart0801.pdf [20.04.2009].

Reichwald, R./Möslein, K. (1999): Organisation: Strukturen und Gestaltung. In: Graf von Hoyos, C./Frey, D. (Hg.): Arbeits- und Organisationspsychologie. Weinheim, S. 29-49.

Reuter, L. R. (1996): Weiterbildungsrecht in der Mitte der neunziger Jahre: eine kritische Bilanz. In: Ahlheit, K./Bender, W. (Hg.): Lernziel Konkurrenz? Erwachsenenbildung im „Standort Deutschland". Opladen, S. 157-176.

Richter, M. (1994): Organisationsentwicklung: Entwicklungsgeschichtliche Rekonstruktion eines normativen Ansatzes. Bern, Stuttgart, Wien.

Rohlmann, R. (1997): Gutachten zu den Modalitäten der staatlichen finanziellen Förderung der Erwachsenenbildung/Weiterbildung in den Bundesländern der Bundesrepublik Deutschland. In: Landesinstitut für Schule und Weiterbildung (Hg.): Materialien zur Evaluation der Weiterbildung. Soest.

von Rosenbaldt, B./Bilger, F. (2008): Weiterbildungsverhalten in Deutschland. Band 1: Berichtssystem Weiterbildung und Adult Education Survey 2007. Bielefeld.

von Rosenstiel , L. (2007): Grundlagen der Organisationspsychologie. Basiswissen und Anwendungshinweise. 6. Aufl., Stuttgart.

Rüttinger, B./Sauer, J. (2000): Konflikte und Konfliktlösen: Kritische Situationen erkennen und bewältigen. Leonberg.

Sauer-Schiffer, U. (Hrsg.) (2004): Bildung und Beratung: Beratungskompetenz als neue Herausforderung für Weiterbildung und außerschulische Jugendbildung. Münster.
Schäffter, O. (1995): Pädagogisch begleitete Organisationsentwicklung in der Erwachsenenbildung. In: von Küchler (Hrsg.): Umbruch und Aufbruch. Frankfurt/M.
Schäffter, O. (1998): Weiterbildung in der Transformationsgesellschaft. Berlin.
Schäffter, O. (2000): Organisationsberatung als Lernberatung von Organisationen. In: Nuissl, E./Schiersmann, C./Siebert, H. (Hg.): Report: Literatur- und Forschungsreport Weiterbildung. Bielefeld, S. 50-60.
Schäffter, O. (2001): Organisation. In: Arnold, R./Nolda, S./Nuissl, E. (Hg.): Wörterbuch Erwachsenenpädagogik. Bad Heilbrunn, S. 243-246.
Schäffter, O. (2003): Erwachsenenpädagogische Organisationstheorie. In: Gieseke, W. (Hg.): Institutionelle Innensichten der Weiterbildung. Bielefeld, S. 59-81.
Schäffter, O. (2004): Erwachsenenpädagogische Innovationsberatung. Institutionalisierung von Innovationen in Einrichtungen beruflicher Weiterbildung. In: Report: Literatur- und Forschungsreport Weiterbildung. Heft 2, S. 53-63.
Schein, E. (1995): Unternehmenskultur: Ein Handbuch für Führungskräfte. Frankfurt/M., New York.
hiersmann, C. (2000): Beratung in der Weiterbildung: neue Herausforderungen und Aufgaben. In: Nuissl, E./Schiersmann, C./Siebert, H. (Hg.): Report: Literatur- und Forschungsreport Weiterbildung. Bielefeld, S. 18-32.
Schiersmann, C./Thiel, H.-U. (2009): Organisationsentwicklung: Prinzipien und Strategien von Veränderungsprozessen. Wiesbaden.
Schirrmacher, F. (2005): Das Methusalem Komplott. München.
Schlutz, E. (1996): Zur Qualitätssicherung als Professionsaufgabe. In: Meisel, K. (Hg.): Qualität in der Weiterbildung. DIE Materialien für Erwachsenenbildung: Dokumentation DIE Kolloquium 1995. Band 3. Frankfurt/M., S. 27-33.
Schlutz, E. (1997): Anbieterlandschaft und Marktentwicklung. Forschungsergebnisse und Einschätzungen aus der Bremer Untersuchung zum Weiterbildungsgesetz. In: Geißler, H. (Hg.): Weiterbildungsmarketing. Neuwied.
Schlutz, E. (2001): Beratung. In: Arnold, R./Nolda, S./Nuissl, E. (Hg.): Wörterbuch Erwachsenenpädagogik. Bad Heilbrunn, S. 48-51.
Schreyögg, G. (2008): Organisation: Grundlagen moderner Organisationsgestaltung. Mit Fallstudien. 5. Aufl., Wiesbaden.
Schwarzer, C./Posse, N. (1986): Beratung. In: Weidemann, B./Krapp, A. (Hg.): Pädagogische Psychologie. München, S. 631-666.
Stang, R. (2003): Neue Medien und Organisation in Weiterbildungseinrichtungen: Anregungen für eine medienorientierte Organisationsentwicklung. Bielefeld.
Stang, R./Hesse, C. (Hg.) (2006): Learning Centres: Neue Organisationskonzepte zum lebenslangen Lernen in Europa. Bielefeld.
Statistisches Bundesamt (2006): 11. koordinierte Bevölkerungsvorausberechnung – Annahmen und Ergebnisse. Wiesbaden.
Stöger, R. (2004): Wirksames Projektmanagement: Mit Projekten zu Ergebnissen. Stuttgart.
Taylor, F. W. (1913): Die Grundsätze wissenschaftlicher Betriebsführung. München.
Terhart, E. (2000): Lehr-/Lern Methoden: eine Einführung in Probleme der methodischen Organisation von Lehren und Lernen. Weinheim.
Tippelt, R. u.a. (2003): Weiterbildung, Lebensstil und soziale Lage in einer Metropole. Bielefeld.
Tippelt, R. u.a. (2009): Bildung Älterer. Chancen im demografischen Wandel. Bielefeld.
Trebesch, K. (Hg.) (2000): Organisationsentwicklung: Konzepte, Strategien, Fallstudien. Stuttgart.
Trebesch, K. (2004): Das Wurzelholz und die neuen Triebe: Ursprünge, Zielsetzungen und Methoden der Organisationsentwicklung und kritische Analyse. In: Organisationsentwicklung. Heft 4, S. 72-79.

Ulrich, H./Probst, G. J.B. (1990): Anleitung zum ganzheitlichen Denken und Handeln. Ein Brevier für Führungskräfte. Bern, Stuttgart.

Vahs, D. (2007): Organisation: Einführung in die Organisationstheorie und Praxis. 6. Aufl., Stuttgart.

Venema, C. (2006): Die demografische Entwicklung: Zeit für Entscheidungen. In: Weiterbildung – Zeitschrift für Grundlagen, Praxis und Trends. Heft 2, S. 30-33.

Völkening, G. (2006): Demographischer Wandel als Herausforderung für kommunale Bildungseinrichtungen. In: Zeitschrift für Weiterbildungsforschung. Heft 3, S. 51-59.

Watzlawick, P./Beavin, J. H./Jackson, D. D. (Hg) (1969): Menschliche Kommunikation. Formen, Störungen, Paradoxien. Bern, Stuttgart, Wien.

Weber, M. (1972): Wirtschaft und Gesellschaft. 5. Aufl., Tübingen.

Weinberg, J. (2000): Einführung in das Studium der Erwachsenenbildung. Überarb. Neuaufl., Bad Heilbrunn.

Weinert, A. B. (2004): Organisations- und Personalpsychologie. 5. Aufl., Weinheim, Basel.

Weisbord, M./Janoff, S. (2000): „Zukunftskonferenzen: Die gemeinsame Basis finden und handeln". In: Königswieser, R./Keil, M. (Hg.): Das Feuer großer Gruppen. Stuttgart, S. 130-145.

Weisbord, M./Janoff, S. (2001): Future Search Die Zukunftskonferenz: Wie Organisationen zu Zielsetzungen und gemeinsamem Handeln finden. Stuttgart.

Wimmer, R. (2001): Organisationsberatung – eine `unmögliche Dienstleistung`. In: Bardmann, T. M./Groth, T. (Hg): Zirkuläre Positionen III: Organisationen, Management und Beratung. Wiesbaden, S. 197-220.

Wohlfart, U. (2006): Den aktuellen Trend zu Kooperation und Vernetzung verstehen. In: Landesinstitut für Qualifizierung NRW (Hg.): Kooperation und Vernetzung in der Weiterbildung. Orientierungsrahmen und Praxiseinblicke. Bielefeld, S. 13-28.

Zech, R. (1997): Pädagogische Antworten auf gesellschaftliche Modernisierungsanforderungen. Bad Heilbrunn.

Zech, R. (2003): Lernorientierte Qualitätstestierung in der Weiterbildung: LQW 2: das Handbuch. Hannover.

Waxmann

STUDIENREIHE BILDUNGS- UND WISSENSCHAFTSMANAGEMENT

herausgegeben von Anke Hanft

Band 1

Ulrich Teichler

Hochschulsysteme und Hochschulpolitik

Quantitative und strukturelle Dynamiken, Differenzierungen und der Bologna-Prozess

2005, 160 Seiten, br., 24,90 €, ISBN 978-3-8309-1566-9

Band 2

Hans Pechar

Bildungsökonomie und Bildungspolitik

2006, 148 Seiten, br., 24,90 €, ISBN 978-3-8309-1594-2

Band 3

Stephan Laske, Claudia Meister-Scheytt, Wendelin Küpers

Organisation und Führung

2006, 170 Seiten, br., 24,90 €, ISBN 978-3-8309-1595-9

Band 4

Erhard Schlutz

Bildungsdienstleistungen und Angebotsentwicklung

2006, 148 Seiten, br., 24,90 €, ISBN 978-3-8309-1646-8

MÜNSTER · NEW YORK · MÜNCHEN · BERLIN

Band 5

Ekkehard Kappler

Controlling

Eine Einführung für Bildungseinrichtungen und andere Dienstleistungsorganisationen

2006, 202 Seiten, br., 29,90 €, ISBN 978-3-8309-1647-5

„Controlling“ meint Unternehmenssteuerung. Dies kann erreicht werden, wenn Menschen in Organisationen die Möglichkeiten und Grenzen der (Controlling-)Instrumente einschätzen können.
In Bildungseinrichtungen gibt es eine entfaltete Evaluierungsdebatte und -praxis. Sie hat deutlich gemacht, dass sich nicht alle entscheidenden Informationen in Zahlen ausdrücken lassen. Das soll nicht daran hindern, auch den zahlenmäßigen Ausdruck zu versuchen. Er wird in vielen Fällen hilfreich sein. Von vornherein wahrer als die Sätze ist er nicht. Auch Zahlen erzählen „nur“ Geschichten – auf ihre Weise. Die Kommunikation von und über Zahlen und Wörter ist daher das besondere Thema dieses Buches.

Band 6

Margret Bülow-Schramm

Qualitätsmanagement in Bildungseinrichtungen

2006, 154 Seiten, br., 24,90 €, ISBN 978-3-8309-1752-6

Qualitätsmanagement in Bildungseinrichtungen ist eine Kernaufgabe von Bildungseinrichtungen. Finanzmittelknappheit, Standortsicherung und internationaler Wettbewerb sind die Schlagworte, die mit diesem Prozess verknüpft werden.
Die Qualität der Angebote der verschiedenen Bildungseinrichtungen bei gleich bleibendem oder sogar sinkendem Etat zu erhöhen ist eine der zentralen Aufgaben des Qualitätsmanagements. Die optimale Nutzung der vorhandenen Ressourcen, der physikalischen Gegebenheiten und der Infrastruktur zur bestmöglichen Versorgung der Region mit Bildungsangeboten ist eine weitere. Und schließlich ist das Messen an anderen Anbietern, das Herausstellen der eigenen Stärken und der Nachweis der Fähigkeit, weltweit konkurrieren zu können ein drittes Feld.

Band 7

Peter Dehnbostel

Lernen im Prozess der Arbeit

2007, 146 Seiten, br., 24,90 €, ISBN 978-3-8309-1798-4

Dieser Band präsentiert aktuelle Theorieansätze zum Lernen in der Arbeit, Modelle arbeitsbezogenen Lernens und beispielhafte Konzepte zur Verbindung von Arbeit und Lernen in der Berufs- und Weiterbildung. Er analysiert Ansätze zur lern- und kompetenzförderlichen Arbeitsgestaltung, die wachsende Bedeutung von Begleitung und Beratung in der Arbeitswelt sowie aktuelle Entwicklungs- und Aufstiegswege Abgerundet wird das Bild durch einen Blick auf aktuelle europäische und deutsche Reformbestrebungen und ihre Aussichten für das Lernen im Prozess der Arbeit.

Band 8

Frank Ziegele

Budgetierung und Finanzierung in Hochschulen

2008, 140 Seiten, br., 24,90 €, ISBN 978-3-8309-1801-1

„Budgetierung und Finanzierung" erörtert die aktuell im Hochschulsystem eingesetzten Verfahren zur Allokation und Bewirtschaftung von Budgets. Dabei werden theoretische Grundlagen des „New Public Managements" gelegt und staatliche Rahmenbedingungen für die Hochschulfinanzierung analysiert. Die Managementfragen, vor der eine Hochschule steht, die ihre Budgetierungsverfahren gestalten will, werden systematisiert, mögliche Gestaltungen aufgezeigt und an Praxisbeispielen illustriert.

Band 9

Ada Pellert, Andrea Widmann

Personalmanagement in Hochschule und Wissenschaft

2008, 169 Seiten, br., 24,90 €, ISBN 978-3-8309-1799-1

Der Band gibt einen Überblick über die Zielsetzungen und Aufgaben sowie Träger und Zielgruppen des Personalmanagements in Bildungs- und Wissenschaftseinrichtungen und beleuchtet die institutionellen Rahmenbedingungen des Personalmanagements (z.B. arbeitsrechtlicher Art). Ebenso werden die innerorganisatorischen Ausgestaltungsmöglichkeiten des Personalmanagements (Trends und Varianten) thematisiert.

Weitere Inhalte des Buches widmen sich den verschiedenen Funktionsbereichen des Personalmanagements: Personalrekrutierung/Personalauswahlverfahren, Einführung neuer Mitarbeiter/innen sowie Aus- und Weiterbildung von Mitarbeiter/inne/n. Zum Abschluss werden einzelne Instrumente der Personalführung vorgestellt, wie die Gestaltung von Entgelt und Arbeitszeit, Feedbacksysteme und horizontale/vertikale Karriereentwicklung.

In Vorbereitung

Band 11

Detlef Kuhlenkamp

Lifelong Learning –

Programmatik, Realität, Perspektiven

2009, 160 Seiten, br., 24,90 €, ISBN 978-3-8309-2244-5

Dieser Band skizziert die internationale und nationale Programmatik des lebenslangen Lernens, fragt nach den hinter dieser Forderung stehenden Interessen, beschreibt die realen Verhältnisse und Probleme der Bildungsbereiche in Deutschland sowie Ansätze, die das lebenslange Lernen fördern können, um schließlich Entwicklungsperspektiven des lebenslangen Lernens darzustellen. Als Fazit der Untersuchung kann gelten: das lebenslange Lernen ist mehr Schlagwort als Realität, wenn auch ein politisch durchaus wirksames Schlagwort.